教育部高职高专文秘类专业教学指导委员会
"十二五"规划教材

秘书职业基础、职业技术与技能训练系列

毕业设计
（论文）写作指导

主　编　施　新

副主编　冯荣珍　丁　旻

　　　　包锦阳　孙全治

重庆大学出版社

▁ 内容提要 ▁

　　《毕业设计(论文)写作指导》由高职高专文秘专业专家精心编写。本书以总结毕业设计(论文)写作指导经验为基础,着力提升"工学结合"理念,具有较强的理论性;以指导毕业设计(论文)写作为目的,着力解决教学重点、难点,具有较强的针对性;以规范毕业设计(论文)写作为主题,全面阐述毕业设计(论文)选题、写作、答辩、评定等环节的理论、方法、步骤和规范等,具有较强的可操作性,可为高职高专文秘教师和学生提供有效的帮助。

图书在版编目(CIP)数据

毕业设计(论文)写作指导/施新主编. —重庆:
重庆大学出版社,2010.10(2025.1重印)
教育部高职高专文秘类专业教学指导委员会"十二五"
规划教材
　ISBN 978-7-5624-5408-3

　Ⅰ.①毕…　Ⅱ.①施…　Ⅲ.①毕业设计—高等学校:
技术学校—教材②毕业论文—写作—高等学校:技术学校
—教材　　Ⅳ.①G642.477

中国版本图书馆 CIP 数据核字(2010)第 081611 号

教育部高职高专文秘类专业教学指导委员会"十二五"规划教材

毕业设计(论文)写作指导

主　编　施　新
副主编　冯荣珍　丁　旻　包锦阳　孙全治
策划编辑:唐启秀

责任编辑:文　鹏　游　容　　　版式设计:唐启秀
责任校对:秦巴达　　　　　　　责任印制:张　策

*

重庆大学出版社出版发行
出版人:陈晓阳
社址:重庆市沙坪坝区大学城西路 21 号
邮编:401331
电话:(023) 88617190　88617185(中小学)
传真:(023) 88617186　88617166
网址:http://www.cqup.com.cn
邮箱:fxk@ cqup.com.cn(营销中心)
全国新华书店经销
重庆亘鑫印务有限公司印刷

*

开本:787mm×1092mm　1/16　印张:13.5　字数:280千
2010 年 10 月第 1 版　　2025 年 1 月第 8 次印刷
ISBN 978-7-5624-5408-3　定价:38.00 元

总主编　孙汝建

编审委员会成员

孙汝建	严　冰	郭　冬	曹千里	王金星
陈江平	杨群欢	时志明	王箕裘	李　丽
张玲莉	韦茂繁	程　陵		

编写委员会成员（以拼音字母为序）

陈丛耘	陈江平	陈　雅	冯俊伶	顾卫兵
韩玉芬	侯典牧	胡晋梅	金常德	贾　铎
焦名海	李锦昌	李强华	梁志刚	刘秀敏
卢如华	楼淑君	骆光林	丘　进	孙汝建
石高来	时志明	史振洪	施　新	宋桂友
王金星	王　茜	王瑞成	王　勇	吴良勤
肖云林	徐乐军	俞步松	杨　梅	杨群欢
余红平	余允球	向　阳	徐　静	张小慰
赵志强	钟小安	朱利萍	周爱荣	周建平

参编学校 （以拼音字母为序）

长沙民政职业技术学院　　　　深圳信息职业技术学院

长江职业学校　　　　　　　　苏州职业大学

福建泉州黎明职业大学　　　　石家庄铁路职业技术学校

广东农工商职业技术学院　　　山西大学

湖州职业技术学院　　　　　　四川职业技术学院

湖南商务职业技术学院　　　　四川文化产业职业学院

河北科技师范学院　　　　　　绍兴文理学院

河北政法职业学院　　　　　　上海工会管理职业学院

黄河水利职业技术学院　　　　山东文化产业学院

湖南大众传媒职业技术学院　　太原大学

华侨大学　　　　　　　　　　唐山师范学院

黑龙江工商职业技术学院　　　西安航空旅游学院

嘉兴职业技术学院　　　　　　扬州大学

荆州职业技术学院　　　　　　扬州职业大学

金陵科技学院　　　　　　　　英国密德萨斯大学

金华职业技术学院　　　　　　浙江经济职业技术学院

丽水职业技术学院　　　　　　浙江商业职业技术学院

辽宁装备制造职业技术学院　　浙江金融职业学院

连云港高等专科学校　　　　　浙江东方学院

南通大学　　　　　　　　　　浙江经贸职业技术学院

南通职业大学　　　　　　　　钟山职业技术学院

南通农业职业技术学院　　　　中华女子学院

宁波城市职业技术学院　　　　郑州牧业工程高等专科学校

2006 年 1 月,教育部下发了《教育部关于成立 2006—2010 年教育部高等学校有关科类教学指导委员会的通知》(高教函〔2005〕25 号),经过调整,教育部高职高专文秘类专业教学指导委员会(以下简称"教指委")由下列人员组成:孙汝建(主任委员)、严冰(副主任委员)、郭冬、时志明、曹千里、王金星、杨群欢、王箕裘、韦茂繁、陈江平、李丽、张玲莉。

"教指委"成立以来,始终把教材建设作为重要工作来抓。设立了专业建设分委员会、师资培训分委员会、实训基地建设分委员会。由主任委员兼任专业建设组组长、专业建设分委员会主任,具体负责包括教材建设在内的文秘专业建设研究和指导工作。委员会先后召开了五次委员会会议;举办了三期全国文秘专业骨干教师培训班;建立了全国高职高专文秘专家库并开展研讨活动;承担教育部课题"文秘专业规范研制"的研究;在全国高职高专遴选和建设了三批"教指委"精品课程;设立了三批文秘专业研究课题;举办了两届全国高校文秘技能大赛;对全国六百多所高校的文秘专业进行了问卷调查;等等。"教指委"始终把教材的研究与开发作为主线贯穿在这些活动中,并多次组织专题研讨,在认真调查研究、反复论证的基础上,组织编写了教育部高职高专文秘类专业教学指导委员会"十二五"规划教材 36 种,由主任委员任总主编。经过网上公开招标、委员投票,该套教材由国家一级出版社重庆大学出版社出版。

2009 年 8 月 24—27 日,由"教指委"主办、重庆大学出版社承办的本系列教材主编会在重庆召开。会议期间,主编们就高职高专文秘专业课程设置、教学目标以及本系列教材编写指导思想、编写原则、体例和编写队伍组成原则等问题进行了认真而热烈的讨论,达成了以下共识:1. 根据我国高职高专文秘专业各方向的培养目标、专业建设、课程建设的发展规律与趋势以及国家秘书职业资格证书的考证要求、用人单位对文秘人才的需求,构建编写大纲、选择编写内容、设置编写栏目。2. 教材编写以文秘专业学生应具备的基本素质、基础知识、基本职业能力、核心职业能力为依据。3. 教材使用对象以高职高专学生为主体,兼顾文秘培训和秘书行业的社会需求。4. 教材内容以"够用为度,适用为则,实用为标"为原则,给课堂教学留有发挥空间,突出主要知识点,实训举一反三,紧扣文秘岗位实际,表达准确流畅。5. 教材由秘书职业基础、职业技术与技能训练和文化素质课程(高职高专各专业通用)两大版块组成。6.教材资料尽量使用2007年以后的新成果,保证教材内容的前沿性。7.教材采用立体开发的方式出版,除了纸质教材外,还包括教学资源网站和教学资源包。

会后,本系列教材主编积极组织力量,遴选副主编和参编者,以每本教材为单位,分别组织研讨和开展教材编写工作。

经过长期运作,本系列教材36本终于面世。其中:

(一)秘书职业基础、职业技术与技能训练系列23种

秘书理论与实务	秘书写作实务
涉外商务文书	文案阅读与评析
档案管理实务	社会调查实务
办公室事务处理	秘书信息工作实务
会议策划与组织	中国秘书简史
商务秘书实务	秘书岗位综合实训
秘书职业概论	秘书思维训练
领导科学与领导艺术	毕业设计(论文)写作指导
人力资源管理理论与实务	企业管理基础
秘书语文基础	市场营销理论与实务
办公自动化教程	公共关系实务
秘书心理与行为	

(二)文化素质教育系列13种

规范汉字与书法艺术	普通话训练
口语交际与人际沟通	新闻写作
社交礼仪	商务写作实训
实用美学	形体塑造与艺术修养
文化产业基础	中外文化概论
地域与旅游文化	文学艺术鉴赏
法律文书写作	

本套教材由"教指委"确定教材目录、提出编写意图、组织编写队伍、审定编写大纲、并对编写出版过程进行了全程管理、指导与监控;系列教材全体主编有丰富的教学经验和科研成果;出版社有较高的资质和声誉。全体编写者都怀有一个共同的愿望:在"教指委"指导下,编写出一套能全面反映文秘专业最新教学科研成果、代表文秘专业建设方向、能在较长时间内指导全国高职高专文秘专业教学的精品教材。

重庆大学出版社从领导到该项目负责人,对教材的组织编写到出版一直给予高度重视和大力支持,特别是邱慧主任、贾曼老师几年来为教材辛苦奔走、精心策划、辛勤付出,其敬业精神令我们感动,我代表"教指委"及教材全体编写人员向他们深表敬意和谢意!

任何成果都是阶段性的,本套教材也不例外。但是,探索是无止境的,在教材的使用过程中,我们会发现修改的空间,在适当的时候,我们还会对教材做适当的修订,使之日臻完善。

教育部高等学校高职高专文秘类专业教学指导委员会

华侨大学华文学院院长、教授　　孙汝建

2010年6月16日于厦门

前 言

2009 年 8 月 24—27 日,由教育部高职高专文秘专业教学指导委员会主办,重庆大学出版社承办的教育部高职高专文秘类专业教学指导委员会"十二五"高职高专文秘专业系列教材主编会在重庆召开。会议决定编写一套"十二五"高职高专文秘类专业系列教材。本书是该系列教材之一。

高职高专文秘专业教学的主要任务是培养学生的应用写作能力。因此,如何在高职文秘专业教学中,培养学生在未来职场中以书面形式解决工作实践课题的职业能力是当务之急。正是在此意义上,根据出版社的要求和高职文秘专业教学实践需要,我们组织了国内开设文秘专业历史较长、办学水平较高、同行影响较大的高职院校文秘专业骨干教师,编写了这本《毕业设计(论文)写作》。

《毕业设计(论文)写作》作为文秘专业主干课程教材,以承担传授毕业设计(论文)写作知识,培养毕业设计(论文)写作能力,凸现文秘专业课程体系改革和教材编写创新成果为己任,内容上紧密结合社会、行业、专业、企事业单位文秘工作实践,突出技能培养过程和实践环节,以实现高职文秘专业人才培养标准与国家秘书职业资格标准相衔接的教学目标。

本书有以下三个特点。

1.结构的新颖性。本教材根据高职文秘专业教育规律及要求,以"工学结合"为特点的高职教学理论和教学方法为指导,紧密结合毕业设计(论文)写作教学实践,认真总结了高职毕业设计(论文)写作教学改革的成功经验,构架了新的教材体系。以如何指导毕业设计(论文)写作为目的,着力解决教学重点、难点问题,具有较强的针对性。每章分为学习目标、案例导入、知识描述、相关链接(管理文件阅读、案例阅读)和自测题五个部分,其目的在于通过创设情景案例,导入以阐述现代应用型人才必须掌握的毕业设计(论文)写作基本理论知识,具有较强的理论性。同时,以培养学生毕业设计(论文)写作实践能力为中心,精心选择了内容新颖,体式科学、文字规范的毕业设计(论文)范文,为学生写作实践提供有益的借鉴，为高职高专文秘教师教学提供有效的帮助。

2.内容的科学性。本教材在内容上分为十个部分三个模块：一是概括介绍毕业设计（论文）写作基本理论知识，主要阐述毕业论文（设计）写作概念、特点、种类、基本格式、写作要求等理论知识；二是全面详细阐述毕业论文（设计）写作的全部理论知识和实践指导，包括毕业论文（设计）过程、毕业论文（设计）调研报告写作、应用方案写作、设计说明书写作、论文写作、实物制作（媒体作品等）和实习报告写作等；三是重点介绍毕业论文答辩和成果评价理论知识，包括毕业论文答辩、毕业论文（设计）成果评价体系。通过三大模块，以规范毕业设计（论文）写作为主题，全面阐述毕业设计（论文）选题、写作、答辩、评定等环节的理论、方法、步骤和规范等。在文类、文种的选择上，充分考虑高职高专学生的工作、学习、生活需要，具有较强的指导性和可操作性。

3.实训的针对性。本教材的编写者都是来自毕业设计（论文）写作教学第一线的学科带头人或骨干教师，在教材内容的阐述上，融入了多年积累的教学实践经验和体会，在训练设计上广泛汲取了社会各方面的实践课题，力求使学生从理论和实践的结合上，及早进入职业角色，经过自主学习，提高毕业设计（论文）写作水平和能力。为此，本书每部分都按照"学习目标——明确要求，案例导入——提出课题，内容描述——掌握要素，知识链接——开阔视野，自测题——培养技能"的思维方式，在写作实践方面，选择设计了多种写作训练模式进行重点训练，便于学生及时消化和掌握。使学生在"思、学、写"的教学过程中，融会贯通理论知识，举一反三写作技能，从整体上全面掌握各类文种的体式、规范及写作要求。

本书由施新任主编，冯荣珍、丁旻、包锦阳、孙全治任副主编。具体分工为：第一、第十部分：浙江金华职业技术学院施新；第二、第三部分：河南黄河水利职业技术学院孙全治；第四、第九部分：江苏扬州职业大学丁旻；第五、第六部分：浙江台州科技学院包锦阳；第七、第八部分：河北政法职业技术学院冯荣珍。由施新对全书进行总纂定稿。

在本书的编写过程中，编者参考了国内外出版的各种有关毕业设计（论文）专著及部分网站的资料，对这些资料的作者一并表示诚挚的谢意。限于时间关系、认识水平等因素，本书不当之处在所难免，敬请读者批评指正，为进一步提高高职高专秘书专业毕业设计（论文）教学质量作出努力。

目录

第一部分 毕业设计（论文）写作概述

【知识目标】

1. 了解毕业论文（设计）写作概念、特点、种类及意义
2. 学习毕业论文（设计）写作基本知识

【能力目标】

1. 认识毕业论文（设计）写作内涵
2. 掌握毕业论文（设计）基本格式

【案例导入】

2008 年 3 月，南方职业技术学院召开了旨在提高毕业设计（论文）的写作水平的教学改革研讨会。与会人员认为，毕业设计（论文）的写作是高职教育教学改革的关键环节。目前，高职教育对人才培养目标的定位已有了进一步的认识：要培养实用型人才，即要突出培养学生职业素养、职业能力、综合表达能力和创新思维能力。现在，高职院校毕业设计（论文）的质量普遍太"水"，写作模式千篇一律，无特色无个性，学生也缺少积极性。针对这些问题，南方职业技术学院决定，对毕业设计（论文）的写作教学，进行一系列有针对性的改革。这些改革包括：毕业论文（设计）过程教学改革，调研报告写作、应用方案写作、设计说明书写作、论文写作、实物制作（媒体作品等）和实习报告写作等教学改革、毕业论文答辩和毕业论文（设计）成果评价体系改革等。从改革的实践结果看，已经取得了阶段性成果。

问题：

1. 高职学生有必要写毕业论文吗？
2. 如何才能写出具有自己特色的毕业论文呢？

第一单元　认识毕业设计(论文)

一、认识毕业论文(设计)写作内涵

毕业论文(设计)是学术论文的一种,是学术论文的初级阶段。所谓学术论文,是对自然科学、社会科学和思维科学某一领域中具有学术价值或亟待解决的问题进行探讨和研究,并提出有独创性见解的一种议论文。国家标准计量局《科学技术报告、学位论文和学术论文的编写格式》(GB7713-87)对学术论文的定义为:"学术论文是某一学术课题在实验性、理论性或观测性上具有新的科学研究成果或创新见解和知识的科学记录;或是某种已知原理应用于实际中取得新进展的科学总结,用于提供学术会议上宣读、交流或讨论;或在学术刊物上发表;或作其他用途的书面文件。"学术论文又称科学论文、研究论文,它不同于一般的文章,具有五个显著特点,即创造性、科学性、专业性、实践性和平易性。

毕业论文(设计)是高等学校毕业生在教师指导下,综合运用所学知识完成的带有科研性质的总结性作业,是高校学生在大学毕业前,按照教学计划的要求,在有经验的教师指导下,独立撰写的习作性的学术成果。它是高等院校毕业生提交的一份有一定学术价值的文章,是对学习成果的综合性总结和检阅,是大学生从事科学研究的最初尝试,是在教师指导下所取得的科研成果的文字记录,也是检验学生掌握知识的程度、分析问题和解决问题基本能力的一份综合答卷。

在我国的高等院校中,高职院校已占了半壁江山,高等职业教育已成为我国高等教育的重要组成部分。和本科教育不同,职业性是高等职业教育的显著特点,社会适应性当成为其主要特色。高等职业技术教育制订培养目标就是以此为直接现实依据,即高等职业技术教育主要是围绕"培养有实践能力的人"和"怎样培养有实践能力的人"这两个基本问题展开的,也即是一种以满足就业需要或者实践需要为导向的教育。简言之,就是属于生计教育,即高等职业教育首先要满足学生未来职业生涯的需要,进而满足学生可持续发展的需要。

现阶段,我国高等职业教育主要实施专科层次的教育。高职高专教育主要培养面向基层第一线的高等技术应用型专门人才,简称为高等技术应用型人才或高技能人才。国家教育部《关于加强高职高专教育人才培养工作的意见》(2000年1月17日　教高〔2000〕2号)明确提出高职高专毕业生的基本要求:"培养拥护党的基本路线,适应生产、建设、管理、服务第一线需要的,德、智、体、美等方面全面发展的高等技术应用型专门人才;学生应在具有必备的基础理论知识和专门知识的基础上,重点掌握从事本专业领域实际工作的基本能力和基本技能,具有良好的职业道德和敬业精神。""高职高专教育人才培养模式的基本特征是:以培养高等技术应用型专门人才为根本任务;以适应社会需要为目标、以培养技术应用能力为主线设计学生的知识、能力、素质结构和培养方案,毕业生应具有基础理论知识适度、技术应用能力强、知识面较宽、素质高等特点。"

由此可见,高职高专教育培养适应生产、建设、服务与管理第一线的高等技术应用型人才或高技能人才,是由生产、建设、服务与管理活动的性质决定的。众所周知,生产、建设第一线的活动主要是为人类创造有形物质产品的改造世界的活动,通常的第一产业与第二产业类专业属于此类活动范畴;服务第一线的活动则主要是为人类创造无形产品的改造世界的活动,通常第三产业类专业属于此类活动范畴。而第一线的管理活动即生产、建设、服务与管理活动,这就为高职高专毕业生作了非常明确的定位:就是参与生产、建设与服务活动的过程。简言之,即为了实现其活动目标而实施的计划、组织、协调、控制等活动过程。因此管理活动不可能脱离生产、建设、服务的具体经营活动而孤立存在,管理的目的也是为了更好地实现生产、建设与服务活动的目标。这就进一步明确了高职毕业生的培养目标和职业能力要求。

其次,高等技术应用型人才的基本要求是"知识、能力、素质"的协调发展,即既有良好的政治素质、思想素质、心理素质、职业道德修养、身体素质,又具备基础理论知识和专门知识,更具有从事本专业领域实际工作的基本能力、基本技能和适应岗位需要的实际工作能力。高职高专教育是一种专业技术教育,是一种为毕业生创造就业条件的教育,而不是升学教育。因此,要求毕业生具有应职应岗的素质与能力,以使学生一毕业就能够适应或基本适应岗位的需要和发展需要。因为任何一种职业岗位,总要求岗位承担者不断地解决与本职业岗位职责相关的现实问题,从而体现其分析与解决问题的能力水平。简言之,应职应岗的能力是指一个人要胜任某一职业岗位的工作所需要具备的解决本岗位实际问题的基本素质与能力。

为实现这一培养目标,高职院校在培养方案中都强化了实践教学环节,特别是毕业综合实践,它是在导师的指导下,毕业生根据某职业岗位或职业岗位群的工作任务要求,运用所学的知识、技术等解决岗位的实际应用问题,并从中提升、扩展、丰富原有的知识和技术应用能力,最终形成应职应岗专业能力的一系列实践过程。这种综合实践过程不但有利于毕业生进一步整合原有的知识、能力与技能,并使之深化、强化与实用化,而且有利于提高应职应岗所需的基本素质和通用能力。

因此,各高职院校均高度重视这一环节,一般安排学生在毕业前的最后一学期来完成,这既是学校培养应职应岗能力的最后一个教学环节,也是毕业生离开学校走向具体工作岗位的最终训练。即通过安排顶岗实习和毕业论文(设计)的撰写等实践环节加以强化。且明文规定要撰写毕业论文(设计)。毕业论文(设计)内容要紧密结合顶岗实习单位的实践,还需进行答辩,答辩通过方可毕业。旨在通过这种综合训练,达到与职业岗位需要"零距离"或"近距离"的培养目标。目前高职院校的毕业论文(设计)虽尚无统一要求,一般都参照《中华人民共和国学位条例》中对本科毕业生的规格要求来实施,然而都无一例外地强调"较好地掌握本门学科的基础理论、基本技能和专门知识","有从事科学研究工作或承担专门技术工作的初步能力",大都把毕业论文(设计)的选题限定在所学专业的范围内,要求理论联系实际,强调所撰写论文的应用性和实用性。篇幅一般要求在5 000字左右。

二、了解毕业论文（设计）写作特点

毕业论文（设计）作为学术论文的一种，当然也有其共性和个性，一般说，它必须具备以下六个特点。

（一）创造性

创造性就是要求文章不能简单地重复前人的观点，必须要有自己独到的见解。毕业论文虽然只是学生从事科学研究的入门工作，但是也要注意对所研究的问题采取新的分析方法，得出新的观点。应鼓励学术创新，避免选择已经完全得到解决的常识性问题。所谓"新"体现在：一是在原有的理论和实验基础上，把研究工作向前推进一步；二是更新或扩张已有的科学研究成果，或对现有的科学学术观点进行争鸣或商榷；三是填补某一科学领域的空白；四是创立一门新的理论学说或一项新的科学试验方法。总之，"新"的含义就是表明本论文是作者本人首创的，首次公布的，别人过去没做过（公布过）的研究成果的文章。

创造性是衡量毕业论文（设计）价值的根本标准。创造性内容越多，论文的价值就越高，传播的范围就越广泛，传播的年代就越久远；创造性内容越少，论文的价值就越低，传播的范围就越小且时间越短。一篇论文价值的大小，不是看它如何罗列现象，重复多少别人的成果，而是看它能否创造出前人所没有的新理论、新方法、新实验。毕业论文（设计）的创造性，是具有相对性的，如某项研究成果在浙江省填补了一项空白，具有较大的创造性，但对全国而言，可能此项研究成果早已研究成熟，从而就失去了它的创造性；同样，某项研究成果在国内填补了一项空白，具有较大的创造性，但对全世界而言，可能此项研究成果早已成熟，从而也就失去了它的创造性。在信息化的今天，人们衡量论文（设计）的创造性的范畴更为宽泛，普遍认可的是在全世界范围内衡量，创造性是相对于全人类总的知识而言的。

（二）科学性

科学性是毕业论文（设计）的生命，是毕业论文的灵魂所在。写作者往往运用抽象思维的方法、对丰富、复杂的材料进行分析，并上升到理论的高度。它主要体现在三个方面：一是内容上，所反映的科研成果是客观存在的自然现象及其规律，是被实践检验的真理，并能为他人重复试验，具有较高的实用价值。即论文内容真实、成熟、先进、可行，以客观事实为依据，经得起实践检验。二是形式上，由概念、判断、推理组成的一个理论体系，其结构严谨清晰，逻辑思维严密，语言简明确切，不含糊其辞，对全部符号、图文、表格和数据都力求做到准确无误。即论文表述准确、明白、全面、逻辑性强，推理过程严谨，环环相扣。三是在研究和写作过程中，具有严肃的科学态度和科学精神，从选题到汇集材料、论证问题，以致研究结束写成论文，都必须始终如一、实事求是地对待一切问题，反对科学上的不诚实态度。既不肆意夸大其词，伪造数据，谎报成果，甚至剽窃抄袭，也不因个人偏爱而随意褒贬，武断轻信，趋炎附势，弄虚作假。

总之，科学性就是要求毕业论文（设计）以逻辑思维的方式为展开依据，在事实的基础上,展示严谨的推理过程,应用实事求是的实验数据,得出令人信服的科学结论,准确地反映客观事物,揭示客观规律。同时,科学性要求论文作者的论述是系统的而不是零碎的,是完整的而不是片面的,是立论观点明确的而不是含糊不清的,是首尾一贯的而不是前后矛盾的,是经过实践检验而不是凭空臆造的。

(三)专业性

专业性是毕业论文(设计)的特性,是区别不同类型毕业论文(设计)的主要标志,也是对毕业论文(设计)分类的主要依据。

首先,不同专业毕业论文(设计)的语言陈述、专用字词、材料组成等是不一样的。高职专业中文理科学术论文有自身的特点,而文科中不同的专业的学术论文又有各自不同的特点,如文秘专业有文秘专业的特点,导游专业有导游专业的特色等等。每个专业都有它自己的专业范围,不是一个模子,没有一个万能的模式可套用。如果丢掉了专业性,也就失去了自身的特性。

其次,就各专业而言又可分为不同的专业方向,各专业方向的毕业论文(设计)又有各自的特点,如文秘专业有涉外文秘、商务文秘、行政文秘等专业方向,市场营销可分医药营销、服装营销、工业产品营销、农产品营销等专业方向,护理专业可分临床护理、整体护理、护理管理及涉外护理等专业方向。

再次,一般论文写作的原则是,凡是能说明观点的材料都可以用,凡是能准确表达自己意思的通俗易懂的语言都可以用。而对于一篇毕业论文(设计),在内容上基本要求限制在所选课题的范围之内,课题范围之外的材料则不能用,限制性很强。如在一篇有关档案馆建设工作探讨的毕业论文中,所用材料只能限于档案馆的现状、成效、存在问题、改进对策或建设思路等,其余则都应排斥。不但与档案馆无关的材料不能用,而且与之相关的不可靠的材料也不能用。

最后,一篇毕业论文(设计),在语言上也有专业特点。如写会计专业的毕业论文时常要用到"诚信""显性成本""隐性成本""审计""投资者""会计事务所"等专业术语,写文秘专业毕业论文(设计)时则常要用到"秘书""档案""办公室""文书拟写""会务""文件收发"等专业术语。这些专业术语、名词乃至公式、图表、图形等,对其他领域的人来说是生涩的,但对同行而言则可以准确地理解,毫无障碍。

(四)实践性

实践性是毕业论文(设计)价值的具体体现。高职学生的毕业论文(设计)本身就是建立在顶岗实践的基础上的系列实践过程,这种实践过程有利于全面整合毕业生原有的知识、能力与技能,并使之进一步强化。如计算机应用能力、查阅中外文科技文献的能力、技术创造性应用的思维能力、社会交往能力、团队合作精神、独立思考的能力,吃苦耐劳、锲而不舍的精神等,均可借助于毕业论文(设计)的撰写来衡量。

毕业论文(设计)的实践性,还表现在内容上,旨在根据一定的岗位职责与目标要求,培养、检验毕业生运用本专业相关知识、经验技术规范或政策、法规等,利用某种现实的岗位环境条件和一定的现代技术设计手段,设计开发出解决某种技术或多种技术应用问题的具体方案的综合能力。如根据应职应岗能力需要,工程技术类设计出某种产品图纸或某种产品的加工工艺方案;经营管理类专业设计出某种生产、建设、服务的经营管理方案;服务类专业设计出某种服务技术的应用项目或方案;演艺类专业设计出某台专业演出节目或某种艺术展示的方案或图案;医卫类专业设计出某种诊断、治疗或护理方案;种植、养殖类专业设计出某种种植或养殖技术推广与实施计划方案等。应该说这种设计能力是每一个相关专业的高职高专毕业生必须具备的。

除此之外,毕业论文(设计)的撰写,还在于培养、检验毕业生通过调查研究、经验总结、试验研究、对比分析等实践手段与计算机辅助分析技术等,运用本专业相关的知识与技术应用能力,展示所获成果的能力。同时检验技术应用设计与操作实践过程在某些技术应用中的最优结果或成果。它要求学生在解决岗位实际问题过程中对所掌握的知识、能力或技能进行一次系统整合,全面提升。

(五)平易性

毕业论文(设计)属于议论文的一种。议论文主要由论点、论据、论证三大部分构成,并通过三者紧密相连、相辅相成的理解关系来表达思想、阐明道理,运用概念、判断、推理、证明、反驳等逻辑思维手段来分析研究某种问题。一般而言,毕业论文(设计)=议论文+创造性+科学性,亦即毕业论文(设计)就是有新结果的合乎科学逻辑的议论文。所以,高职生写毕业论文(设计)首先必须掌握议论文的写作要领。由此可知,撰写毕业论文(设计)只要通晓要领,刻苦钻研都可写出优秀的论文。这也正是毕业论文(设计)的平易性特点之一。

毕业论文(设计)平易性特点之二,是要求它容易被理解。有些人认为,毕业论文(设计)越深奥难懂,就越表现出水平。据说大物理学家爱因斯坦曾给大喜剧家卓别林写信说:"你创造的作品使世界人民看了几乎都能明白其中意思,所以我很敬佩你。"卓别林回信道:"你创造的作品使世界人民看了几乎都不明白其中意思,所以我也很敬佩你。"爱因斯坦发表相对论的当时,全世界只有少数几个人能读懂。他当然是很有水平的,但不要产生误解,并不是每篇学术论文都必须晦涩难懂。平易性要求毕业论文(设计)一定要写得深入浅出,平易近人,语言要明白通畅,切忌故弄玄虚,故作姿态,装腔作势。然而要做到这一点并不容易,因为毕业论文(设计)还具有专业性、创造性和科学性的特点。总之,论文的学术价值与其是否难懂无关。

(六)指导性

毕业论文(设计)是在导师指导下独立完成的科学研究成果。作为大学毕业前的最后一次作业,离不开教师的帮助和指导。对于如何进行科学研究,如何撰写论文等,教师都要给予具体的方法论指导。在学生写作毕业论文的过程中,教师具体的指导工作有七个方面:一要启发引导学生独立进行工作,注意发挥学生的主动创造精神,在学生做的调查研究的基础上,指导学生选题,帮助学生最后确定题目;二要指导学生撰写毕业论文(设计)的开题报告,并定期检查;三要指导学生搜集和阅读有关参考文献,介绍必要的参考书目;四要指导学生开展社会调查或科学实验,确定调查线索,搜集第一手资料,做好材料的研究和分类;五要指导学生拟定论文提纲,并解答疑难问题;六要指导学生修改论文初稿;七要审阅论文,评定论文成绩,并指导答辩。

在指导过程中,教师还要突出启发引导,注意发挥学生的主动性和创造性。学生为了写好毕业论文,也必须主动地发挥自己的聪明才智,刻苦钻研,以独立完成毕业论文(设计)的写作任务。

三、区分毕业论文(设计)写作种类

毕业论文(设计)可以划分为不同形式。

(一)按照内容的不同划分

1. 创造型毕业论文(设计)　该类毕业论文需对所研究课题的理论、学术观点有新的发展和深入发掘;或提出新见解;或证明先说的错误;或对学术界尚未认识的事物有发现,提出新假说、新理论等。也就是用自己的研究成果解决学科中某一问题。

2. 综述评析型毕业论文(设计)　该类毕业论文是对自然现象或科学理论中的某一部分,利用自己所掌握的知识和科学理论进行分析、总结、评价。属于较常见的类型,选题的范围比较宽泛。也就是提出学科中某一问题,综合别人已有的结论,指明进一步探讨的方向。

3. 描述型毕业论文(设计)　该类毕业论文是对某一已经存在的自然现象或科学理论进行分析和描述,如某种观念的形成、某一自然现象生成的缘由、某一实验结果的产生过程等。

4. 综述型毕业论文(设计)　该类毕业论文是对某一课题一定时期以来学术界的研究情况及其成果作一综合性的评述。

总的说来,不管何种类型的毕业论文(设计)都注重对客观事物作理性分析,指出其本质,提出个人的见解和解决某一问题的方法和意见。

(二)按照学科性质的不同划分

1. 文科毕业论文(设计)　文科毕业论文是高职院校社会科学类的应届毕业生所撰写的论文。包含了社会意识形态的各个方面,诸如哲学、社会学、经济学、管理学、政治学、法学、文学、语言学、伦理学、宗教学、历史学、教育学等。

2. 理科毕业论文(设计)　理科毕业论文是高职院校自然科学类的应届毕业生所撰写的论文。自然科学研究的领域十分广泛,包含研究自然界各种物质和现象的科学,如物理学、数学、化学、地学、天文学、生物学、动物学、植物学、生理学、农学、医学、力学、电学等。

3. 工科毕业论文(设计)　工科毕业论文是高职院校工程、技术专业的应届毕业生所撰写的设计型论文,可分为产品工艺设计和设备设计。一般由设计说明书和设计图纸组成。

(三)按照写作形式的不同划分

毕业论文(设计)具有议论文所共有的一般属性特征,即论点、论据、论证。文章主要

以逻辑思维的方式为展开的依据,强调在事实的基础上,展示严谨的推理过程,得出令人信服的科学结论。

高职毕业生由于专业不同,研究的课题和形式也不同,具体文种的选用也是不一样的,除毕业论文外,还有毕业设计、调查报告、可行性研究报告、工作研究等。因此,各专业可按专业特点来选择其合适的论文形式。如:

(1)工科类专业。可选择论文、应用方案、实物制作(实际产品、软件)等。

(2)艺术类专业。可选择论文、应用方案(设计方案等)、设计作品(设计图、服装设计、平面设计、包装设计等)、实物制作(服装制作、多媒体制作、手工艺术品制作等)。

(3)医学类。可选择论文、应用方案(医疗方案、服务个案)、调研报告等。

(4)管理、人文、教育类。可选择论文、应用方案(策划方案、营销方案、管理方案、教学方案、服务方案等)、调研报告、实物制作(媒体作品等)。

就文秘专业学生来说,实际运用的主要有论文、调查报告、各类应用方案以及媒体作品等。

四、明确毕业论文(设计)写作意义

撰写毕业论文(设计),旨在培养、检验毕业生通过调查研究、经验总结、对比分析等实践教学手段,运用本专业相关的知识与技术应用能力,展示所获成果的能力;同时也可检验高职院校教育实践的得失和水平的高低,间接地反映出一所高职院校的综合实力;对社会而言则能满足用人单位的需求,受到行业和企业的好评,对社会经济具有明显的推动和促进作用。

高职学生毕业论文(设计)和传统的本科教育以专业与学科为体系的学位论文有较大区别,它更强调论文(设计)的实效性,体现对学生应职应岗能力的综合培养,能反映专业知识应用的创造性思维能力、想象能力、分析归纳总结能力和文字表达能力等等。具体说有如下意义:

(一)撰写毕业论文(设计)是毕业生完成学业的需要

高职学生撰写毕业论文(设计)是作为一门课程来安排的,不合格就不能毕业。因而,撰写毕业论文(设计)就成了高职院校学生学业的重要组成部分,同时也是学生在校期间向学校呈交的最后一份作业。从教师的角度看,指导学生进行毕业论文(设计)的撰写是教师对学生最后一次执手训练。大凡学生第一次独立地完成某项工作,都离不开老师(或家长、师傅和其他人)的指点。对大多数学生来说,写论文在他们的经历中也可能是第一次,许多人不理解毕业论文(设计)写作的意义,甚至错误地认为是学校强加给他们的额外负担。因此,在写作过程中自始至终都需要教师的鼓励、帮助和指导。

(二)撰写毕业论文(设计)是毕业生锻炼能力的需要

撰写毕业论文(设计)的指导过程实际上也是教学相长的过程,是教师检验自身教学效果、改进教学方法、提高教学质量的绝好机会。平时布置练习、批改作业和考试测验等,那是单项的、零碎的;唯有毕业论文(设计)的写作能力的考核,才是对学生综合运用所学知识与技能水平的检验。因为在论文的写作过程中，尽管有老师的指导，但是从论题的确立，资料的搜集、整理、研究、分析，直到论文的撰写、修改、定稿，都由学生自己动手动脑完成，这些都是对学生选题能力、获取资料能力、研究能力和语言文字能力的锻炼。这种锻炼对学生是必须的，也是有益的。

（三）撰写毕业论文（设计）是毕业生参与经济建设的需要

高职毕业生就业的主战场是生产、建设、服务与管理第一线，是一个国家经济建设与社会发展的主战场，也是决定一个国家的经济质量和经济总量可持续发展的重要基础。在相当长的一段时间内，这里不但有广阔的就业空间和人才的用武之地，更是一个毕业生成才与发展的重要阵地。世界上无论是西欧和美日等发达国家，还是亚洲的韩国、新加坡、泰国、马来西亚、中国香港与中国台湾等，都把重视职业教育、培养基层第一线的有用人才作为经济腾飞的"秘密武器"。我国作为一个发展中国家，正处在经济腾飞、加快发展的关键时期，迫切需要大批适用于基层第一线的高等技术应用型人才积极参与。而高职院校的毕业生要想真正有所作为，也必须从基层做起。他们通过生产、建设、服务与管理第一线的实习与实践，既检验了自己在学校所学的知识与技能，也结合实际运用本专业相关知识与技术来研究、探讨生产、建设、服务与管理课题，同时通过毕业论文的撰写回答并解决生产、建设、服务与管理课题，从而进一步提高自己运用本专业相关知识与技术的能力，为自己积极参与经济社会建设，成为高层次的有用人才奠定基础。

（四）撰写毕业论文（设计）是毕业生留给学校的宝贵财富

教学是一种双向交流的过程，学生从学校获得的是知识，接受的是文化和道德的熏陶，同时，学生也以各种方式影响着学校，许多学生的才华、见识、经验、制作成果等，以及毅力、意志与修养等都会给学校和教师留下深刻的印象。而毕业论文（设计）则更是学生留给学校的另一份特殊的精神财富。每届毕业生都会留下一批毕业论文（设计），其中不乏优秀之作。学校可以用它们来丰富教师的教学内容，启发教育后来的学生；可以用它来分析、解决企事业单位和技术应用领域的某些实际问题或理论问题，为有关部门的决策提供依据，为解决一些具体问题提出对策；还可以推荐给有关企事业单位应用，或在报刊上发表，以扩大社会影响，对社会的发展具有推进作用。

综上所述，撰写毕业论文（设计）是高等职业教育不可缺少的重要环节，无论对国家或社会，还是对学校、学生和教师，都具有重要而实际的意义。没有毕业论文（设计）的高职教育是不完整的。

第二单元　学会毕业设计（论文）写作

一、毕业论文（设计）基本格式

根据《科学技术报告、学位论文和学术论文的编写格式》（中华人民共和国国家标准 NDC001·81GB 7713—87）和《中国学术期刊（光盘版）检索与评价数据规范的要求》（1999 年 01 月 17 日颁布），毕业论文（设计）一般由标题、署名、摘要、关键词、目录、引言（绪论）、正文（本论）、结论、致谢、参考文献、注释、附录等要素构成。

高职文科类学生撰写的毕业论文（设计）、应用方案、调研报告等成果形式的文字材料，原则上都是按一般论文要求撰写的。具体内容有：

（一）标题

标题是论文的眉目，要概括文章的内容，体现文章的主旨或尽可能体现作者的写作意图。标题应该明确，要有概括性，一般不宜超过 20 个字。如该标题不足以说明问题时，也可以加副标题。论文的标题一般包括总标题和小标题。

总标题是文章总体内容的体现，位于首页居中位置。主要有五种形式：

（1）观点式标题。主要揭示文章的观点，表明作者对问题的看法。如《中小企业需要高素质秘书人才》《生态旅游呼吁可持续发展》《基金投资与股市的稳定》。

（2）内容式标题。主要揭示文章的内容，表明作者论述的重点所在。如《商务秘书职业技能及培养》《进出口企业如何管理外汇风险》《旅游业的人才竞争与人才战略》。

（3）议论式标题。一般在标题语句的前面或后面加上"谈""论""试析""探索""探讨""研究""思考""刍议"等词语，以表明文章的体裁。如《试论民营企业中秘书处理人际关系的艺术》《浅论社会成本会计》《假日经济发展研究》。

（4）提问式标题。用设问句的形式，隐去要回答的问题，实际上作者的观点是很明确的。如《民营企业不需要涉外秘书吗》《现代酒店管理就不能运用网络吗》。

（5）主副式标题。正题揭示文章的主题或表明观点，副题交代文章研究的内容。如《试论企业新闻活动策划案例制作——以××市四海体育发展有限公司为例》《论现代旅游企业职业道德——从旅游纠纷谈起》。

小标题主要是为了更清晰地显示论文层次。最常用的方式是：序码 + 本层次内容高度概括的文字。比较常见的标法是，社会科学论文一般采用"一、二、三，（一）（二）（三），1.2.3.，（1）（2）（3），①②③，…"这种形式；自然科学一般采用"1，2，3，1.1，1.2，1.3，…"这种形式。社会科学论文的序码一般空两格排列；自然科学类论文的序码一般顶格排列。

总之，拟定标题要努力做到：一要明确，能够提示内容或论点，使人一看就知道文章的大意；二要简练，字数不宜过多；三要新颖，做到不落俗套，使人赏心悦目；四要有美感，文字长短大致相同，形式均匀对称。

（二）署名

署名是指在论文首页总标题的下面署上作者的姓名和指导教师的姓名。有统一封面的，作者和指导教师姓名要写在封面的指定位置上。合著论文则按贡献大小排定次序，作者之间以逗号分隔；如是发表的论文，则在作者下方的括号内依序注明作者的单位、地名和邮编，单位名称与地名之间以逗号分隔，地名和邮编之间以空格分隔。

（三）摘要

摘要是对论文的内容不加注释和评论的简短陈述，应当高度概括研究课题的主要内容、特点和观点，以及取得的主要成果和结论，应能够反映整个论文的精华。中文摘要在200字以内，并翻译成相应的外文（多用英文）摘要，外文摘要不宜超过250个实词。

摘要一般使用第三人称，不用"我们""笔者"等词作主语。摘要一般置于总标题和署名之后、正文之前。摘要一般在版面上左右各缩进两字，连同关键词上下各空出一行。摘要的字体或字号要区别于正文。

（四）关键词

关键词是反映论文主要内容的单词或术语。每篇选用3～5个关键词，每个关键词的字数应在10个以内，按词语的外延层次从大到小排列，尽可能从《汉语主题词表》中选用规范词，每个关键词之间应以分号分隔，以便于计算机自动切分。

（五）目录

目录是论文的导读图。设置目录的目的是让读者在阅读此文之前对文章的内容和结构框架有个大致了解。目录一般放在论文正文的前面，层次设置要统一，目录页要标明页码。

目录编号与正文章节编号相对应，可参照如下标准。

文科类：采用汉字与阿拉伯数字混用方法编号，第一级为"一""二""三"等，第二级为"（一）""（二）""（三）"等，第三级为"1.""2.""3."等，第四级为"（1）""（2）""（3）"等。分级编号一般不超过四级，每一级的末尾不加标点；若有需要进一步分级，则不再另起分段。也可采用"第一章""第一节"的类型。

理工类：采用分级阿拉伯数字编号，第一级为"1""2""3"等，第二级为"1.1""1.2""1.3"等，第三级为"1.1.1""1.1.2""1.1.3"等，第四级为"1.1.1.1""1.1.1.2""1.1.1.3"等。编号与文字衔接处不要标点但要有1个汉字空格。

（六）引言（前言）

引言（前言）即绪论，是全篇论文的概述或导论，主要说明本课题研究的理由和意义，目的在于引出论题。有的侧重写本课题研究的缘由、任务及预期达到的目标（结果）；有的侧重写国内外同行对本课题研究情况的简要回顾和展望，指出目前的进展和存在问题，从而说明本课题研究的目的和意义。引言（前言）应写得言简意赅，可以不加标题，一般也不用写序号。

（七）正文（本论）

正文是论文的核心部分，是作者学术水平和科研成果的具体反映和体现，也是展开论题,表达作者个人研究成果的部分。作者在这部分对所研究的课题应作充分、全面、有说服力的论述,提出有创造性的见解,要有鲜明的观点(目的、思想或问题)、充分的论据(说理、推理或论述)、明确的结果与讨论(心得体会、成效或收获)等。正文要求层次分明,条理清楚;语言准确、简练;数据或引用确切。特别要注意在阐述自己的观点时,不要重复一般性的常识,如果确实有必要涉及常识或者别人的研究成果,也应该严格限制,不要冲淡和模糊了自己的创见。

不同学科的毕业论文,研究的选题,研究的方法,分析论证的过程,获得的结果,表达的方式都有很大的差异。可以说正文的内容是没有统一格式的,但在结构上还是可以归纳出几种大体的模式。

(1)并列式。各个分论点相提并论,各个层次平行排列,分别从不同的角度,不同的侧面对问题加以论述,使文章呈现出一种齐头并进式的局面。具体可以采用先总述后分述,或者先总再分最后总的形式。如图1.1所示。

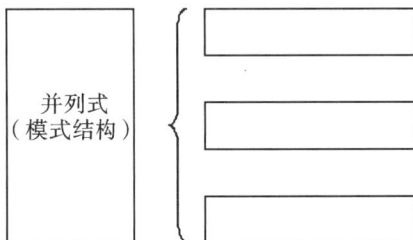

(2)递进式。各分论点、各层次的内容步步深入,后一层次内容是对前一层次的发展,后一个分论点是对前一个分论点的深化。如图1.2所示。

图1.1　并列式结构　　　　　　图1.2　递进式结构

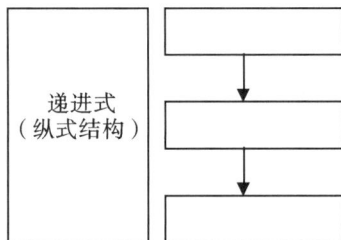

(3)综合式。即把以上两种模式相结合,或先提出论点进行多方论证,进而通过分析论证再得出结论。采用这种安排的论文往往是以某一种形式为主,中间掺以另一种形式,适合于问题较为复杂、篇幅比较长的毕业论文。如图1.3所示。

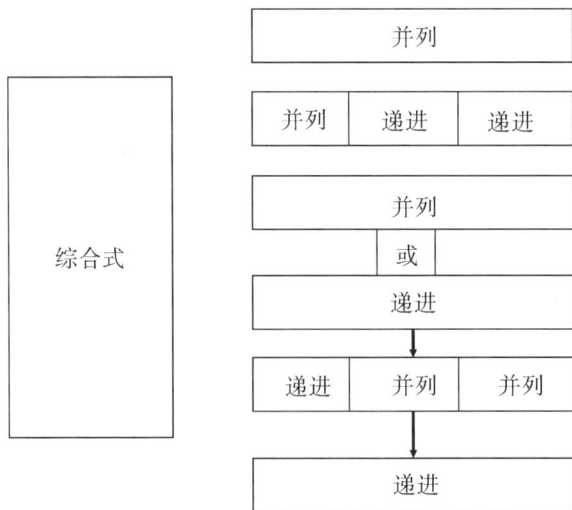

图1.3　综合式结构

从论证的角度看,本论部分最主要的任务是组织论证,以理服人。作者要千方百计地证明自己的观点是正确的、可信的。为此,必须围绕论点,运用论据,展开充分的论证。论证就是要用论据来证明论点的正确性或者证明敌对论点错误性的过程和方法。从论题的性质来看,论证又可分为立论和驳论两种。

(1)立论(建立观点的论证方法)。即正面建立和阐述自己的观点,证明它的正确性,常用的方法有:

①事实证明法。这是一种用事实作为论据,举例说明的论证方法,就是常说的"摆事实"。事实胜于雄辩,让事实说话,是最常用而有效的论证方法。例如:

××市热电厂由于规章制度不健全,管理紊乱,使得交接货手续不清,货款支出异常,个别领导与供销人员收受贿赂,致使厂方多付货款 11.2 万余元,造成很大的经济损失。

运用例证法进行论证,事例要典型,数据要确凿,叙述语言要简明扼要。

②理论证明法。引用马克思主义经典作家的言论,权威人士的观点、理论,或者科学上的公理、定律,还有其他格言、谚语、名言、警句等来证明自己的观点的论证方法。例如:

列宁对马克思主义关于政治与经济关系的基本原理,曾经作过精辟的论述。他说:"政治是经济的集中表现。"又说:"任何民主,和任何政治上层建筑一样(这种上层建筑在阶级消灭之前,在无阶级的社会建立之前,是必然存在的),归根到底是为生产服务的,并且归根到底是由该社会中的生产关系决定的。"(《列宁全集》第40卷,人民出版社,1985。)列宁的这些基本观点说明,政治来源于经济,又反作用于经济,既是指导作用,又是服务作用,是指导与服务的统一。

注意引用的言论要忠实于作者原意,不能断章取义。引用的内容要准确,说明出处,包括具体的页码。引用还要简洁,避免大段引用、喧宾夺主。引用以后要做一些阐述说明,不要引用以后就简单下结论。

③分析证明法。把一个比较复杂庞大的事物或者事理,分解切割成若干部分,然后加以考察。通过对讨论的事物或者事理的分析、透视,发掘出其中蕴涵的道理和规律来,从而很好地证明论点。例如,一篇《要办好学校必须实行校长负责制》的毕业论文,对学校原来的领导体制"党支部领导下的校长分工负责制"存在的弊病做了这样的分析:a. 概念上含混,可以做多种解释;b."领导"与"负责"分工,不符合管理原理;c. 党、政不分,用党代替政府;d. 管理层次越多,工作效率越低。在校长上面加了一个管理层次,形成了"书记—校长—主任—教职工"4个层次。

通过这样入情入理的层层分析,使旧体制的弊端昭然若揭,证明了"要办好学校必须实行校长负责制"的中心论点。

④推理证明法。推理就是从一个或者几个已知的判断推出一个新判断的思维过程。议论文与逻辑推理是分不开的。从文章的整体来看,完整的论证过程也就是归纳、演绎或者类比推理的过程;从文章局部来看,在各个论证环节中,也可以采用这些推理形式。学员论文运用推理论证的例子到处可见。

(2)驳论(反驳观点的论证方法)。反驳是驳斥对方的论点,证明它是错误的、荒谬的,从而证明自己观点正确性的一种论证方法。具体分成以下几种:

①直接反驳。就是运用论据或者推理,直接证明对方论点是错误的方法。

②间接反驳。为了证明对方的论点是错误的,可以先证明与它相矛盾的另一论点是正确的。例如,鲁迅在《中国人失掉自信力了吗》这篇文章里,为了驳斥"中国人失掉了自信力"这一错误论点,提出了"我们有并不失掉自信力的中国人在"这个正面论点,然后运用古往今来的事实,证明这一论点的正确性,从而驳倒了反面论点。

③荒谬推导。先假定对方的论点是对的,然后以它为前提,推导出一个明显荒谬的结论,从而证明对方的论点是错误的。例如:

如果按照那些政治"精英们"说的理论来分析,只会产生这样一个现实:凡是走上资本主义私有化道路的国家,全部或者至少大部分都比社会主义经济发展得快。但是可惜的是,这种现实还不存在,这种材料在现实的世界上还没有。

究竟使用哪一种或者哪几种,要根据论证的实际需要来确定。一般来说,单纯地只用一种论证方法是很少见的。在多数情况下,需要把几种论证或者反驳的方法结合起来,才能取得好的论证效果。

(八)结论

结论又称结语、结束语,是理论分析或实验结果的逻辑发展,是整篇论文的结局。结论包括对整个研究工作进行归纳和综合而得出的总结;所得结果与已有结果的比较,以及在本课题的研究中尚存在的问题;对进一步开展研究的见解与建议。

如果不能导出应有的结论,也可以没有结论,而进行必要的讨论。可以在结论或讨论中提出建议、研究设想、仪器设备改进意见、尚需解决的问题等。

结论部分作为文章的结尾,可以不写序号,也可与正文章节连续编号。

(九)谢辞

谢辞是指对课题研究和论文写作中给予帮助的人员,例如指导教师、答疑教师及其他人员,公开表示自己的谢意的文字,以示对别人劳动的尊重,也是一种谦逊品质的体现。谢辞文字较简短,通常位于正文之后。

(十)参考文献

参考文献也即参考书目,是为撰写或编辑论文和著作而引用的有关文献信息资源。在论文的撰写过程中,写作者大都要翻阅查看大量的有关书籍、报刊,甚至要引用或借鉴其中某些观点、数据。为了反映论文的科学依据,尊重他人的研究成果,向读者提供有关信息,作者在论文正文结束后,需列出参考的主要书刊和文章的目录。它是不可缺少的组成部分。它反映取材来源,材料的广博程度及材料的可靠程度。一份完整的参考文献也是向读者提供的一份有价值的信息资料。高职毕业生一般要求查阅文献不少于10篇,置于文尾,与正文空出一行。

参考文献排序一般有以下几种方法:

①按在论文撰写中参考价值的大小;

②按论文参考引用的先后顺序;

③按文献时代的先后顺序;

④按作者姓氏笔画或外文字母的顺序。

参考文献按次序列于文后,以"参考文献"(左顶格)或"[参考文献]"(居中)作为标识,以[1]、[2]…按序排列。如遇多个主要责任者,以","分隔。一般在主要责任者后面不加"著、编、主编、合编"等词语。参考文献的字体字号一般与摘要相同。

参考文献的主要类型标志为:专著—M,期刊—J,报纸—N,论文集—C,学位论文—D,报告—R。

常见的参考文献书写格式如下:

(1)专著:[序号]主要责任者.文献题名[M].出版地:出版者,出版年.起止页码.

如:[1]杨文丰.高职应用写作[M].北京:高等教育出版社,2008.16-28.

(2)期刊:[序号]主要责任者.文献题名[J].刊名,年,卷(期):起止页码.

如:[1]洪威雷.高职应用文写作教材应以提升应用写作能力为主[J].应用写作,2009,(7):4-6.

(3)报纸:[序号]主要责任者.文献题名[N].报纸名,出版日期(版次).

如:[1]于文秀.仿制的贫困:对"文学新人类"的写作批评[N].文艺报,2000-06-27(4).

(4)引用特种文献:如论文集、学位论文、报告、内部资料等,其格式与专著相似。

(5)电子文献:[序号]主要责任者.文献题名.电子文献的出处或网址。

如:[1]张红斌.银行不良资产及其处理的战略选择.http://www.sina.com.cn.

(十一)注释

注释为非必写要素,视情况而定。

注释是作者对论文中有些字、词、句加以必要的解释和注明来源出处。与参考文献是有所区别的。注释分为两类:一类是论文作者对文章中的一些字、词、句所作的解释、说明或补充,以便读者对被注释的对象有更好的理解;一类是对引文的来源出处所作的说明,以表示对他人劳动成果的认同与尊重,同时增加资料的可信度,便于读者查对原文。

注释的方式有三种:

(1)夹注。夹注也称"文中注""段中注"或"行中注"。即在需注释的字、词、句后加括号,在括号中写明注文(如作者、著作或文章名称、出版者、出版时间、页码)。夹注有三种情况:第一种是采用间接引语,如引用某作者文章中的观点、意见和提法,这时可以在引语后面注明作者的姓名及该引语文章发表、出版的年份;第二种是直接引语,在引语后注明出处;第三种是对文中某个词语作简要说明或者标出其另外一种说法或提法。需注意的是一篇论文的"夹注"不能太多,以免影响文章结构的美观,读者阅读起来也吃力,甚至还会产生误解,认为该论文是用别人的观点代替自己的论证。

(2)脚注。脚注也叫"页下注"或"页末注"。即在需要解释的对象的页码下端加注。一页中只有一段引文的,在引文末端的右上角注上(注)字样;一页中引文在两段以上的,则要标明序号,必须以页为单位。其写法格式与"夹注"一样。

(3)尾注。尾注也叫"篇末注"。即将注释全部集中于文章的末尾。但一定要在被注释对象的后面加上①、②、③或(注1)、(注2)、(注3)字样的注码,以与篇末注文对应。需注意的是,一篇论文最好不要在文尾既写"参考文献"又加"注释",以免影响论文外形的美观。

(十二)附录

附录也为非必写要素,视情况而定。

附录是指论文中有些内容与正文关系密切,而同时又具有相对的独立性,但列入正文又往往会影响正文叙述的条理性和连续性,因而将其附加在正文之后作为附录,以帮助读者理解正文中的有关内容;还有一些则是附于文后的与论文有密切关系的资料,如文章、文件、图表、公式、调查报告中的调查问卷、设计型论文中的设计图纸等。附录一般位于论文的最后部分。

二、毕业论文(设计)写作要求

(一)正确选择论题

选题是否合适将决定毕业论文(设计)写作的成败。高职院校的培养目标就是要实现学校与社会用人单位具体岗位或岗位群之间的零距离(或近距离),则毕业论文(设计)课题就必须紧密结合企业现实岗位或岗位群的实际要求,紧密结合企业或行业的行规要求等,因而选题必须从用人单位或企业面临的实际问题中筛选。要选择有价值的、难易适中的,而自己又比较有兴趣的论题。同时还需注意论题的创新性,即要有新的理论、新的思想、新的观点或新的工艺、新的方法。有的论题虽然前人已有论述,但作者对已有的论题有进一步的认识,有新的看法,做了一些补充或有一点修正,均属于有创新性。

(二)充分选择材料

毕业论文(设计)的论点能否成立,关键要选择真实、新颖、典型、充分的材料。理论材料不可少,事实材料更重要,不仅要重视第一手资料,也要利用好第二手材料,做好材料的分类、鉴别和扬弃工作,才能使证明论点的论据显得充分有力。为此就需要立足于顶岗实习单位,关注身边的人和事,深入了解所在企业的现实需求,才能搜集到对所选课题有用的材料。

(三)合理进行论证

运用论据来证明论点的过程和方法,叫论证。而论证的过程离不开推理,推理必须遵循逻辑规律。就是说在毕业论文(设计)撰写中,材料的选择与安排、论点与论据的关系、论证方法的使用等都要合乎逻辑,在论证中不能出现逻辑错误。

(四)妥帖安排结构

前面已提及,毕业论文(设计)有自己的结构,其主体部分的基本思想是:提出问题—分析问题—解决问题,即由引言(绪论)、正文(本论)、结论三部分组成。但考虑到论文的内容千差万别,形式多种多样,所以在谋篇布局时一定要合理安排结构,详略分明,使各部分浑然一体,决不能松松散散,支离破碎。

(五)推敲语言文字

撰写毕业论文(设计)的语言应力求做到准确、简洁、质朴、得体。准确是指用语确切,符合实际;简洁是指用语简明扼要,用字少而精;质朴是指用语通俗易懂,不哗众取宠;得体是指用语符合行文规范,分寸得当;同时,对文字和标点符号也需进行仔细的推敲。只有这样,才能体现毕业论文的语言特色。

【知识链接】

毕业教学环节工作规范(供参考)

××职业技术学院毕业教学环节工作规范

毕业教学环节是教学周期的最后环节,是实现高技能人才培养目标的重要教学环节,做好毕业教学环节工作对全面衡量与提高教学质量具有重要意义。为了加强我校毕业教学环节工作的管理,提高毕业教学环节工作质量,遵照《××职业技术学院教学工作规程》及××省教育厅关于毕业教学环节质量评价的有关要求,特制订本工作规范,并从2009届学生开始实施。

一、指导思想

全面落实工学结合指导下的"五位一体"育人模式,深化专业人才培养模式改革,全员参与毕业教学环节,对接职业岗位需要,加强组织和管理,切实提高毕业教学环节教学质量,有效地实现以就业为导向的专业人才培养目标。

二、目的与要求

通过工程设计、论文撰写、科学调查、技能操作、顶岗实训和论文的撰写与训练,培养学生运用所学的知识、技能和技术解决职业岗位中实际问题的基本技能和独立工作能力、创新能力,最终形成职业能力和素养,提高学生的就业能力。

三、进程安排

毕业教学环节全面启动的时间一般安排在最后一学年内进行,课题任务的实际开展时间一般不少于20周(含毕业实习),各阶段进程时间和工作内容可参照如下安排。特殊专业可结合具体情况做适当调整,并报教务处备案。学生更换实习岗位或已提前找到就业单位,需结合实习或工作岗位自选或更换毕业教学环节课题的,可视实际情况作适当调整,但不得影响毕业教学环节的整体进度和质量。(见附件1)

1. 第一阶段:前期工作(9月至11月)。主要完成组织准备、选题申报、论证、审核和学生选题,确定学生选题后1周内指导教师下达任务书,学生在接到任务书后2周内完成开题报告。学院根据实际需要安排好毕业实习(调研)。

该阶段后期安排毕业教学环节的初期检查,主要检查选题质量、课题开展条件、任务书是否规范下达、开题报告质量、指导教师配备以及安排是否合理等方面情况,由专业负责人填写初期检查表,学院进行审核。

2. 第二阶段:中期工作(12月至次年4月20日)。学生按计划开展毕业教学环节课题任务,学校和学院组织一次深入检查,发现问题及时纠正。

该阶段后期安排毕业教学环节的中期检查,着重检查学风、教师指导和过程管理等情况,了解毕业教学环节的进展情况和存在问题,由专业负责人填写中期检查表,学院进行审核;指导教师主要检查进度执行情况和已完成情况的质量、学风考勤情况等,在指导教师指导和检查记录表的中期时间段中填写。

3.第三阶段:后期工作(4月21日至6月10日)。学生完成课题任务,学院做好毕业教学环节的答辩资格审查、答辩和成绩评定、总结评优及资料归档等工作。答辩前1周学生应按要求上交全部成果材料,提供给指导教师和答辩小组教师审核。

该阶段安排毕业教学环节的后期检查,主要检查学生完成工作任务情况、学生成果质量、过程材料规范性和答辩准备工作等内容,由专业负责人填写后期检查表,学院进行审核。

学校教务处会同督导处组织专家在各阶段进行专项检查或不定期抽查。

四、对教师的要求(略)

五、对学生的要求

为了有效地达到毕业教学环节的教学目的,对学生提出如下基本要求。

1.要有高度的责任感,对毕业教学成果质量负责,在规定的时间内全面独立完成各项任务。严禁抄袭他人的成果,或请人代替完成毕业教学环节任务等。

2.在接到毕业教学环节任务书后,应查阅、收集、整理、归纳文献和资料,制订开题报告,主要包括课题背景、目的意义、需要解决的问题或研究的主要内容、可行性分析、实施方案或路径、拟达到的预期成果、进度安排等内容。开题报告在交指导教师审查批准后,正式开始任务实施工作。

3.主动接受教师的检查和指导,认真填写过程材料,定期向教师汇报任务进度,听取教师的指导意见。因病、事请假,需征得指导教师同意,请假超过全过程三分之一者取消答辩资格;擅自离开或请假逾期者,作旷课处理(旷课6小时按一天计),累计旷课五天(含五天)以上者,其成绩为不合格。

4.应充分发挥主动性和创造性,树立实事求是的科学态度,遵守安全技术规程,爱护企业与学校的仪器设备和文献资料。讲文明,有礼貌,保持工作环境整洁卫生。

5.在毕业教学环节答辩前及时提交毕业成果,按时参加答辩。在毕业教学环节答辩结束后,应交回毕业教学环节教学的所有材料(包括实物、设计图纸、报告原文、论文、调研资料、调查报告、观测数据原始记录、答辩原始资料、过程材料等),并协助做好材料归档工作,有电子稿的应提供电子文档。

六、选题

1.选题原则。

(1)岗位贴近度。课题任务应与毕业生职业岗位或期望的职业岗位有较强的相关性,能突出相关职业岗位或岗位群中关键能力和基本能力的训练。课题必须紧密结合企业现实岗位或岗位群的实际要求,应从用人单位或企事业单位面临的实际问题中筛选,来自于紧密型合作基地或有实际应用意义的不低于80%。

（2）专业贴近度。课题任务应与学生所学专业有很强的相关性,符合本专业的培养目标及基本教学要求,体现本专业的技术应用和核心技能训练需要,有利于学生整合原来所学的知识、能力,培养独立工作能力和创新能力。

（3）训练实效性。毕业生通过课题任务的训练,可以很好地提高职业能力与综合素质,并收到良好的整合效果。

（4）工作量。选题应有明确的对象和任务,工作量要合适。在规定时间内,学生要经过努力才可以完成,避免题大、内容空洞和题小、工作量少。课题要求一生一题,需要多生合作的,应有明确分工,并在课题名称后用()或副标题体现分工。同组学生数一般不超过3人。

（5）更新率。选题要体现实用性和先进性,要尽量控制与往届重复的课题数量,确保课题更新率达80%以上。严禁将往届毕业教学环节的成果材料借给学生参考,杜绝出现抄袭现象。

2. 成果形式。

根据高职高专培养目标以及业务规格要求,结合我院专业设置情况,毕业教学环节成果的形式可以多样化,主要有论文、应用方案、设计作品、实物制作、调研报告、实习报告几大类。各专业可按专业类别选择一种或多种合适的课题类型和成果形式。

（1）工科类专业:可选择、论文、应用方案(设计方案、施工方案、生产方案、工艺方案等)、实物制作(实际产品、软件)等。

（2）艺术类专业:可选择论文、应用方案(设计方案等)、设计作品(设计图、服装设计、平面设计、包装设计等)、实物制作(服装制作、多媒体制作、手工艺术品制作等)。

（3）医学类:可选择论文、应用方案(医疗方案、服务个案)、调研报告等。

（4）管理、人文、教育类:可选择论文、应用方案(策划方案、营销方案、管理方案、教学方案、服务方案等)、调研报告、实物制作(媒体作品等)。

（5）农艺类:可选择论文、应用方案(生产方案、管理方案等)、设计作品(园艺设计、园林设计等)、调研报告等。

各类成果形式的具体要求可参照附件2。各专业如果无法完成上述成果,可经教务处同意,以实习报告作为毕业教学环节成果。

3. 选题程序。

（1）课题征集。课题征集通过指导教师申报和学生自主选择相结合的方式进行,征集的课题总数应大于该专业当年毕业生的总数。

（2）课题审核。各学院应对征集的选题仔细论证、审核,课题审核工作由专业负责人负责,各专业对审核通过的课题进行汇总,填写选题汇总表。

（3）学生选题。选题向学生公布并由学生选择,学院可组织指导教师向学生宣讲课题或公布课题申报表,实现师生互选。课题一经确定,不得随意更改,若确需变动者,需经主管院长审批。学生选题确定后,填写课题汇总表(表B-3)一式二份,专业组或学院存一份,报教务处备案一份。

(4)任务书下达。毕业教学环节课题落实到学生后,指导教师填写课题任务书一式三份,学生、指导教师和学院各一份。经专业负责人审核后方可作为正式任务下发给学生。课题任务书一律不得由学生填写,无任务书不能进行毕业教学环节。

七、答辩与成绩评定(略)

八、档案管理(略)

九、毕业(顶岗)实习(略)

附件1

××职业技术学院毕业教学环节工作流程表

阶段	工作环节	工作内容	时间安排
第一阶段（前期工作）	组织准备	1.成立或完善组织,制订工作计划和安排,落实相关教学条件。 2.专业组落实指导教师,对指导教师和学生进行动员。	第五学期9月至11月
	征题	1.学院对指导教师进行审查。 2.指导教师提交课题申报表。	
	审题	专业主任负责选题审查,确定选题后填写选题汇总表。	
	选题	1.确定后的选题汇总和课题申报表向学生公布,进行师生双向选择。 2.将选题结果汇总,填写课题汇总表,由学院审核后报教务处。	
	任务书下达	指导教师填写任务书,专业组审核后向学生下达任务。	
	开题	1.指导教师指导学生广泛查阅文献资料和进行必要的调研。 2.组织学生开题,填写开题报告。 3.学生提交开题报告,指导教师审核。	
	初期检查	1.学院、专业组检查选题质量、工作安排及落实、指导教师到位情况,任务书、开题报告质量等。 2.学校组织专家开展专项检查。	
第二阶段（中期工作）	开展课题任务	1.在指导教师指导下,学生按计划要求开展课题任务。 2.学生按毕业实习计划参加毕业实习。 3.学生结合课题类型和成果规范要求撰写文字材料,完成相关成果。 4.指导教师做好指导和考勤工作,按时填写指导与检查记录。	第五学期12月至第六学期4月20日
	中期检查	1.检查内容:学生学习纪律,教师指导情况,毕业教学环节进展及组织管理情况。 2.学院、专业组、指导教师分别进行自查。 3.学校组织专家开展专项检查或不定期检查。	

续表

第三阶段（后期工作）	成果整理	1.学生完成课题任务,按成果规范要求整理毕业教学环节成果。 2.指导教师按照任务书规定的要求验收学生成果材料。 3.学生根据指导教师的意见对成果材料进行修改,最后定稿。	第六学期 4月21日 至 6月10日
	答辩资格审查	1.学院和专业组做好答辩的组织准备工作,及时将答辩要求告知学生。 2.学生送交材料,指导、评阅教师填写评语并评分,审查答辩资格。	
	后期检查	1.学院和专业组检查学生完成工作任务情况、学生成果质量、过程材料规范性以及答辩准备工作等。 2.学校组织专家对整个环节进行抽查。	
	答辩	1.学生将有关材料送交答辩小组教师,并做好答辩准备。 2.答辩小组复查学生答辩资格,提前审阅有关材料。 3.进行答辩,做好答辩记录。 4.答辩小组综合学生答辩情况和学生成果质量,填写评语并评分。 5.答辩小组按照评分决定第二次答辩学生名单,并组织第二次答辩。	
	成绩评定	专业组按照指导教师、评阅教师和答辩小组评分,加权后得出最终评分,并判定等级,学院审查后进行成绩汇总。	
	评优	学院答辩委员会复议有争议问题,审核学生成绩和等级,按照比例复核并推荐优秀成果,填写优秀成果推荐表,并报教务处。	
	工作总结	专业组填写本专业毕业教学环节总结报告。	
	档案管理	1.按学生、按要求装订成册,经指导教师同意后提交学院存档。 2.专业组整理组织管理材料,按要求装订成册后提交学院存档。	

注:各学院可根据专业培养方案和各专业特点在时间安排上做适当调整。

附件2

××职业技术学院毕业教学成果规范和装订要求

依据《××职业技术学院毕业教学环节工作规范》的有关原则,为了保证毕业教学环节成果质量和便于管理,对毕业成果的内容、格式和装订作如下规定。

一、论文、应用方案、调研报告等成果形式的具体要求

1.撰写内容

论文、应用方案、调研报告类等成果形式的文字材料原则上按一般论文要求撰写,具体内容有:

(1)标题。标题应该明确,要有概括性。一般不宜超过20个字。如该标题不足以说明问题时,也可以加副标题。

(2)摘要。摘要应当高度概括研究课题的主要内容、特点和观点,以及取得的主要成果和结论,应能够反映整个论文的精华。中文摘要在200字以内,并翻译成相应的英文摘要。

(3)关键词。选用 3~5 个关键词,每个关键词的字数应在 10 个以内。

(4)目录。目录编号与正文章节编号相对应,可参照如下标准。

文科类:采用汉字与阿拉伯数字混用方法编号,第一级为"一""二""三"等,第二级为"(一)""(二)""(三)"等,第三级为"1.""2.""3."等,第四级为"(1)""(2)""(3)"等。分级编号一般不超过四级,每一级的末尾不加标点;若有需要进一步分级,则不再另起分段。也可采用"第一章""第一节"的类型。

理工类:采用分级阿拉伯数字编号,第一级为"1""2""3"等,第二级为"1.1""1.2""1.3"等,第三级为"1.1.1""1.1.2""1.1.3"等,第四级为"1.1.1.1""1.1.1.2""1.1.1.3"等。编号与文字衔接处不要标点但要有 1 个汉字空格。

(5)引言(前言)。引言(前言)是全篇论文的概述或导论,引言(前言)可以不加标题。

(6)正文。正文要有鲜明的观点(目的、思想或问题)、充分的论据(说理、推理或论述)、明确的结果与讨论(心得体会、成效或收获)等,要求层次分明,条理清楚;语言准确、简练;数据或引用确切。

(7)结论。结论包括对整个研究工作进行归纳和综合而得出的总结;所得结果与已有结果的比较,以及在本课题的研究中尚存在的问题;对进一步开展研究的见解与建议。结论部分也可与正文章节连续编号。

(8)谢辞。谢辞位于正文的结尾处,以简短文字,对课题进行与协作过程中曾给予帮助的人员,例如指导教师、答疑教师及其他人员,表示自己的谢意。

(9)参考文献。参考文献是不可缺少的组成部分。它反映取材来源,材料的广博程度及材料的可靠程度。一份完整的参考文献也是向读者提供的一份有价值的信息资料。要求查阅文献不少于 5 篇,参考文献应按下述格式列写:

序号、作者 1,[作者 2,作者 3…],刊物名称[著作名],刊号,出版地、出版单位、出版时间[期卷号],参考页码。

一般要求在正文引用位置标注参考文献索引。

2.格式要求

(1)字数要求。正文(含引言、结论)字数不少于 3 000 字。

(2)版面要求。纸张大小:一律采用 A4 纸。

页面设置:上边距 2.5 cm,下、左、右边距 2 cm,左侧装订线 1 cm;在页脚设页号,页脚设置 1.8 cm;页号居中,并左右加"-"。

(3)字体与段落。主标题:宋体二号加粗,固定行距 32 磅;

副标题:宋体三号加粗,固定行距 24 磅,段后 12 磅。

目录编号:宋体小四号加粗,行距 1.5 倍,段前、段后为 0。

其他:宋体小四号,行距 1.5 倍,段前、段后为 0。

3.装订要求

(1)成果封面(使用学校统一规格的封面)

(2)目录

(3)摘要、关键词、英文摘要、英文关键词

(4)引言

(5)正文

(6)结论与谢辞

(7)参考文献

(8)附件清单

(9)附件(程序清单、图纸等,也可单独装订)

二、其他成果形式的具体要求

1.设计作品、实物制作类成果具体要求

此类课题应有相应的产品设计图纸、工程图纸、图像或图片、实物等成果,有国家标准的按国家标准执行,有行业要求的按行业要求。同时应配有说明书,或相应的设计思想、设计体会等文字材料,可参照本规范的第一条有关要求撰写,也可结合实际情况采用其他合适的撰写方式,但字数不应少于1 500字。

2.实习报告类成果具体要求

特殊专业可采用实习报告作为毕业教学环节成果,但需报教务处同意。实习报告字数不少于3 000字,实习报告内容不能停留在简单的叙事层面上,应运用所学知识和技能对岗位实践中的实际生产、管理问题进行深入探讨和分析。格式可以参照论文要求,但英文摘要、英文关键词、引言、参考文献、附件等不作要求。也可结合专业特点由各二级学院制订规范后执行,做到学院内统一、规范。

3.其他成果类型

以可展示性为目标但不可显现的成果可通过技能展示来表现,如医学的护理、康复,师范的音乐表演等,可以通过录像、录音等方式采集,但须能真实反映学生水平,同时应配有说明性文字材料,载明该技能编排的设计思想、要求、脚本、体会等,文字参照本规范的第一条有关要求撰写,也可结合实际情况采用其他合适的撰写方式,但字数不应少于1 500字。

本规范未特别规定的成果形式由各学院根据专业特点制订规范,报教务处同意后执行。

三、毕业教学环节过程材料及装订顺序

1.过程材料封面(使用学校统一规格的封面)

2.过程材料清单

3.课题任务书

4.课题开题报告

5.指导教师指导和检查记录表

6.成绩评定表(指导教师)

7.成绩评定表(评阅教师)

8.成绩评定表(答辩小组)

9.答辩记录

10.其他特色材料

注:学生成果和上述过程材料也可装订成一册(各学院统一),用一个封面,一个目录。

四、实习材料及装订顺序

按实习教学管理的有关制度要求使用顶岗实践手册或实习手册,单独成册。

五、组织管理材料装订顺序

1.组织管理材料封面

2.工作计划

3.有关通知和文件

4.课题申报表(可单独装订)

5.选题汇总表

6.课题汇总表

7.初期检查表

8.中期检查表

9.后期检查表

10.总结表

11.成绩汇总表

12.优秀成果推荐表

13.有关会议记录

14.其他特色材料

【自测题】

仔细阅读例文,试回答:

1.毕业设计(论文)有什么特点？

2.如何才能体现毕业论文的价值和作用?

第二部分 毕业论文(设计)过程

【知识目标】

1. 了解毕业论文(设计)写作过程
2. 学习毕业论文(设计)写作内容

【能力目标】

1. 认识毕业论文(设计)写作过程基本格式与内容
2. 掌握毕业论文(设计)写作过程要求

【案例导入】

广州南洋理工职业学院
2008届普高学生毕业论文(设计)答辩把关严

2008年4月9日至11日,是广州南洋理工职业学院2008届普高学生毕业论文答辩的日子,校园里显得比往日更热闹了,已走上实习岗位的应届毕业生们回到学校顺利通过自己独立完成的论文答辩。在每次答辩中,毕业生们用自己的才智和实力证明了自己在校3年中学有所成,学有所用。

学生毕业论文(设计)答辩是高职教学活动的一个重要环节,也是检验学生运用所学的专业知识和已获得的实践经验分析问题、解决问题的有效途径。自举办高等职业教育以来,南洋学院高度重视这项工作,成立了以院长为主任,各系主任为副主任的论文答辩委员会,各系推选具有学科专长、双师型教师组建答辩小组,本着"客观标准、公平公正、从严把关"的原则,确保论文答辩的质量。

据了解,每届毕业论文答辩结束后,南洋学院将根据毕业论文及答辩情况,形成质量分析报告,对优秀毕业论文(设计)将编辑成册,为下一步的教学管理和指导毕业论文提供借鉴。

问题:

1. 毕业论文(设计)的意义是什么?
2. 你准备如何写好自己的毕业论文(设计)?

第一单元　选题来源与组织

一、了解选题意义

(一)课题的分类

课题的名称常随分类的方法而变化,如果按成果的形式来划分,可以把课题分为设计和论文两类。

设计包括规划设计、产品设计、企业形象设计等;论文包括新领域、新技术、新理论的综述和探索,已有理论或技术的拓展,已有理论、假说或技术的新颖论证,已有理论或技术在新领域中的综合运用,社会生活、经济建设、文化教育等方面的实际问题和热点问题的分析解决等。

(二)选题的意义

选题是撰写论文的第一道工序,没有选题,就没有可能启动后面的各项研究;没有好的选题,即便勉强写出了论文,其价值也不会大。

所谓选题,顾名思义,就是毕业生选择毕业论文(设计)的论题,即在撰写论文前,选择确定所要研究论证的问题,或需要解决的重要实际问题。

毕业论文(设计)的选题是实现毕业论文教学目的、确保毕业论文质量的关键环节,对撰写毕业论文具有重要意义。通过选题,可以大体看出作者的研究方向和学术水平;选准了论题,就等于完成论文写作任务的一半;题目选得好,可以起到事半功倍的作用。具体地讲,选题具有以下意义。

1.**选题能够决定毕业论文的价值和效用**　毕业论文的成果与价值,最终当然要由文章的最后完成和客观效用来评定。但选题对其有重要作用。选题不仅仅是给文章定个题目和简单地规定个范围,选择毕业论文题目的过程,就是初步进行科学研究的过程。选择一个好的题目,需要经过作者多方思索、互相比较、反复推敲、精心策划的一番努力。题目一经选定,也就表明作者头脑里已经大致形成了论文的轮廓。论文的选题有意义,写出来的论文才有价值,如果选定的题目毫无意义,即使花了很多的工夫,文章的结构和语言也不错,但也不会有什么积极的效果和作用。

2.**选题可以规划文章的方向、角度和规模,弥补知识储备的不足**　我们在研究客观资料的过程中,随着资料的积累,思维的渐进深入,会有各种各样的想法纷至沓来,这期间所产生的思想火花和各种看法,对我们都是十分宝贵的。但它们尚处于分散的状态,还难以确定它们对论文主题是否有用和用处之大小。因此,对它们必须有一个选择、鉴别、归拢、集中的过程。从对个别事物的个别认识上升到对一般事物的共性认识,从对象的具体分析中寻找彼此间的差异和联系,从输入大脑的众多信息中提炼,形成属于自己的观点,并使其确定下来。正是通过从个别到一般,分析与综合,归纳与演绎相结合的逻辑思维过程,使写作方向在作者的头脑中产生并逐渐明晰起来,毕业论文的着眼点、论证的角度以及大体的规模也初步有了一个轮廓。

选题还有利于弥补知识储备不足的缺陷,有针对性地、高效率地获取知识,早出成果,快出成果。撰写毕业论文,是先打基础后搞科研,大学生在打基础阶段,学习知识需要广博一些,在搞研究阶段,钻研资料应当集中一些。而选题则是广博和集中的有机结合。在选题过程中,研究方向逐渐明确,研究目标越来越集中,最后要紧紧抓住论题开展研究工作。对于初写论文的人来说,在知识不够齐备的情况下,对准研究目标,直接进入研究过程,就可以根据研究的需要来补充、收集有关的资料,有针对性地弥补知识储备的不足。这样一来,选题的过程,也就成了学习新知识,拓宽知识面,加深对问题理解的好时机。

3. 合适的选题可以保证写作的顺利进行,提高研究能力　对于大学生来说,撰写毕业论文并不是一件轻松的事。如果毕业论文的题目过大或过难,就难以完成写作任务;反之,题目过于容易,又不能较好地锻炼科学研究的能力,达不到写作毕业论文的目的。因此,选择一个难易大小合适的题目,可以保证写作的顺利进行。

选题有利于提高研究能力。通过选题,能对所研究的问题由感性认识上升到理性认识,加以条理使其初步系统化;对这一选题的历史和现状研究,找出症结与关键,不仅可以对选题的认识比较清楚,而且对研究工作也更有信心。科学研究要以专业知识为基础,但专业知识的丰富并不一定表明该人研究能力很强。有的人书读得不少,可是忽视研究能力的培养,结果,仍然写不出一篇像样的论文来。可见,知识并不等于能力,研究能力不会自发产生,必须在运用知识的实践中,即科学研究的实践中,自觉地加以培养和锻炼才能获得和提高。选题是研究工作实践的第一步,选题需要积极思考,需要具备一定的研究能力。在开始选题到确定题目的过程中,从事学术研究的各种能力都可以得到初步的锻炼提高。选题前,需要对某一学科的专业知识下一番钻研的工夫,需要学会收集、整理、查阅资料等项研究工作的方法。选题中,要对已学的专业知识反复认真地思考,并从某一个角度、某一个侧面深化对问题的认识,从而使自己的归纳和演绎、分析和综合、判断和推理、联想和发挥等方面的思维能力和研究能力得到锻炼和提高。

毕业论文的选题是在教师的指导下进行的,有的学生自己不作独立思考,完全依赖教师给出题目;有的学生缺乏研究分析,不假思索,信手拈来,拿过题目就写。这些做法都是不正确的,因为一方面不利于学生主观能动性的再调动,限制主观能动性的再发挥,不利于增长知识,提高能力;另一方面撰写毕业论文不经过选题这一具有重要意义的研究过程,对文章的观点、论据、论证方法"胸中无数",材料的准备更显不足,这样勉强提笔来写,就会感到困难重重,有时甚至会一筹莫展,只能推倒重来。

二、掌握选题方法

在毕业论文工作布置后,每个人都应遵循选题的基本原则,在较短的时间内把选题的方向确定下来。经过几年的专业学习,学生应根据自己的志趣和心得体会出发,或是对课程内容的发展延伸有了新的发现,或是对课程内容做了不同程度的审视,有了独到的见解;进而根据选题的原则和要求,大量收集和阅读相关的资料和文献;最后经过系统归纳和分析确定毕业论文的选题。

选题的方向确定以后,还要经过一定的调查和研究,来进一步确定选题的范围,以至最后选定具体题目。常见的选题方法有以下几种。

(一)浏览捕捉法

这种方法就是通过对占有的文献资料快速地、大量地阅读,在比较中来确定题目的方法。浏览,一般是在资料占有达到一定数量时集中一段时间进行,这样便于对资料作集中的比较和鉴别。浏览的目的是在咀嚼消化已有资料的过程中,提出问题,寻找自己的研究课题。这就需要对收集到的材料作一全面的阅读研究,主要的、次要的、不同角度的、不同观点的都应了解,不能看了一些资料,有了一点看法,就到此为止,急于动笔。也不能"先入为主",以自己头脑中原有的观点或看了第一篇资料后得到的看法去决定取舍。而应冷静地、客观地对所有资料作认真的分析思考。在浩如烟海,内容丰富的资料中吸取营养,反复思考琢磨许多时候之后,必然会有所发现,这是搞科学研究的人时常会碰到的情形。

浏览捕捉法一般可按以下步骤进行:

(1)广泛地浏览资料。在浏览中要注意勤作笔录,随时记下资料的纲目,记下资料中对自己影响最深刻的观点、论据、论证方法等,记下脑海中涌现的点滴体会。当然,手抄笔录并不等于有言必录,有文必录,而是要做细心的选择,有目的、有重点地摘录,当详则详,当略则略,一些相同的或类似的观点和材料则不必重复摘录,只需记下资料来源及页码就行,以避免浪费时间和精力。

(2)将阅读所得到的方方面面的内容,进行分类、排列、组合,从中寻找问题、发现问题。材料可按纲目分类,如分为:系统介绍有关问题研究发展概况的资料;对某一个问题研究情况的资料;对同一问题几种不同观点的资料;对研究某一问题最新的资料和成果等等。

(3)将自己在研究中的体会与资料分别加以比较。找出哪些体会在资料中没有或部分没有;哪些体会虽然资料已有,但自己对此却有不同看法;哪些体会和资料是基本一致的;哪些体会是在资料基础上的深化和发挥等等。经过几番深思熟虑的思考过程,就容易萌生自己的想法。把这种想法及时捕捉住,再作进一步的思考,选题的目标也就会渐渐明确起来。

(二)追溯验证法

这是一种先有拟想,然后再通过阅读资料加以验证来确定选题的方法。这种选题方法必须先有一定的想法,即根据自己平素的积累,初步确定准备研究的方向、题目或选题范围。但这种想法是否真正可行,心中没有太大的把握,故还需按照拟想的研究方向,跟踪追溯。可从以下几方面考虑:

(1)看自己的"拟想"是否对别人的观点有补充作用。自己的"拟想"别人没有论及或者论及得较少。如果得到肯定的答复,再具体分析一下主客观条件,只要通过努力,能够对这一题目作出比较圆满的回答,则可以把"拟想"确定下来,作为毕业论文的题目。

(2)如果自己的"拟想"虽然别人还没有谈到。但自己尚缺乏足够的理由来加以论证,考虑到写作时间的限制,那就应该中止,再作重新构思。

(3)看"拟想"是否与别人重复。如果自己的想法与别人完全一样,就应马上改变"拟想",再作考虑;如果自己的想法只是部分与别人的研究成果重复,就应再缩小范围,在非重复方面深入研究。

(4)要善于捕捉一闪之念,抓住不放,深入研究。在阅读文献资料或调查研究中,有时会突然产生一些思想火花,尽管这种想法很简单、很朦胧,也未成型,但千万不可轻易放弃。因为这种思想火花往往是在对某一问题作了大量研究之后的理性升华,如果能及时捕捉,并顺势追溯下去,最终形成自己的观点,这是很有价值的。

追溯验证的选题方法,是以主观的"拟想"为出发点,沿着一定方向对已有研究成果步步紧跟,一追到底,从中获得"一己之见"的方法。但这种主观的"拟想"绝不是"凭空想象",必须以客观事实、客观需要等作为依据。

(三)逆向思维法

所谓逆向思维法,是指为实现某一创新或解决某一因常规思路难以解决的问题,而采取反向思维寻求解决问题的方法。人类的思维具有方向性,存在着正向与反向之差异,由此产生了正向思维与反向思维两种形式。正向思维与反向思维只是相对而言的,一般认为,正向思维是指沿着人们的习惯性思考路线去思考,而反向思维则是指背逆人们的习惯路线去思维。逆向思维是一种重要的思考能力,个人的逆向思维能力,对于全面人才的创造能力及解决问题能力具有非常重大的意义。

逆向思维法具有三大类型:

(1)反转型逆向思维法。这种方法是指从已知事物的相反方向进行思考,产生发明构思的途径。所谓从"事物的相反方向"进行思考常常是从事物的功能、结构、因果关系三个方面作反向思维。比如,市场上出售的无烟煎鱼锅就是把原有煎鱼锅的热源由锅的下面安装到锅的上面。这是利用逆向思维,对结构进行反转型思考的产物。

(2)转换型逆向思维法。这是指在研究问题时,由于解决这一问题的某一手段受阻,而转换成另一种手段,或转换思考角度思考,以使问题顺利解决的思维方法。如历史上被传为佳话的司马光砸缸救落水儿童的故事,实质上就是一个用转换型逆向思维法的例子。由于司马光不能通过爬进缸中救人的手段解决问题,因而他就转换为另一手段,破缸救人,进而顺利地解决了问题。

(3)缺点逆向思维法。这是一种利用事物的缺点,将缺点变为可利用的东西,化被动为主动,化不利为有利的思维发明方法。这种方法并不以克服事物的缺点为目的,相反,它是将缺点化弊为利,找到解决方法。例如金属腐蚀是一种坏事,但人们利用金属腐蚀原理进行金属粉末的生产,或进行电镀等其他用途,无疑是缺点逆向思维法的一种应用。

(四)创新思维法

创新思维是指对事物间的联系进行前所未有的思考,从而创造出新事物的思维方法,是一切具有崭新内容的思维形式的总和。一切需要创新的活动都离不开思考,离不开创新思维,可以说,创新思维是一切创新活动的开始。创新思维是思维的高级形态,因此既有一般思维的基本性质,又有其自身特征。

与常规思维相比,创新思维的最大特点在于它的流畅性、变通性和独创性,而这些特性的产生在于巧妙地发挥了人脑思维的潜能,特别是与右半脑的功能密切相关。凡是能想出新点子、创造出新事物、发现新路子的思维都属于创新思维。

(五)灵感思维法

灵感,也称顿悟,它是人类创造性活动中一种复杂的心理现象和精神现象,常常具有瞬时突发性与偶然巧合性的特征。它是在经过长时间的思索,问题没有得到解决,但是突然受到某一事物的启发,问题却一下子解决的思维方法。

灵感思维是人类常用的一种思维方法,它是创造性思维能力、创造性想象能力和记忆能力的巧妙融合,具有如下特点:

(1)灵感呈飞跃式,具有突发性。

(2)独创性。从灵感思维的结果来看,它打破了人们的常规思维,把人的认识提高到了一个新的高度。灵感思维失去创造性就没有存在的价值。

(3)非自觉性。其他的各种思维活动,都是一种自觉的思维活动,但对灵感思维来说,由于它是突然发生的而不是预先构思好的思维活动,所以呈现出较强的非自觉性。

灵感思维并不是神秘的,它是每一个正常的人都具有的一种思维能力。同时,它又是运用十分广泛的思维方法,不仅是在文学艺术、科学研究中,而且在日常生活、工作和体育竞赛中,都能找到实际运用。

(六)知识迁移法

学生通过三到四年的学习,对某一方面的理论知识有一个系统的新的理解和掌握。这是对旧知识的一种延伸和拓展,是一种有效的更新。在此基础之上,学生在认识问题和解决问题的时候就会用所学到的新知识来感应世界,从而形成一些新的观点。理论知识和现实的有机结合往往会激发学员思维的创造力和开拓性,为毕业论文的选题提供了一个良好的实践基础和理论基础。

(七)关注热点法

热点问题就是在现代社会中出现的能够引起公众广泛注意的问题。这些问题或关系国计民生,或涉及时代潮流,而且总能吸引人们注意,引发人们思考和争论。选择社会热点问题作为论文论题是一件十分有意义的事情,不仅可以引起指导老师的关注,激发阅读者的兴趣和思考,而且对于现实问题的认识和解决也具有重要的意义。将社会热点问题作为论文的论题对于学员搜集材料、整理材料、完成论文也提供了许多便利。

(八)调研选题法

调研选题法类同于关注社会热点这样的选题方法,但所涉及的有一部分是社会热点问题,也有一部分并不是社会热点问题。社会调研的课题主要包括与经济和社会发展密切相关的一些社会问题,也包括与广大的基层百姓生活密切相关的生产生活问题,更包括基层人民的生存状况问题。社会调研可以帮助我们更多地了解调研所涉问题的历史、现状以及发展趋势,对问题的现实认识将更为清晰,并可就现实问题提出一些有针对性的意见和建议。

三、确定选题容易出现的问题

论文选题是非常重要的。如果选题不好,不仅会走弯路,而且会造成人力、财力的浪费。因而要对选题给予必要的重视。一般而言,论文选题须注意避免以下几个方面的问题:

(一)选题过大

选题过大是初进入研究阶段的毕业生经常出现的问题,也是选题中存在的一个突出问题。如果选题涉及范围宽泛,甚至于不着边际,即使是写成一本书,也很难把该问题论述清楚,更不用说只是一篇论文。同时,论题太大也不好驾驭,容易流于空泛,很难做到言之有理。有些论题过大,与自己所处的环境、地位、角度不相称,也很难把该论文写好。欲写好论文,论题宜小,从小处着手,以小见大,切忌贪大。

(二)选题过空

选题要结合实际,尽量不做虚拟课题。拟定的选题必须结合实际,针对现实,以第一手材料为基础,必须符合事物发展规律。最好是选择自己在学习上、工作中、生活里经常关心的问题,或是时常思考的问题。要选与自己的知识、能力结构、地位角度、业务专长相吻合的题目。所以要选与自己的工作性质、工作环境、工作条件相一致,或者相关相近的题目。这样的选题,成功的可能性最大。

(三)选题过难

写作者有知难而进的勇气是好的,但是,如果选择论题脱离了自己的实际,与自己的知识、能力、业务专长不相吻合,与自己的工作性质、工作环境、工作条件不相一致,即使论题很有学术价值,毕竟自己完成不了,故不具有可行性。

(四)选题过旧

选题过旧等于吃别人嚼过的馍,没有味道,也没有研究的价值。初学论文写作者由于对学术动态了解得不很清楚,有时选题陈旧是难免的。但在确定选题时,一定要认真查阅相关的文献,了解相关的研究成果。如果选题是自己熟悉、有兴趣、经常关注的问题,只要不是"炒现饭",对旧的论题能够补充或提出新的内容和思想,仍然可以写出令人满意的文章来。

四、明确选题要求

学生毕业论文的选题,应符合专业培养目标,达到毕业论文大纲的要求。毕业论文(设计)选题有以下基本要求:

(一)专业性

所谓专业性,是指毕业论文题目不能超出所学的专业领域。选题应结合学生所学专业,反映本专业的主干课程或专业方面的基本理论、基本知识和基本技能,必须有明确的主题,不宜超出所学专业选题。

(二)学术性

毕业论文不同于调查报告、工作报告等其他应用性的论文,其学术性主要体现在要求论文努力揭示研究对象的本质及其规律。学生应在本科所学的基本理论和专业知识之上,使毕业论文的立论和论证能够尽量触及事物内部较深的层次,尽量揭示出事物的本质及其规律性。要做到这一点,才能体现选题的学术性。

(三)创新性

一篇好的毕业论文应当体现学生自己的新思想、新观点、新见解,只有这样,才能算是"你"的论文。同时这也是对学生平时所学理论的一种检验,只有对理论有了本质的认识,对问题有了根本性的把握,才会有自己的立场与观点,毕业论文才会显得有个性。创新性是毕业论文的真正价值所在,是论文的生命力所在。因此,论文题目的创新性是一篇好论文的开始。

(四)实践性

毕业论文(设计)应建立在充分的调研基础之上,既有理论性,又有实践性,要做到从实践中来,到理论中去,再用于指导实践。一篇好的毕业论文是理论与实践相结合原则的最好体现。没有实践的理论是空谈,没有理论指导的实践只能是低水平的重复,只有在理论指导下的实践才是有血有肉的,生动而丰富的。

第二单元　认识毕业论文(设计)任务书

一、认识毕业论文(设计)任务书内涵

毕业论文(设计)任务书是根据学生所学专业及职业岗位能力要求,对学生下达实践课题任务的一种文件,是学生和指导教师共同从事毕业论文(设计)的目标依据和重要文档。毕业论文(设计)任务书一般由指导教师根据各课题的具体情况以及本专业毕业论文(设计)教学大纲填写,经学生所在专业负责人或院(系)主管领导审定后作为正式任务下达给学生。

在学生完成开题后,指导教师应以书面的形式通知学生开始论文写作,并进一步把论文写作安排、基本要求、主要任务等事项明确告知学生。

二、掌握毕业论文(设计)任务书特点

毕业论文(设计)任务书一般有以下特点。

(1)信息性。毕业论文(设计)任务书体现了毕业论文(设计)的基本信息,如毕业论文(设计)题目、选题方向、学生基本信息,(包括姓名、专业、班级等)、指导教师基本信息,(包括姓名、专业、职称等)。

(2)全面性。毕业论文(设计)任务书包括毕业论文写作的目的、主要任务、应完成的主要内容、要达到的目标和论文成果要求等。

(3)成果性。毕业论文(设计)的成果形式包括毕业设计说明书、图纸、论文、程序等以及验收方式等。

(4)翔实性。毕业论文(设计)的基本要求是非常具体的,如设计技术参数、数据及来源、毕业设计规范化要求、工作量要求(外文资料翻译量、图纸量、设计说明书或论文字数)等。

(5)实践性。毕业论文(设计)任务书体现了对毕业实习调研要求,包括调研提纲、实习时间、地点和具体内容要求等。

(6)资料性。指导教师为毕业生提供有关参考资料、工具书、期刊论文等主要参考文献。

(7)计划性。指导教师要对毕业论文(设计)的进度计划提出具体要求。

三、区分毕业论文(设计)任务书种类

毕业论文(设计)的成果形式主要有:论文、应用方案、设计作品、实物制作、调研报告、实习报告等几大类,各专业可按专业类别选择一种或多种合适的课题类型和成果形式。

工科类专业可选择论文、应用方案(设计方案、施工方案、生产方案、工艺方案等)、实物制作(实际产品、软件)等。

艺术类专业可选择论文、应用方案(设计方案等)、设计作品(设计图、服装设计、平面设计、包装设计等)、实物制作(服装制作、多媒体制作、手工艺术品制作等)。

医学类可选择论文、应用方案(医疗方案、服务个案)、调研报告等。

管理、人文、教育类可选择论文、应用方案(策划方案、营销方案、管理方案、教学方案、服务方案等)、调研报告、实物制作(媒体作品等)。

农艺类可选择论文、应用方案(生产方案、管理方案等)、设计作品(园艺设计、园林设计等)、调研报告等。

由于成果形式的不同,不同种类的毕业论文(设计)任务书的种类也各不相同。按以上划分,我们可以把毕业论文(设计)任务书大体上划分为以下几种:

(1)论文任务书;

(2)应用方案任务书;

(3)设计作品任务书;

(4)实物制作任务书;

(5)调研报告任务书;

(6)实习报告任务书。

四、学会毕业论文(设计)任务书写作

毕业论文(设计)任务书一般以表格的形式填写,其写作项目大体包括以下几个方面:

（1）课题名称及选题方向；

（2）学生姓名、专业、班级；

（3）指导教师姓名、单位、职称；

（4）毕业论文基本要求（包括学生论文应完成的基本环节及各环节要求、学生应遵循的学术规范、论文对本专业相关能力的训练要求等）；

（5）学生学术诚信承诺；

（6）毕业论文合作者及分工；

（7）毕业论文进度安排；

（8）主要参考文献；

（9）任务起止时间；

（10）任务下达人、承接人及日期；

（11）院系审核意见。

毕业论文（设计）任务书样式可参见下表：

毕业论文（设计）任务书

题目名称	商品包装设计			选题方向	艺术设计
学生姓名	张大伟	所学专业	艺术设计专业	班级	艺术0701
指导教师姓名	单宏斌	单　位	××职业技术学院	职称	副教授
任务起止时间	2009 年 3 月 1 日—2009 年 5 月 31 日				
一、毕业论文基本要求（指导教师填写：包括学生论文主要内容、任务和目标、应完成的基本环节及各环节要求、学生应遵循的学术规范、论文对本专业相关能力的训练要求等）。 　　　　　　　　　　　　　　　　　指导教师签名： 　　　　　　　　　　　　　　　　　　　年　　月　　日					
二、学生学术诚信承诺： 　　本人郑重承诺：该毕业论文从选题、写作提纲、初稿、修订稿等环节均为我本人在指导老师指导下独立完成；论文所使用的相关资料、数据、观点等均真实可靠，除论文已注明的引用他人观点、材料外，本论文没有剽窃或不正当引用他人学术成果。如有违反上述内容者，本人愿承担一切后果。 　　　　　　　　　　　　　　　　　学生签名： 　　　　　　　　　　　　　　　　　　　年　　月　　日					

续表

三、毕业论文进度安排

阶段	各阶段内容	起止时间	指导教师检查签名
第一阶段	论文选题	2009.03.01—2009.03.15	
	填写任务书	2009.03.16—2009.03.25	
	撰写开题报告	2009.03.26—2009.04.05	
第二阶段	拟订论文提纲	2009.04.06—2009.04.15	
	撰写论文初稿	2009.04.16—2009.05.10	
第三阶段	论文修改	2009.05.11—2009.05.20	
	论文定稿	2009.05.21—2009.05.31	

四、主要参考文献(指导教师指定部分):

1. 期刊文章

[1]何龄修.读顾城.南明史[J].中国史研究,1998(3):167-173.

2. 著述

[2]刘国钧,陈绍业,王凤翥.图书馆目录[M].北京:高等教育出版社,1957.

3. 报纸类文章

[3]谢希德.创造学习的新思路[N].人民日报,1998-12-25(10).

4. 学位论文

[4]张筑生.微分半动力系统的不变集[D].北京:北京大学数学系数学研究所,1983.

任务下达人(签字)		下达日期	年　　月　　日
任务承接人(签字)		承接日期	年　　月　　日
院(系)审核意见	院(系)主管领导签字: 　　　年　　月　　日		

附:任务书填写说明

一、毕业论文任务书是学校根据已经确定的毕业论文题目下达给学生的一种教学文件,是学生在指导教师的指导下独立从事毕业论文工作的依据。此任务书由指导教师负责填写,经院系毕业论文指导委员会审查后作为正式任务下达给学生。

二、任务书必须针对每个学生下达,不能多人共用,若是几人共同完成的题目,必须是每人各有专题,各有侧重。选题要恰当,任务要明确,难度要适中,分量要合理,使每个学生在规定的时限内,经过自己的努力,可以完成任务书规定的设计研究内容。

三、任务书一经下达,不得随意改动。如有特殊情况需改动,必须在开题报告提交日之前由指导教师提出书面申请,得到院系批准同意后方可变动。

四、任务书一式三份,学生一份、指导教师一份、毕业论文(设计)装订一份。

四、填写基本要求:

(一)"毕业论文要求"栏:提出毕业论文(设计)的任务、方向、研究范围和目标、查阅文献、收集资料并整理分析,了解相关的研究历史和研究现状,要求完成的工作量。

(二)"计划进度"栏:毕业论文(设计)指导教师,可参考《学生手册》中"毕业论文(设计)工作程序"的时间详细安排毕业论文(设计)工作进度计划。

(三)"参考文献"栏:在确定了毕业论文题目和明确了要求后,指导教师应给学生提出查阅资料要求及资料推荐等,指导学生收集主要参考资料和参考文献。

第三单元　学会开题报告写作

一、认识毕业论文(设计)开题报告内涵

开题报告是指当毕业论文的选题确定之后,毕业论文写作者在调查研究的基础上撰写的报请指导教师批准的选题计划。

开题报告用于说明论文选题研究的必要性,研究方案的可行性以及如何开展研究等,开题报告也是对毕业论文选题的论证和设计。

开题报告是提高选题质量和水平的重要环节,主要以研究方案的形式出现。研究方案是在正式开展论文写作之前,所制订的论文写作的工作计划,规定了论文研究各方面的具体内容和步骤。

二、了解毕业论文(设计)开题报告特点

(一)标志性

所谓开题,即意味着研究准备阶段结束,正式研究过程开始。大多数学生在选题时并未完全介入进来,对课题的了解和把握并不全面。因此,对于毕业生和指导教师来说,开题报告写作是一个关键信号,标志着毕业设计相关教学活动正式实施。为了进行开题论证,学生和指导教师必须进行若干次研讨,在原选题的基础上,修改和完善研究计划和内容。而这一过程,可以使学生迅速地进入研究状态,明确自己在该课题研究中的任务,同时也使每个学生都能够在课题研究的最初阶段,特别是在课题需求、设计上充分发挥作用。

(二)明确性

开题报告是对课题如何进行的具体化构思。为了使研究设计更加科学、合理、可行,一般的开题报告需要教师的多次指导。因此,指导教师可以根据开题报告的内容,及时作出判断此课题能否实施;指导教师对课题研究的指导意见,特别是对课题有关理论的阐述及研究设计中问题的分析,可以大大拓宽学生的视野,使研究思路更加清晰,研究目标、范围更加明确。尤其是同一个大系统的各个子系统完成者之间观点的交流与碰撞,更有助于提高毕业设计的全面性和科学性。有了清晰的研究思路,就可以保障课题研究的方向,

使课题组成员按计划有步骤地、系统地开展研究工作。

(三)具体化

开题报告的重要目的是对选题进行初步设计,要有具体化、操作化的处理,使其成为一个可以指导课题研究全过程的蓝图。按照这个蓝图施工,就可以使研究达到预期的目标。撰写开题报告需要经过反复讨论、修改,这个过程就是设计蓝图的过程,如此才可能使那些在课题申请时并不十分清晰的想法变成具体的思路和研究计划。这是课题研究能够得到落实的最重要的保障。毕业生可以在开题报告批准后按开题报告的安排沿着既定目标开展工作。

三、区分毕业论文(设计)开题报告种类

毕业论文(设计)任务书大体上划分为论文任务书;应用方案任务书;设计作品任务书;实物制作任务书;调研报告任务书;实习报告任务书。相应地,毕业论文(设计)开题报告也可以划分为:

(1)论文开题报告;

(2)应用方案开题报告;

(3)设计作品开题报告;

(4)实物制作开题报告;

(5)调研报告开题报告;

(6)实习报告开题报告。

四、学会毕业论文(设计)开题报告写作

学生接到指导教师下达的任务书,并完成论文(设计)工作方案后,认真填写《毕业论文(设计)开题报告》。开题报告经指导教师认可后,方可进入开题程序。开题报告通常包括以下内容:

(一)选题名称

毕业论文(设计)开题报告的选题名称即是毕业论文(设计)的选题名称。

(二)选题的缘由、目的和意义

大多数学生都是初次涉及学术研究领域,关于怎样做课题,怎样开展研究工作,不是很清楚。毕业论文(设计)教学这个环节是整个学习阶段的升华。开题报告的这一部分的写作恰恰是这个阶段的起点。一般来说,课题研究的目的、意义的写作的思路如下。

(1)先从现实需要方面去论述。指出现实世界中存在这个问题,需要去研究、去解决,本课题的研究有什么实际作用。

(2)再写课题的理论和学术价值。要写得具体、有针对性,注重资料分析基础,注重时代、地区或单位发展的需要,不能漫无边际地空喊口号。主要内容包括以下方面:

①研究的有关背景。即根据什么,受什么启发而开展这项研究。

②通过分析。指出为什么要研究该课题,指出研究的价值和要解决的问题。应该着

重说明选定此课题的出发点以及主观与客观条件是什么,选题的独创性、完成的可能性及其实际意义(实用性)如何。

(三)课题研究的历史和现状及相关课题的研究情况

国内外研究现状,即文献综述,要以查阅的文献为前提,所查阅的文献应与研究课题相关,但又不能过于局限。过于局限违背了学科交叉、渗透原则,使视野狭隘,思维窒息。但又不能过于宽泛,与课题无关则流散无穷。

这一部分既要综合某一学科领域在一定时期内的研究概况,还要评述自己的独特见解。要注重分析研究,善于发现问题,突出选题在当前研究中的位置、优势及突破点;要摈弃偏见。除了综述观点外,还可以是材料与方法。此外,这里所引用的主要参考文献应在开题报告中的参考文献一节进行记录,一方面可以反映立论的真实依据,另一方面也是对原著者创造性劳动的尊重。

归纳起来该部分重点讲述本课题在国内外研究的广度、深度和已取得的成果,寻找进一步研究的问题,从而确定本课题研究的平台(起点)、研究的特色或突破点。写作时需注意:

①国外现状与国内现状应分别叙述,不要忽外忽内搅在一起。

②先简要交代一下有关该问题的历史沿革,但没有必要做过多的久远追溯。

③文字不宜过长,不必把前人的话都重复一遍,重点是介绍有关这一问题最近几年的研究进展和状况。

④把握好本项内容的关键在于"全"和"新"两个字。即全面掌握情况,除日常所见到的一些资料外,在拥有大量资料的基础上,通过时间上和认识深度上的比较,还可以了解到哪些成果或结论是新的和最新的,这就是现状。

⑤有些学生常常是随便找几篇近期文献,便以此为据作为"国内外现状"加以介绍。由于文献的查阅面和收集范围很窄,所了解到的情况必然具有一定的局限性,比较的余地也不会太多,自己选定的课题是在创新还是在重复他人早已做过的工作,自己也难以把握。

因此,要求毕业生要大量阅读有关文献,只有充分了解国内外相关领域的新动态、新进展,才能掌握前人的成果、吸取前人的教训,寻找课题设计的科学依据和思路,选择自己的切入点,避免不必要的重复。

(四)课题研究的基本内容

有了课题的研究目标后,就要根据目标来确定这个课题具体要研究的内容,相对研究目标来说,研究内容要更具体、明确。毕业生在确定研究内容的时候,往往考虑得不是很具体,写出来的研究内容特别笼统、模糊,把研究的目的、意义当做研究内容,这将对课题的研究十分不利。因此,要学会把课题进行分解,一点一点地去做。

基本内容一般包括以下三个方面。

(1)从课题名称的角度,应尽可能明确三点,即研究的对象、研究的问题和研究的方法。

①具体的研究方法可从下面选定:观察法、调查法、实验法、经验总结法、个案法、比较研究法、文献资料法、类比法、讨论法等。

②确定研究方法时,要叙述清楚"做些什么"和"怎样做"。如要用调查法,则要讲清楚调查的目的、任务、对象、范围、调查方法、问卷的设计或来源等,最好能把调查方案附上。

③提倡使用综合的研究方法。一个大的课题往往需要多种方法,小的课题可能主要是一种方法,但也要利用其他方法。

④在应用各种方法时,一定要严格按照方法的要求,不能混淆不清,仅仅凭经验、常识去做。例如,要通过调查了解情况,如何制订调查表,如何进行分析,不是随随便便发张表,填写一些分数、平均数就行了。

(2)从与本课题研究有关的理论、名词、术语、概念的角度明确的基本内容。

(3)明确选题的范围,即哪些方面是属于应该做的,而哪些是不应该包括在项目之内的。

(五)课题研究的目标及其可行性

课题研究的目标就是课题最后要达到的具体目的,要解决哪些具体问题,即本课题研究的目标定位,包括阶段目标和最终的目标,即该项研究工作的段落和终点。因此,在此项中应着重说明这一研究课题最后要解决一个什么样的问题。为了解决这个问题,在研究中将分作几个步骤,都需要做些什么,拟从何处入手,重点研究哪个侧面,主攻方向是什么,到达哪一步或什么程度算是完成,将出现什么样的预期效果等。确定目标时要紧扣课题,用词要准确、精练、明了。相对于目的和指导思想而言,研究目标是比较具体的,不能笼统地讲,必须清楚地写出来。只有目标明确具体,才能知道工作的具体方向是什么,才知道研究的重点是什么,思路就不会被各种因素所干扰。总之,要目标明确,内容具体,十分清楚地规定出自己的研究任务。

常见的问题有:不写研究目标;目标扣题不紧;目标用词不准确;目标定的过高,对预定的目标没有进行研究或无法进行研究。确定课题研究目标,一方面是课题本身的要求,另一方面要考虑课题开展的实际的工作条件与工作水平。作为专科生毕业设计(论文)的选题,在短短的几个月时间内,课题的目标一定要明确而且不宜过深或过宽,以有一定的理论价值或者应用价值、有充足的工作量为前提,以保证完成毕业设计(论文)教学任务为根本。

(六)课题研究的方法、措施和步骤

研究方法是确保论文写作顺利进行的重要条件,从大的来说,一般包括实证分析法和规范分析法;从具体的研究方法来说,包括观察法、调查法、实验法、经验总结法、个案法、比较研究法、文献资料法等。学生应根据选题方向、研究内容和实现目标的需要,选择确定合适的方法加以应用。

研究的主要措施是要学生确认在接下来的具体研究过程中,如何确保写作任务的完成。

课题研究的步骤,也就是课题研究在时间和顺序上的安排。研究的步骤要充分考虑

研究内容的相互关系和难易程度。课题研究的主要步骤和时间安排包括:整个研究分为哪几个阶段;阶段的起止时间,各阶段要完成的研究目标、任务;各阶段的主要研究步骤;毕业设计的日程安排等。

(七)成果形式

管理类专业的毕业论文形式主要有学术论文调查报告、研究报告、可行性分析研究等,其中调查报告、研究报告、论文是最主要的表现形式。

(八)参考文献

在开题报告的前面几小节中常须引用一些重要的观点、数据、结论等,对此必须注明其出处,以便于审查时进行核对。

开题报告参考文献的格式与毕业设计(论文)参考文献的格式要求一样,详见毕业设计(论文)撰写一章的格式要求。

开题报告写作格式参考如下附表。

毕业论文开题报告表

学生姓名			院、系		专 业	
班 级			学 号		方 向	
指导教师	姓 名			职 称		
	姓 名			职 称		
开题报告内容	题目:					
	选题的目的和意义:					
	拟研究的内容、思路与重点:					
	文献资料(包括与本课题相关的国内、外研究现状的资料):					
	进度安排:					
指导教师意见	指导教师: 年　　月　　日					
开题报告小组意见	组长: 年　　月　　日					
毕业论文指导小组意见	组长: 年　　月　　日					

注:"开题报告内容"部分由学生填写,其余各项由相关教师分别填写。

第四单元　毕业论文(设计)写作

一、选择材料入门

选定了自己有体会、有基础、难度大小适宜、又有相当意义的具体题目后,就要对这个问题作细致周密的调查研究,即围绕论题广泛地搜集资料。

所谓广泛搜集资料,就是尽可能了解前人对这一问题已经发表过的意见。这些意见可以给我们启发。他们已经取得的成果,正确的,可吸取、继承;错误的,可批判、纠正。他们有时结论是对的,但引例不当,或论证缺乏逻辑性;有时引例生动恰当,论证也有严密的逻辑性,但结论却错误;有时从引例、论证过程和结论都是错误的。他们正确的体系中,可能有错误观点,错误的体系中,又可能有合理的因素。凡此种种方面的资料,我们都要力所能及地搜集。这种掌握某一问题全部资料的方法,就是"竭泽而渔"的方法。经过"竭泽而渔"的工夫收集资料,写出的论文就具有了坚实的基础,就能立于不败之地,也就有重要的学术价值。当然,有时受条件的限制,百分之百地获取资料不易做到,但是,重要的有代表性的资料是一定要阅读、考察的。要写出六七千字的一篇论文,最少得阅读三、四十万字的资料。不大量地阅读、搜集、记录资料,要想写出高质量的论文是难以想象的事。

撰写毕业论文(设计)的材料是指撰写者为表现论题的主题所搜集、摄取或写入文中的一系列事实、数据或论据。毕业论文(设计)的材料有两大类:一类是事实材料,另一类是理论材料。理论材料主要有方针、政策、各种法律法规及科学原理、定律、学说等;事实材料主要有事件与情况、实物与现象等。

(一)材料的收集

1.收集材料的原则　毕业设计(论文)写作的时间有限,要求学生能在较短的时间内有效地收集到一定数量和一定质量的材料。材料收集要取得事半功倍的效果,必须把握原则,重视方法。

(1)重要性原则。收集材料要目的明确,分清材料的地位和作用,重点选择能为主题与论点论证服务的材料。所谓主题,是指论文内容的主体和核心,是作者在对现实的观察、体验、分析、研究的基础上,经过提炼而得出的思想结晶。要重点收集并深入研究与主题有关的材料,适当地扩大外围,浏览、阅读其他一些相关材料,不能过多地把时间和精力花费在一般性材料上。在选取材料的过程中,要选取充分表现主题的材料,舍弃那些与主题无关或者关系不大的材料,这样才能使论题研究既有深度又有广度。

(2)真实性原则。收集材料要选择真实、准确的材料。材料真实、准确与否,直接影响到论文的质量,特别是对于学术性极强的毕业论文。只有准确、真实的材料,才能得出正确的结论,才能体现出毕业论文的学术价值。所以收集材料时,对每一条材料都要认真考虑它的准确性,若引用摘录别人的研究结果,要查明、注明出处,做到原文落实、出处准确。

对于材料中的数据、引文,尤其要注意准确、翔实。

(3)时效性原则。收集材料要注意材料采信的时间限制。如要论证一个当前面临的问题,说明为什么存在这些问题,必须是近期的一个调查结果或事实反映,若以一个过去的现象去说明一个当前面临的问题就会闹笑话。查阅相关资料时,一定要研读近期的他人研究成果,避免出现别人已得出结论、当前十分没有价值的问题作为论文研究的问题。

(4)典型性原则。收集材料要着重选择具有典型性的材料。所谓典型材料,是指那些能反映客观事物本质与共性,具有说服力的材料。客观事物的性质是复杂的,有的是与之相对应的本质属性。有的材料能反映事物本质,作为论点的论证材料,具有典型性,有很强的说服力;有的可能与事物本质没有必然联系。因此,一篇文章不可能也没有必要把所有掌握的材料都写进去,只需从反映事物本质的材料中选取适量的典型材料即可,要突出其中的重点,说明问题。

2. 收集材料的途径与方法　毕业论文写作,获取材料的途径主要有两条:一是直接从自己的社会实践与调查中获取第一手资料;二是从书刊史料等已有文献中获取第二手资料。从获取的方式看,前者属于直接材料,后者属于间接材料。

采集材料主要有以下途径和方法:

(1)感受和观察。感受,就是人们通过各种感官对于客观外界事物的感触、认识和接受,它是人们认识客观事物的初级阶段,是人们对客观事物进行思考、分析,进入高级认识阶段(思维)的前提和基础。在现实生活中,我们无时无刻不接触到各种各样的人和事,对这些每日在我们眼前掠过的一切,我们不会无动于衷,它们常常会引起我们的情感反应,或赞成或反对,或爱或憎,进而吸引我们去深入地想一想个中原委、道理及其本质。这种对生活的感受里面往往包含着某种观点的雏形,某种思想的萌芽,甚至会成为一种完整、系统的思想的原始的基础。捕捉到了它,也就获取了写作的契机。

观察,是一种主要运用视觉和听觉对客观事物所进行的审视和思考,它是一种有意识的行为,是一种目的性很强的有意注意。生活中存在着大量材料,能否被你所用,关键在于你能否自觉地认真地进行观察,将材料日积月累起来。

观察和做一切事情一样,必须注意方法。总的来说,观察要确立观察点,要有顺序,要抓住事物特征,要具备分析、综合能力。此外,观察要善于思考才能发现问题,提出问题,抓住事物的主要特征,从而对事物进行科学的判断。

(2)调查和采访。调查,是指为了摸清情况,总结经验或发现、解决问题而进行的有目的的并按一定的方法和步骤对某一事物进行了解的行为方式。通过调查,可以收集到直接的写作材料;可以验证和核实已经通过其他途径获得的材料,并对已经产生的观点进行核实和验证;另外,调查中逐步形成的新的观点还会统领所有已经获得的写作材料,使认识得到深化。

常用的调查方法有:开调查会、个别采访、实地考察、问卷考察、参加有关会议、阅读有关文件等。

采访就是寻访有关的人物,搜集要写的社会生活事件。它是一种口头调查,是为弄清某个问题而与人们进行的有目的的交谈和询问。

(3)检索和阅读。一是利用图书馆、资料室、档案室等查阅有关资料;二是阅读各种文献,博览群书,从书籍报刊中获取写作资料。

(4)收集和存储。围绕研究课题和本人的专业,有意识地收集资料,可以为写作提供丰富的材料。材料积累到一定数量,就要建立自己的资料库、数据库进行整理,分门别类,做好标记,使之系统化、条理化,这是写作的必要准备。

获取材料是写作的第一步。总的来说,获取材料要求以多为好,以全为贵。材料多了,便于比较、鉴别,更有选择的余地;材料全面,观点才能不至于偏颇。因此,动笔之前,应当围绕主题,占有详尽而充实的材料。

3.收集材料的注意事项 搜集资料时要注意以下几个方面。

(1)不要满足于第三手、第二手资料,要尽可能搜集第一手资料即原始资料。因为第二、三手资料可能有错讹之处,而第一手资料,没有经过别人改动,比较可靠。

(2)搜集的资料应包括感性的和理性的,既包括理论观点,又包括典型事例、数字、图表等与论题有关的东西。

(3)自己所选的论题,别人从未研究过,根本没有这方面的资料,搜集什么呢?如要评一篇别人刚发表的没有评论过的新小说,该如何搜集资料呢?那就要披阅作者的其他作品,了解作者的情况,了解本作品发表的时代背景、作品所反映的实际生活、体现的思想感情以及是如何体现的,有何特色和社会意义等等。

(4)搜集的资料不仅是与论题相应的本学科的资料,还应有与论题有关的其他学科的资料。如要写一篇关于修辞格的论文,除了搜集本辞格的资料外,还要搜集与分析本辞格有关的哲学、心理学、逻辑学、美学、文化学、文艺学等方面的资料。只有这样,才有可能把论文写得透彻、有深度。

(二)材料的整理

通过材料的搜集、阅读和记录,我们积累了大量的材料,但这些材料仍然非常凌乱,处于分散的状态。我们不能把搜集、记录下来的材料立即原封不动地写入论文中。只有经过鉴别、比较、分类、分析与综合、概括、统计等一系列的整理工作,才能称得上真正地占有材料,材料才能被论文所用。

材料的整理过程是一个对材料的再认识过程,一个对材料进行加工的过程,一个积累写作能量、酝酿写作冲动的过程。整理材料所要做的工作主要有以下六个方面:

1.鉴别 鉴别的主要任务就是验证材料的真伪,评估材料的价值。获得材料之后,对可能写进论文的重要材料的真实性和价值还要做进一步的验证和评估,以保证其准确性和说服力。验证评估的方法主要有:

(1)查核法。通过查核材料的来源和出处、搜集材料时的主客观条件、采用的方法等查证、核实材料的可靠性和质量。

(2)互证法。通过各种不同来源的同一类材料的相互印证以辨别真伪和优劣。同类材料的比较中如果发现许多材料存在出入甚至矛盾,那么这部分材料就属于可疑材料,应该继续搜集同类材料,待材料更加全面、充足时再作判断。

(3)内证法。通过深入、细致地分析材料内容的逻辑关系的科学性、合理性来辨别材料质量。有逻辑矛盾的材料必然是不完整的或不真实的可疑材料或错误材料。发现不合事理、不合情理的材料就要大胆地怀疑,新的发现很多时候都源于对材料的质疑。

2. **比较** 比较的主要任务是把有关的论文材料放在一起对照,目的在于找出其性质、特征、作用等方面的相同点和不同点,以便确定材料间的联系和区别,为分类打下基础。比较材料的过程是一个去伪存真、去粗取精、区别优劣的过程。通过正比较,找出材料之间的共同之处即共性,可以发现材料的抽象性和普遍性;通过反比较,找出材料之间的不同之处即差异性,可以发现材料所反映事物的本质特点的矛盾;通过正反面相结合的比较,可以全面地了解材料的特征,更深刻地理解材料。

论文材料非常庞杂,比较的任务十分艰巨。比较一定要在同一标准下进行,不要把毫不相干的或虽然相关但背景、条件等极不相同的材料放在一起比较。一定要从材料表面的相似性入手直至找到其实质上的相似性,这样才能得出正确的结论。

3. **分类** 通过比较之后,就可以按照材料的异同程度,对材料进行分门别类的处理。分类工作类似于数学上的合并同类项。分类是科学研究的入门,任何学科都需要将研究对象分类以后再分别进行研究。分类有助于明确认识研究对象的属性和各因素间的相互关系,是作者进行深入地有序地分析研究的基础;同时,如何分类也体现了作者的创造性。

在论文材料的分类中,要按照事物的内部联系来分类。分类要按层次进行,我们可以先把具有相同性质的材料分成几个小的类,再把几个较小的类集合成一个大类,依此类推。所分的每一个小类之间要有内在的共同性,每一小类组成的各个大类也要有内在的共同性,只有这样才能把它们按类排列在一起。不同层次的类有不同的标准,但同一层次的分类中,一定要使用同一标准,这样才能保证同一层次的各类材料都有各自的范围,避免前后重合交叉的混乱现象,使分类后的各个事物之间有清楚的界限,从而使材料从零散、杂乱的状态转变成为一个条理清楚的有序的系统。

4. **分析与综合** 分析是指对材料尤其是典型材料从各个类别以及各个部分分别加以考察,以求获得对材料各个方面的较为本质的认识。经过分析的材料由于尚未反映整体本质,因此还不够完全和深入。综合就是在分析之后进一步从整体上认识各类材料在整体中的地位、作用以及材料间的内在关系。论文是高度凝练的体现创见的文体,写进论文的材料往往是分析各部分材料后得出的综合性结论。这就更需要作者正确地认识各个部分以及部分与部分之间、部分与整体之间的内在联系,使经过分析综合之后的整体认识能够准确地反映研究对象的本质。经过分析与综合我们可以对材料的优劣以及在论文中所能起的作用有基本的判断。

5. **概括** 在全面、具体、深入地了解事实性材料的前提下,用简明的语言概要地叙述事物的基本情况、基本过程。在搜集、阅读、记录事实性材料时往往要求详尽、细致,且当这些材料写入论文时一般都要经过概括。对材料进行概括是论文写作中一项持续不断的工作,记录时要概括材料,整理时也要做大量的概括材料的工作,写作时仍然要根据观点表达的需要进一步地概括材料。

6. 统计 统计是对材料数据性的说明,是概括的另一种表达形式。对事物做数量分析,可以帮助我们抓住事物的主要方面和主要矛盾,从而比较准确地把握事物的本质。统计分析在自然科学中运用十分广泛。

(三)材料的选择

1. 分析材料 搜集到大量的材料,明确了写作的主旨,接下来就是分析材料的真伪。材料的真实是毕业论文写作的生命。分析材料的真伪主要从两个方面来进行。一是分析材料的客观真实性。材料的客观真实是指作者不能根据需要随意编造,不能移花接木和虚构、夸张。二是分析材料的本质真实性。材料的本质真实是指现实社会中,有些偶然的个别现象,从局部看,它确实存在于客观实际,是真实的,但就整体而言,这些偶然的、个别的真实现象却不能反映事物的整体面目和内在本质。因此,在分析材料客观真实性的基础上,作者还必须分析材料的本质真实性,以便及时剔除那些不能反映事物本质真实的虚伪材料。分析材料的总原则是:去粗取精,去伪存真,由此及彼,由表及里。

2. 选择材料 选择材料是指在搜集和分析材料的基础上对具备候选资格的材料进行筛选取舍。经过分析的材料,并不能都写进论文中去,还须按照一定的原则对其进行筛选。选择材料是分析材料的深化。毕业论文选择材料主要是根据主旨需要选择那些典型、真实、新颖的材料。所谓典型材料是指能够集中、深刻地表明事物的本质及共性,同时又带有鲜明的个性色彩,"以一当十"的材料;所谓真实性材料是指材料既是生活中客观存在的事实,又要能反映客观事物的本质和主流。新颖材料是指材料具有新鲜的意义,思想有一定的深度,同时又具有很强的感染力、吸引力。新颖材料有两种情况,一是这个材料是以前没有人用过的,二是以前虽有人用过,但我用时却发掘出新的含义。

(四)材料的使用

在占有、整理、选择材料之后,接下来的工作就是活用材料,也就是对材料进行科学、灵活的梳理安排与使用,把精选出来的材料化为己有,变成具有内在逻辑联系的论文。材料的使用直接关系到主题的表现。材料在使用时要注意:

1. 根据材料拟制论文框架 论文框架最好在现有材料的基础上搭建,如论文框架不是建立在已有材料基础上,论文写作过程中论点的阐述将没有资料支撑,会影响论文的写作进展。

框架的构建也即是材料的组合,应该根据表达内容的需要来布局。可以先按材料的性质和分量及其相互关系来合理归类,而组合的根本点在于多侧面、多层次地阐释文章的主题。

2. 合理安排材料的先后顺序 收集到的材料不能杂乱地堆放,必须按照先后顺序将其摆放。在安排材料顺序和位置时,要参照论文的结构、材料间的逻辑联系等因素,并根据材料的性质分类排队、归纳整理,然后按主题表现的需要确定先写什么、后写什么,有条不紊地展开论述。而关于材料论述的先后问题,一般来说,或根据材料的轻重,或遵循时间的先后,或因材料之间内部的逻辑关系,或考虑作者的行文方便等而定。这样论文写作过程中,使用材料既方便,写出来的论文又条理清晰,逻辑性强。

3. 详略得当,重点突出　使用材料应根据主题的需要决定轻重详略。文章中重点论述或主要论述的部分,材料就应详些、细些,量也要重些;反之则略些,量也轻些。一些较为新颖的、能够直接而深刻地表现主题的材料,往往对论点有较强的说服力,这样的材料应着重使用;而对那些次要的、陈旧的、人尽皆知的材料或者与主题关系不大的材料则应尽量简略。这样写出来的文章才能主题突出,繁简相宜,而不是资料的堆砌。

4. 材料与观点要高度统一　这一原则要贯穿整个论文的写作过程。观点是论文的灵魂,材料是观点的依托,论文应该是既有观点又有材料,两者缺一不可。而要达到这一要求,就必须做到观点统帅材料,材料充分说明观点。材料与观点高度统一,组成一个有机整体。常见的组织形式有:先开门见山陈述主题,后列举材料说明;或先介绍背景、条件等,再点明主题,后列举材料;或先有的放矢,列举事实材料,后归纳主题等。总之,在使用材料时,要主动地能动地驾驭材料,做材料的主人;不能被动地、盲目地受材料支配,成为材料的奴隶。通过一系列提炼、加工、整理,灵活运用材料,把死材料变成活材料,使材料的精髓得到升华。

二、拟订提纲技巧

(一)拟写毕业论文提纲的作用

在毕业论文的写作过程中,指导教师一般都要求学生编写提纲。从写作程序上讲,它是作者动笔行文前的必要准备;从提纲本身来讲,它是作者构思谋篇的具体体现。所谓构思谋篇,就是组织设计毕业论文的篇章结构。因为毕业论文的写作不像写一首短诗、一篇散文、一段札记那样随感而发,信手拈来,用一则材料、几段短语就表达一种思想、一种感情;而是要用大量的资料,较多的层次,严密的推理来展开论述,从各个方面来阐述理由、论证自己的观点。因此,构思谋篇就显得非常重要。于是必须编制写作提纲,以便有条理地安排材料、展开论证。有了一个好的提纲,就能纲举目张,提纲挈领,掌握全篇论文的基本骨架,使论文的结构完整统一;就能分清层次,明确重点,周密地谋篇布局,使总论点和分论点有机地统一起来;也就能够按照各部分的要求安排、组织、利用资料,决定取舍,最大限度地发挥资料的作用。

有些学生不大愿意写提纲,喜欢直接写初稿。如果不是在头脑中已把全文的提纲想好,如果心中对于全文的论点、论据和论证步骤还是混乱的,那么编写一个提纲是十分必要的,是大有好处的。其好处至少有如下三个方面:

1. 可以体现作者的总体思路　提纲是由序码和文字组成的一种逻辑图表,是帮助作者考虑文章全篇逻辑构成的写作设计图。其优点在于,使作者易于掌握论文结构的全局,层次清楚,重点明确,简明扼要,一目了然。

2. 有利于论文前后呼应　有一个提纲,可以帮助我们树立全局观念,从整体出发,检验每一个部分所占的地位、所起的作用,相互间是否有逻辑联系,每部分所占的篇幅与其在全局中的地位和作用是否相称,各个部分之间的比例是否恰当和谐,每一字、每一句、每一段、每一部分是否都为全局所需要,是否都丝丝入扣、相互配合,成为整体的有机组成部分,都能为展开论题服务。经过这样的考虑和编写提纲,论文的结构才能统一而完整,很好地为表达论文的内容服务。

3.有利于及时调整,避免大返工 在毕业论文的研究和写作过程中,作者的思维活动是非常活跃的,一些不起眼的材料,从表面看来不相关的材料,经过熟悉和深思,常常会产生新的联想或新的观点,如果不认真编写提纲,动起笔来就会被这种现象所干扰,不得不停下笔来重新思考,甚至推翻已写的从头来过;这样,不仅增加了工作量,也会极大地影响写作情绪。毕业论文提纲犹如工程的蓝图,只要动笔前把提纲考虑得周到严谨,多花点时间和力气,搞得扎实一些,就能形成一个层次清楚、逻辑严密的论文框架,从而避免许多不必要的返工。另外,初写论文的学生,如果把自己的思路先写成提纲,再去请教他人,人家一看能懂,较易提出一些修改补充的意见,便于自己得到有效的指导。

(二)拟订毕业论文提纲的原则

如何落笔拟订毕业论文提纲呢? 首先要把握拟订毕业论文提纲的原则,为此要掌握如下三个方面:

1.要有全局观念 从整体出发去检查每一部分在论文中所占的地位和作用。看看各部分的比例分配是否恰当,篇幅的长短是否合适,每一部分能否为中心论点服务。比如有一篇论文论述企业深化改革与稳定是辩证统一的,作者以浙江××市某企业为例,说只要干部在改革中以身作则,与职工同甘共苦,可以取得多数职工的理解。从全局观念分析,我们就可以发现这里只讲了企业如何改革才能稳定,没有论述通过深化改革,转换企业经营机制,提高了企业经济效益,职工收入增加,最终达到社会稳定。

2.从中心论点出发 决定材料的取舍,把与主题无关或关系不大的材料毫不可惜地舍弃,尽管这些材料是煞费苦心地搜集来的。有所失,才能有所得。一块毛料寸寸宝贵,台(舍)不得剪裁去,也就缝制不成合身的衣服。为了成衣,必须剪裁去不需要的部分。所以,我们必须时刻牢记材料只是为形成自己论文的论点服务的,离开了这一点,无论是多么好的材料都必须舍得抛弃。

3.要考虑各部分之间的逻辑关系 初学撰写论文的人常犯的毛病,是论点和论据没有必然联系,有的只限于反复阐述论点,而缺乏切实有力的论据;有的材料一大堆,论点不明确;有的各部分之间没有形成有机的逻辑关系,这样的毕业论文都是不合乎要求的,这样的毕业论文是没有说服力的。为了有说服力,必须有虚有实,有论点有例证,理论和实际相结合,论证过程有严密的逻辑性,拟提纲时特别要注意这一点,检查这一点。

(三)编写毕业论文提纲的方法

1.论文提纲的形式

(1)标题式提纲。用简要的词语概括内容,以标题的形式列出。这种写法简明扼要,一目了然,但只有作者自己明白。毕业论文提纲一般不能采用这种方法编写。

(2)句子式提纲。以一个能表达完整意思的句子形式把该部分内容概括出来。这种写法具体而明确,别人看了也能明白。以《关于培育和完善建筑劳动力市场的思考》为例,句子提纲可以写成下面这样：

一、绪论

二、本论

(一)培育建筑劳动力市场的前提条件

(二)目前建筑劳动力市场的基本现状

(三)培育和完善建筑劳动力市场的对策

三、结论

(3)段落提纲。又称详细提纲，是句子提纲的扩充，是把论文的主要论点和展开部分较为详细地列出来。如果在写作之前准备了详细提纲，那么，执笔时就能更顺利。仍以《关于培育和完善建筑劳动力市场的思考》为例，介绍详细提纲的写法：

一、绪论

1.提出中心论题；

2.说明写作意图。

二、本论

(一)培育建筑劳动力市场的前提条件

1.市场经济体制的确立，为建筑劳动力市场的产生创造了宏观环境；

2.建筑产品市场的形成，对建筑劳动力市场的培育提出了现实的要求；

3.城乡体制改革的深化，为建筑劳动力市场的形成提供了可靠的保证；

4.建筑劳动力市场的建立，是建筑行业用工特殊性的内在要求。

(二)目前建筑劳动力市场的基本现状

1.供大于求的买方市场；

2.有市无场的隐形市场；

3.易进难出的畸形市场；

4.交易无序的自发市场。

(三)培育和完善建筑劳动力市场的对策

1.统一思想认识，变自发交易为自觉调控；

2.加快建章立制，变无序交易为规范交易；

3.健全市场网络，变隐形交易为有形交易；

4.调整经营结构，变个别流动为队伍流动；

5.深化用工改革，变单向流动为双向流动。

三、结论

1.概述当前的建筑劳动力市场形势和我们的任务；

2.呼应开头的绪言。

2.编写提纲的方法与步骤

(1)先拟标题。论文的标题，首先要直接揭示主题思想；读者通过标题，能大致了解文章的内容、专业特点和学科范畴。其次，最好能具体概括论文的观点，读者一看就知道作者的观点。最后,要简洁明朗,引人注意。字数适当,一般不宜超过20个字。例如,《一般管理与企业管理的关系》。

(2)用主题句子列出全文的基本论点,以明确论文中心,统领全纲。一般来说,在论文中提出论点或议题,不管采取什么样的形式(或直截了当或间接揭示或反问或设问等),这部分内容在文章中基本上是一个相对独立的部分。

确定论点不仅要确定论文的基本论点,而且还要确定各分标题的分论点。一篇论文一般只解决一个问题(论题),所以也只有一个基本论点,但要说明这个论点,却需要从不同的方面来论证,这不同的方面就是论文总论题下面的分论题。统摄分论题的论点,就是基本论点下的分论点。

(3)合理安排论文各大部分的逻辑顺序,用标题或主题句的形式列出,设计出论文的结构和框架。初学撰写论文的人常犯的毛病,是论点和论据没有必然联系,有的只限于反复阐述论点,而缺乏切实有力的论据;有的材料一大堆,论点不明确;有的各部分之间没有形成有机的逻辑关系,这样的毕业论文都是不合乎要求的,这样的毕业论文是没有说服力的。为了有说服力,必须有虚有实,有论点有例证,理论和实际相结合,论证过程有严密的逻辑性,拟提纲时特别要注意这一点,检查这一点。

(4)对于论文中的各大部分,逐层展开,扩展深化,设制细项目,结合搜集使用的材料,进一步构思层次,形成近似论文概要的详细提纲。

(5)对于每个层次分成各个段落,写出每个段落的论点句子,并依次整理出需要参考的资料。

(6)检查整个论文提纲,作出必要的修改,即增加、删除、调整等。提纲写好后,还有一项很重要的工作不可疏忽,这就是提纲的推敲和修改,这种推敲和修改要把握如下几点。一是推敲题目是否恰当,是否合适;二是推敲提纲的结构,先围绕所要阐述的中心论点或者说明的主要议题,检查划分的部分、层次和段落是否可以充分说明问题,是否合乎道理;各层次、段落之间的联系是否紧密,过渡是否自然;最后再进行客观总体布局的检查,再对每一层次中的论述秩序进行"微调"。

(四)毕业论文提纲写作要求

毕业论文提纲是学生在正式开始写作论文之前提交给论文指导教师的一份关于论题观点的来源、论文基本观点、论文基本结构的报告。具体要求如下:

(1)提纲包括这样几个部分:论题观点来源、论文基本观点、论文结构。

(2)在论题观点来源这一部分,学生需要说清楚自己论文的观点是如何得到的。论题观点来源一般有以下两种:阅读某些著作(包括教科书)、文章的时候有感而得;与教师讨论的时候得到的灵感。前者要写清楚著作、文章的名称和作者、出版时间以及著作的哪些方面给了自己什么样的感受。后者写清楚教师的指导给了自己什么样的启示。

(3)在论文的基本观点部分,要求学生写清楚整个论文的基本观点都有哪些,这些观点必须逻辑清楚、合理。

(4)在论文结构部分,学生结合自己的基本观点写清楚整个论文的结构。这是学生向指导教师说明自己如何论证观点的一个部分。例如学生要写清楚整篇文章包含哪几个部分，第一部分写什么，其中包括几个小部分，每个小部分写什么等，以此类推。

（5）提纲没有字数的要求，但是学生必须保证有上述2、3、4这三个部分的内容。文字方面要求语言流畅、思路清晰，说清楚自己的观点。

（6）论文提纲是学生写作论文的开端，提纲是否成功通过指导教师的审查决定了学生能否进入论文的实际写作阶段，所以要求学生认真对待并且按时提交。

三、起草初稿方法

（一）起草的意义

草拟初稿是文章写作最主要的一项工作，在整个毕业论文写作过程中，具有决定性的意义。这是因为：

（1）起草是构思的实现。起草是作者把自己的设计构思草拟成文，将无形的思想变为有形的文章的重要步骤。不管作者的选题如何恰当，立意如何深刻，搜集的材料如何丰富，若不经过起草阶段，这一切都还停留在"构思"阶段，还只是"观念形态"的东西，至多不过是"腹稿"而已。起草，是将作者的思想形诸文字、将作者设计的"蓝图"付诸实施的过程。没有起草，就没有论文。

（2）起草是再创造过程。有写作实践经验的同志常常会有这样的发现，自己写出来的东西与最初的设想之间有一定距离，甚至存在很大差距。在动笔之前，许多思想是模糊的、混乱的、未成形的，只有经过起草过程，才能使它们明朗化、条理化、定型化。在行文过程中，作者运用语言文字，将原来的命题、创意、构思、布局不断地加以调整、补充、修正，使之逐渐臻于完善。所以，起草不是机械地将写作提纲具体化，它自始至终充满创造思维，从头到尾是一个再创造过程。

（3）起草是论文写作中最艰苦的脑力劳动。起草是一个复杂艰苦的写作实践过程，它要求作者继续积极思考，深入研究，手脑并用，从内容到形式不断进行琢磨。起草过程是思想最活跃、注意力最集中，作者的知识、阅历、才能、精力得到充分调动的时期。认真做好起草工作，既是一种良好的写作训练，也是思想方法和思维能力的有力锻炼。

起草对于论文写作的意义如此重大，所以每位作者无不高度重视这一阶段的工作，把它看成是毕业论文写作成败的关键。

（二）起草的一般要求

毕业论文起草的一般要求有以下几个方面。

（1）紧扣观点，围绕中心。观点是文章的灵魂，是文章内容的核心。观点的证明与表达，是文章写作所要完成的主要任务。毕业论文写作的诸环节，无不围绕观点而展开，以使论文观点能够确立和令人信服为原则。观点一经确定，就要以它为中心，不但结构的安排、材料的取舍要以观点的表达为依据，就连句式的选择、词语的遣用，均要以观点为标的。俗语说，"挈领而顿，百毛皆顺"。只有紧紧抓住观点，牢牢把握中心，写出来的文章才能浑然一体，有一气呵成之感。不以观点为统帅，论文就会支离破碎，散漫无归，杂乱无章。

（2）全文贯通，段落完整。文章要写得酣畅淋漓,浑然一体,除了思路清晰、中心明确,各部分之间具有内在的逻辑联系之外,还要求全文贯通。而要全文贯通,先须段落完整。构段是文章的基础。构段要完整统一,一是段意要单一而不杂乱。人们把只包含一个意思的段落,叫作单义段。要提倡组织单义段,一段集中表达一个意思,不要把与本段段意无关的内容写进同一段落中去。二是段意要完整而不残缺。就是一个段落要把一个意思说完整,不要一个意思硬拆成两段说。此外,还要注意段与段之间的联系与衔接。要用好关联词语,写好过渡句、段,使文章承上启下,前后照应,首尾圆台,浑然一体。

（3）表达准确,语言简练。毕业论文所使用的是科学语体,科学语体的特征应是准确、简明、通俗、质朴。准确,是一切学术论文语言表达的第一要求,包括事理准确,事实准确,数字准确,引文准确,还要做到用词恰当,语义明确,句意严密,格式规范等等。论文的语言要简练明白,力戒浮词套语,重复累赘。鲁迅说:"我力避行文的唠叨,只要觉得能够将意思传给别人了,就宁可什么陪衬拖带也没有。"（《我怎样做起小说来》）鲁迅先生的文章,语言精练深刻,犀利泼辣,是我们学习的榜样。

（三）起草的方法

起草论文的方法,一般是按照提纲顺序写,有时也可以打破顺序分段写,两种方法,各有优点。

（1）按照提纲顺序写。论文提纲的排列顺序,是经过作者反复思考、精心安排的,反映了作者认识事物的过程,也反映了事物本身的内在逻辑。因此,按照提纲的顺序写,先提出问题,再分析问题,最后解决问题,顺理成章,十分自然。这种方法,符合一般人的写作习惯。其好处是全文贯通,一气呵成。如果对全文各部分的内容都已酝酿成熟,各种材料的准备也均已到位,就可以采用这种写法。

（2）打破顺序分段写。由于毕业论文的篇幅较长,各部分内容的成熟程度有先有后,要一口气全部写好不大可能,可以打破提纲顺序,分段完成。作者的论述是逐步展开的,论文也是一部分一部分写出来的,完全可以成熟一块写一块,哪部分成熟先写哪部分。最后连接起来,就成一篇完整的论文。这种写法的好处,是能够集中精力写好每一部分,有利于保证论文质量。对于初学者来说,这种写法可以分散难点,各个击破,更容易把握些。采取分段分块写法,要根据实际情况,制订出分阶段写作计划,既要保持各部分内容的相对独立性,又要保证全文的完整统一性。写作过程中,要注意掌握进度,以免将写作时间拉得过长,影响整个毕业论文写作任务的完成。

（四）初稿的写作内容

提纲列好后,就该进行论文的最核心的工作,即起草成文了。虽然毕业论文有社会科学的也有自然科学的,但正文的写作大致都包括引论(绪论)、本论和结论三部分。

学术论文的绪论主要用以说明研究的动机、目的和意义,一般要求语言简洁,开门见山。

本论是学术论文的主体,这部分应充分论证、分析绪论中提出的问题、阐明作者的观点,发表科研成果,摆出论文所使用的论据,说明论题研究的历史、现状及发展趋势。本论部分内容较多,更应注意结构的严谨和逻辑的严密,其结构形式主要有三种:并列式、逆进式、分总式。

结论是全文的归结,文字宜干净利落。除了总结全文,强调要点以外,还可以对自己或他人在这一领域的研究上如何进一步深入提出展望。自然科学的学术论文有时设有结论可由讨论代替。

按照写作顺序,初稿的写作可以从以下几个方面着手:

(1)前言部分。前言部分也称"引论""绪论""问题背景""引言"等,这部分主要介绍论文的选题。前言是全篇论文的开场白,要阐述选题的背景和选题的意义,写明本论文的来源、目的、意义、范围;本论文所论内容在国内外发展概况;本论文的指导思想;本论文欲解决的主要问题;对本课题已有研究情况的评述;本文所要解决的问题,尤其是你所创新的地方有哪些,取得了哪些成果和对理论及实践的意义。结合问题背景的阐述,使读者感受到此选题确实有实用价值和学术价值,确有研究或开发的必要性。

前言部分的文字不可冗长,内容选择不必过于分散、琐碎,措辞要精练,要吸引读者读下去。其篇幅大小并无硬性的统一规定,需视整篇论文篇幅的大小及论文内容的需要来确定,长的可达 700~800 字或 1 000 字左右,短的可不到 100 字。

(2)正文部分。论文的正文,是学生对自己的研究工作的详细论述,在整篇文章中,应该会有较大的篇幅。正文是论文的主体,应该包括论点、论据、论证过程和结论。通常包括以下内容:

①提出问题,即论文所要论述的基本论点是什么。

②分析问题,采用论据和论证的方式证明论文的论点。论证要突出重点,就是要突出你所创新的思想、观点;对于别人尚未论及的课题,要通过充分摆出有说服力的论据,来证明新观点的正确性;对于别人论及过,你有独特感受的课题,要着力从新的角度,用新的理由去丰富补充完善原来的论点。如果是否定别人的论点,重点在反驳和论争,要有充分的理由和确凿的材料,证明对方论点的谬误,从而使论文具有鲜明的独创性。

③解决问题,即采用何种论证方法与论证步骤。常用的论证方法有:

例证——直接列举事实证明论点;

引证——引用别人的论点论据证明自己的观点,引用的往往是公认的定理、定律、原理、经典作家精辟论述、法律条文、格言名句等,引证不宜过长,要注明出处;

考证——用大量确凿的文献史实考核论据的真实性,用以证明论点叫考证;

喻证——用类比、推理的方法证明论点;

反证——先承认对方论点正确,然后用事实论证推理得出荒谬的结论。

(3)结论部分。结论是整个研究过程的结晶,是全篇论文的精髓,是作者独到见解之所在。结论里要概括说明所进行工作的情况和价值,分析其优点和特色,指出创新所在,并应指出其中存在的问题和今后改进的方向,特别是对工作中遇到的重点要着重指出,并提出自己的见解。结论要简单、明确,篇幅不宜过长。在措辞上应严谨,逻辑严密,不能用

"大概"、"可能"之类的词。

(4)结束语。在文章结尾处,以简短的文字,对工作过程中曾给自己以直接帮助的人员,例如指导教师、答疑教师及其他人员作出致谢。致谢内容要实在,语言要诚恳、简短。致谢文字的字号或字体通常与论文的正文有所区别,并编排在参考文献表之前。

【知识链接】

一、管理文件阅读

上海建桥学院专科学生毕业设计(论文)规定

(2008 年 11 月修订)

一、总则

毕业设计(论文)是对学生进行专业综合训练和科研方法初步训练的重要教学环节。既是巩固教学内容、提高教学质量的需要,也是体现专业培养目标、提高人才素质的需要。为了完善和规范毕业论文(设计)的教学要求,特制订本条例。

二、目的

(一)培养学生综合运用所学的理论、知识和技能,分析和解决实际问题的能力,使学生在入学学习阶段得到从事科学研究的初步训练。

(二)在撰写毕业论文(设计)的过程中,应侧重培养学生创新精神和独立工作的能力,通过这个教学环节应达到如下目的:

1.培养学生提出问题、分析问题和解决问题的能力;

2.培养学生综合应用所学知识的实践能力及创新能力;

3.培养学生查阅、检索文献、收集和处理数据资料的能力;

4.培养学生书写和表达的能力;

5.培养学生调查研究和实习考察的能力;

6.培养学生综合分析和归纳总结的能力。

三、基本要求

毕业设计(论文)是学术性论文,指对某一专题有较为深入的研究或对某一任务有较为严密的设计方案,并写出设计(论文),通过撰写毕业设计(论文)巩固加深与拓宽学生理论知识的领域,提高学生分析和解决实际问题的能力。具体要求:

(一)毕业设计(论文)的选题必须与本专业的培养目标相符合,应尽量选取与本专业有关的实际问题,与所学课程内容相结合;

(二)毕业设计(论文)的类型可以是专题研究、调研报告、案例分析和设计说明书等;

(三)毕业设计(论文)中必须有论点(观点)、论据(数据、案例等)和论证结果;

(四)毕业设计(论文)必须立论正确,结构合理,说明清晰,结果(或结论)明确,行文流畅;

(五)毕业设计(论文)必须按规定格式书写和装订,电脑打印(A4 纸)。必须在 4000

字以上。构成项目:封面;标题;目录;内容摘要(中、英文);关键词;正文;参考文献;致谢等。

四、组织管理

(一)组织撰写毕业设计(论文)的工作,根据专业设置,分别由学生所在系负责。

(二)撰写毕业论文安排在第六学期进行。论文的完成与通过,不迟于第六学期的第15周。

(三)选题采用命题与自选题结合的方式。各专业可拟订一些题目,由学生选作。学生亦可自己独立选题。

(四)教务处应对全校的毕业论文工作进行检查。

五、学生要求

1. 毕业设计(论文)的选题及工作计划等具体进度由指导教师负责指导并督促落实。

2. 学生应积极与指导教师联系沟通,及时主动听取指导教师的指导。

3. 学生在毕业实习期间应尽可能在实习单位寻找和选取毕业设计(论文)的内容,尽可能地把实习与毕业设计(论文)结合起来。

4. 毕业设计(论文)必须独立完成,严禁抄袭、弄虚作假,否则按不及格论处。

六、指导教师

(一)毕业设计(论文)实行指导教师负责制,要求:

1. 学生毕业论文(设计)应由中级(或硕士以上学位)及以上职称的教师担任指导,也可选派一部分具有硕士学位的初级职称教师协助指导(数量不宜多),但应由中级以上教师具体帮助指导。同时可配备助教和实验室技术人员参与指导工作。

2. 一位指导教师所指导的设计(论文)一般控制在10名(理工类)至15名(文、经管类)学生左右。

3. 指导教师应填写毕业设计(论文)指导记录。

4. 毕业论文指导教师的主要职责是。

(1)在学生选题之前对学生进行选题指导,为学生确定选题。

(2)审核和指导学生填写的《毕业论文(设计、作业)任务书》。

(3)因材施教、了解学生情况、分析学生特长、严格要求学生。

(4)向学生推荐参考文献、介绍参考书目,指导进行文献检索和使用实验仪器(设备),指导学生拟订论文撰写提纲。

(5)指导学生进行调查研究和实验步骤、方法,解答学生提出的疑难问题。

(6)定期检查学生论文进展情况,定期深入论文课题现场,进行具体指导。要以身作则,教书育人,重视对学生进行科学思想、科学精神、科学方法的熏陶,培养学生实事求是的科学态度和勇于创新的进取精神。

(7)审阅并修改论文提纲。

(8)审阅并修改论文初稿和正稿。

(9)审阅论文并评定成绩、写出评语,并要求写明毕业设计(论文)的综合评价(包括特色和不足)。并按系要求参加相关的答辩工作。

论文成绩按百分制评定:90~100分(优秀)、80~89分(良好)、70~79分(中)、60~69分(及格)、60分以下(不及格),优秀论文一般不超过论文总数的15%,良一般不超过35%。

指导教师对毕业设计(论文)评语主要可涉及:选题是否妥当;分析问题是否严密正确,论据是否充分;是否有新意或有应用性的价值;存在的不足。

(10)向系推荐优秀毕业设计(论文)。

七、论文答辩与成绩评定

(一)各系按专业组织指导教师审阅论文,并组成论文答辩小组对论文进行答辩。

(二)论文答辩小组由3~5人组成,指导教师原则上不参加本人指导学生的答辩。

(三)论文答辩小组通过答辩决定与确定毕业论文(设计)的成绩。

(四)论文答辩小组通过答辩评定学生的答辩成绩。

(五)论文成绩原则上应于第15周送教务处。

八、毕业设计(论文)的评分标准

主要依据以下三个方面:

(一)选题情况

选题恰当,尽可能选取实际问题作为设计(论文)题目,且问题的研究应有现实意义。能运用所学知识和掌握技能讨论相关问题;设计(论述内容)科学,思维清晰,论据充分,数据可靠。

(二)撰写情况

1.观点鲜明、正确,有新意。对所研究问题能提出独到见解,有一定深度,并能提出具体的实施方案或意见。

2.论据(资料、数据、例子等)真实、充分,出处明确;写作论文或设计过程认真,能按时完成。

3.基础知识扎实,基础理论理解准确,能用所学理论知识和论据分析、说明(论证)所提观点的正确性(或能自圆其说),综合分析和解决问题能力强。

4.思路清晰、语言得体,文字通顺、结构合理,有中文摘要和关键词,能按要求格式打印。

(三)答辩情况

1.学生本人介绍设计(论文)的表述:能在规定时间内(10分钟)有重点地清楚介绍设计(论文)所完成的工作或研究成果。

2.学生答辩:能正确而言简意赅地回答老师提出的问题。

成绩评定(按百分制评定):

1.优(90~100分):　　　能出色达到上述标准;

2.良(80~89分):　　　能较好达到上述标准;

3.中(70~79分):　　　能达到上述标准;

4. 及格(60～69分)：　　　　基本达到上述标准；

5. 不及格(60分以下)：　　　　不能达到上述标准,或出现抄袭现象。

九、优秀毕业设计(论文)的评选及毕业设计(论文)的保管

(一)在学生毕业设计(论文)答辩结束后,专业教研室要及时推荐评选优秀毕业设计(论文)。

(二)学生毕业设计(论文)均需存入软盘或光盘,在学生成绩公布后收齐电脑文档制成光盘及装订成册的毕业论文(包括任务书、成绩评定记录),光盘交教务处汇总后送学院存档,成册论文由所在系保管,保管期限为五年。

二、案例阅读

毕业论文的开题报告

随着现代信息技术的迅猛发展,网络技术在教育中的应用日益广泛和深入,特别是 Internet 与校园网的接轨,为中小学教育提供了丰富的资源,使网络教学真正成为现实,同时也为中小学教育开辟了广阔的前景。陈至立同志在全国中小学信息技术教育工作会议上指出:"全国实施中小学'校校通'工程,努力实现基础教育的跨越式发展。""'校校通'工程的目标是用 5 年到 10 年时间,加强信息基础设施和信息资源建设,使全国 90% 左右独立建制的中小学校能够上网,使中小学师生都能共享网上资源,提高中小学的教育教学质量。""校校通"工程的启动和发展,给中小学教学带来革新的机会,为学科教学信息化奠定了物质基础。如何有效地利用网上的资源,建构基于网络的现代教学模式是一个迫切需要研究的问题,而开展网络教学模式研究的重要理论基础之一就是网络教学的设计与评价。因此,开展网络教学的设计与评价的探索与实践研究有着十分重要的意义。

一、课题研究背景

(一)国内外的研究现状

1. 网络教学的设计理论与方法的研究缺乏系统性

通过对国内外有关的学术刊物(如《电化教育研究》、《中国电化教育》、*Educational Technology* 等)、教育网站和国际国内有关学术会议(GCCCE、ICCE、CBE 等)的论文集进行分析,网络教学的设计研究主要是关于建构主义学习环境的设计和协作学习的设计等方面,缺乏系统的研究。可以说,网络教学的设计理论的研究还处于初级阶段,还有很多问题需要去研究和探索。例如,在网络环境下如何利用网络资源进行主动学习、利用虚拟情境进行探究学习、利用通信工具进行协商学习、利用工具进行创造学习的设计以及教师指导性活动的设计等方面,都值得我们去研究。

2. 网络教学的评价研究才刚刚起步

随着 Internet 应用的普及,网络教学已成为一种重要的教学手段和教学场所。然而,与传统教学相比,网络教学的质量保证体系却显得不够完善、健全。如何保证网络教学的质量,建立一个行之有效的网络教学评价模型,已成为网络教学研究的一个重要课题。时至 2000 年,教育部批准全国 31 所高校建立网络教育学院,但却没有制定出如何保证网络

教育质量的相关政策。美国国家教育政策研究所(The Institute For Higher Education Policy)于 2000 年 4 月也发表了一份名为"在线教育质量:远程互联网教育成功应用的标准"的报告,然而,这些文章(报告)也仅仅是描述性的定义网络教学的评价指标,而对如何组织评价、如何获取定量数据、评价数据,如何促进教学等方面则很少涉及。目前,网络教学的支撑平台中的学习评价模块往往只含有测试部分,而缺乏相应的分析与反馈。

(二)课题研究的意义

1. 促进网络教学的发展,提高网络教学的质量

由于网络教学可以实现信息资源共享,在网上组织最优秀的教材和教法,使学习者在网上可以学到最新的知识,因此是教学改革发展的方向。通过本项目的研究与实践,使网络教学更能为学习者提供一个建构主义的学习环境,充分体现学生的首创精神,学生有更多的机会在不同情境下去运用他们所学的知识,而且学生可以根据自身的行动的反馈来形成对客观事物的认识和解决实际问题的方案,从而提供网络教学的质量。

2. 寻找利用计算机技术和网络技术实现学生远程交互自主学习的教学设计的技术解决方案

3. 完善和发展教学设计理论

网络环境下的教学与传统教学,不仅是教学环境的不同,在教学内容、教学手段、教学传播形式上都有本质的区别。通过本项目的研究,能够解决网络环境下,教学如何进行教学设计,如何调控教学过程,如何有效实施教学活动以达成教学目标,是对教学设计理论的完善和发展。

二、课题研究内容

(一)研究的主要内容

1. 网络教学设计理论体系的研究

包括教学目标的设计、建构性学习环境的设计、学习情境的设计、学习资源的设计、学生自主学习活动的设计、学生协作学习活动的设计、教师指导性活动的设计、学习评价工具的设计等。

2. 基于网络环境下的教学策略与教学模式的研究

(1)网络教学策略的研究,如网络环境下的教学内容组织策略、网络环境下的教学情景营造策略、网络环境下的教学对话组织策略、网络环境下的课堂管理策略等。

(2)网络教学模式的研究,如项目化学习模式、探索性学习模式、研究性学习模式等。

3. 网络教学评价的内容体系、方法、步骤与模型的研究

4. 网络教学设计系统软件的开发与应用

5. 网络教学评价系统软件的开发与应用

根据上述研究内容,总课题下设如下子课题:

1. 网络教学设计与教学评价的理论研究(谢幼如、李克东)

2. 网络教学资源的开发(邓文新)

3. 网络教学设计与教学评价系统的开发(柯清超)

4. Web 课程的教学过程设计及支持系统的研究(陈品德)

5. 网络教学设计与教学评价理论的应用研究(余红)

(二)课题的研究目标

本项目的研究目标是:运用现代教学理论与建构主义学习理论,通过教学改革与实验,探索网络教学的设计与评价的理论和方法,开发相配套的网络教学的设计和评价系统软件,探索普通中小学利用网络资源进行网络教学的途径与方法。

(三)预期成果形式

1. 论文与专著

发表有关网络教学的设计与评价的一系列学术论文,出版专著《网络教学的设计与评价》。

2. 电脑软件

开发《网络教学设计系统软件》和《网络教学评价系统软件》,制作《网络教学设计》专题教学(学习)网站,建立《教学设计》多媒体资源库。

三、研究方法与技术路线

(一)研究方法与步骤

本项目的研究主要采用行动研究、实验研究、评价研究等方法。

对于较大规模的教学设计与教学模式的试验研究,将采用行动研究方法。

对于个别带有创新性的,能提出重要见解的小范围的教学研究,则通过建立科学的假设,采用实验研究的方法。

关于教学模式的评价和有关教学效果的分析,则采用评价研究方法。

研究步骤如下:

2002 年 5 月至 2002 年 8 月,收集资料,建立模型;

2002 年 9 月至 2003 年 1 月,开发软件;

2004 年 2 月至 2004 年 8 月,教学试验,评价修改;

2005 年 9 月至 2005 年 12 月,扩大试验,归纳总结。

(二)关键技术

1. 基于网络的协作化设计思维工具的通信模型的构建;

2. 教学设计系统中师生教学活动的可视化表示与分析;

3. 网络教学的教学评价模型的构建;

4. 网络教学过程中学习反应信息的自动采集与处理。

四、课题研究价值

(一)创新点

1. 建立网络教学设计的理论体系与方法;

2. 建立基于网络环境的各类教学评价指标体系;

3. 开发出操作性强、具有实际应用价值的网络教学的设计工具和评价系统软件。

(二)理论意义

　　传统的教学设计是应用系统方法分析和研究教学的问题和需求,确立解决他们的方法与步骤,并对教学结果作出评价的一种计划过程与操作程序。现代教学设计理论已经不拘泥于系统论的理论基础,不强调对教学活动的绝对控制,逐渐放弃呆板的设计模式,开始强调教学设计的关系性、灵活性和实时性,从而更加有利于学生的创新精神和实践能力。本课题的理论成果将完善和发展传统的教学设计理论与方法。

　　(三)应用价值

　　1.通过课题的研究与实践,总结并形成基于网络环境下学科教学设计的理论与方法,优化中小学课堂教学结构。

　　2.通过课题的研究与实践,探索并总结信息化时代如何改革传统的思想和模式,使学生学会利用网络资源进行学习的方法和经验。

　　3.通过课题的研究与实践,探索普通中小学利用网络资源的途径与方法,形成一批优秀的网络教学课例。

　　4.通过课题的研究与实践,开发出具有应用推广价值的网络教学的设计工具和评价系统软件。

　　五、研究基础

　　(一)已有相关成果

　　1.曾于1993年、1997年两度获得国家级优秀教学成果奖,其中《多媒体组合教学设计的理论与实践》项目的成果在全国的大中小学广泛应用,《多媒体组合教学设计》(李克东、谢幼如编著,科学出版社)多次再版发行。

　　2.出版的《多媒体教学软件设计》(含教材与光碟)(谢幼如等编著,电子工业出版社,1999年)、《多媒体教学软件设计与制作》(含教材与光碟)(李克东、谢幼如、柯清超编著,中央广播电视大学出版社,2000年)和《信息技术与学科教学整合》(李克东、谢幼如、柯清超等,万方数据电子出版社,2001年)在全国广泛应用。

　　3.1997年《多媒体技术在基础教育改革中的应用实验研究》和《小学语文"四结合"教学改革试验研究》获国家教委全国师范院校面向基础教育改革科学研究优秀成果二等奖。

　　4.承担国家"九五"重点科技攻关项目《计算机辅助教学软件研制开发与应用》(简称96－750)《小学语文科学小品文》、《小学语文古诗欣赏》、《小学语文扩展阅读》、《初中语文新诗赏析》四个子课题的研制与开发,4个项目6张光盘全部通过教育部组织的专家组鉴定,被评为优秀软件,并由北京师范大学出版社和电子工业出版社出版,在国内及东南亚地区发行。

　　5.2000年所完成的《学习反应信息分析系统》获广东省高等学校优秀多媒体教学软件一等奖,并出版专著《学习反应信息的处理方法与应用》(谢幼如、李克东著,暨南大学出版社,1999年)。

　　(二)研究条件

　　华南师范大学教育技术学科是国家级重点学科,华南师范大学教育信息技术学院是"211工程"重点建设学科单位,我国的教育技术学博士点之一。华南师范大学教育技术研究所拥有从事计算机教育应用研究的人员近 30 名,其中包括教授 2 名、副教授 5 名、讲师 8 名、博士研究生 4 名和硕士研究生近 15 名。他们在长期的研究工作中,对各种多媒体教学软件、网络教学应用软件、学科教学工具、资源库管理应用系统进行了深入的研究与探索,并已取得了实质性的进展和成果。本研究所拥有先进的计算机软件开发实验室两个、国家级的多媒体教学软件制作基地一个,在国内教育技术领域方面处于领先地位。

(三)参考文献

[1]李克东,谢幼如.多媒体组合教学设计[M].北京:科学出版社,1992 年第 1 版、1994 年第 2 版.

[2]谢幼如.多媒体教学软件设计[M].北京:电子工业出版社,1999.

[3]李克东,谢幼如.信息技术与学科教学整合[M].万方数据电子出版社,2001.

[4]谢幼如,李克东.学习反应信息的处理方法与应用[M].广州:暨南大学出版社,1999.

[5]*Global Education On the Net*[M].北京:高等教育出版社,1999.

[6]R. M. 加涅,L. J. 布里格斯,W. W. 韦杰.教学设计原理[M].上海:华东师范大学出版社,1999.

[7]谢幼如.新型教学模式的探索[M].北京:北京师范大学出版社,1998.

[8]全球华人计算机教育应用大会(GCCCE)第一届至第五届论文集[C].1997 年(广州),1998 年(香港),1999 年(澳门),2000 年(新加坡),2001 年(台北)

[9]改善学习——2001 中小学信息技术教育国际研讨会论文选编[C].长春:吉林教育出版社,2001.

[10]J. P. 戴斯,J. A. 纳格利尔里,J. R. 柯尔比.认知过程的评估[M].上海:华东师范大学出版社,1999.

[11]李克东.教育技术学研究方法[M].北京:北京师范大学出版社,2002.

六、研究组织机构

本课题的研究人员由教学设计专家、信息技术教育应用专家、网络技术专家、学科教学专家、中小学教师、教育技术研究人员与研究生组成,以大学的教育技术研究所为核心,主要以广东、江苏、浙江、福建等地区的部分中小学以及西部一些网络环境较好的中小学为研究基地,辐射其他地区的中小学,借助信息技术产业的技术力量,实现理论、技术与学科教学的优化整合。

总课题组顾问:南国农教授(我国著名电化教育专家,西北师范大学)

李运林教授(华南师范大学电化教育系原系主任)

周君达教授(中央电化教育馆原副馆长)

苏式冬教授(广东教育学院原副院长)

许汉特级教师(广州市教研室)

总课题组组长:谢幼如教授(华南师范大学教育技术研究所)

李克东教授(华南师范大学教育技术研究所所长、博士生导师)

总课题组成员:柯清超博士生(华南师范大学教育技术研究所)

陈品德副教授、博士生(华南师范大学网络中心)

邓文新讲师(华南师范大学教育技术研究所)

余 红副教授(华南师范大学教育技术研究所)

总课题组秘书:王冬青博士生(华南师范大学教育技术研究所)

高瑞利硕士生(华南师范大学教育技术研究所)

刘铁英硕士生(华南师范大学教育技术研究所)

孔维宏硕士生(华南师范大学教育技术研究所)

徐光涛硕士生(华南师范大学教育技术研究所)

杨淑莲硕士生(华南师范大学教育技术研究所)

尹　睿硕士生(华南师范大学教育技术研究所)

(摘自论文网:海南教育　2008-07-22)

【自测题】

1.结合本单元内容和阅读案例,你认为你思想上是否也存在此类误区? 如何避免?

2.要写好开题报告需做好哪些准备工作?

3.假如你即将毕业,你准备从哪几方面写好自己的毕业论文(设计)?

第三部分 毕业论文(设计)
——调研报告写作

【知识目标】

1. 了解毕业论文(设计)中调研报告的写作概念、特点、种类及意义
2. 学习调研报告的写作基本知识

【能力目标】

1. 认识调研报告的写作内涵
2. 掌握调研报告的基本结构

【案例导入】

在某招聘会现场,不少用人单位的岗位要求都比较高,有些岗位只招收研究生,还有些单位明确表示"只招收'211工程'院校的毕业生"。而部分单位则对岗位的具体技能提出了更高的要求。

"刚刚被问了一堆题目,头都晕了,幸好拿到了'作业'。"挤出人群,某大学的小周松了一口气,赶紧打电话向妈妈报告情况。她口中的"作业",是银泰百货留给她的两道题,一是任选一个品牌,在网上搜集尽可能多的资料,写一份《品牌调研报告》;二是根据所选品牌,尝试做一次品牌推广,并完成一份《品牌服务体验报告》。虽然觉得题目很棘手,电子商务专业的小周还是很开心地向妈妈汇报,"我观察了一下,只有现场面试中表现好的人,才拿到了'作业',但只有较好完成这两份报告的人,才有机会进入最后面试环节。"调研报告竟然成了求职的敲门砖,请你帮小周完成这个作业如何?

问题:

1. 什么是调研报告? 调研报告的特点是什么?
2. 如何写好调研报告?

第一单元　认识毕业论文(设计)调研报告

一、认识毕业论文(设计)调研报告内涵

各专业的学生必须在撰写毕业论文前参加社会调查活动,并撰写出具有一定价值的社会调查报告。调查报告最好反映工作单位的情况(尚未工作的同学可以本地区企业为调查对象)。

调研报告是指对某一情况、某一事件、某一经验或问题,经过在实践中对其客观实际情况的调查了解,将调查了解到的全部情况和材料进行"去粗取精、去伪存真、由此及彼、由表及里"的分析研究,揭示出本质,寻找出规律,总结出经验,最后以书面形式陈述出来的一种写作方式。

调研报告的核心是实事求是地反映和分析客观事实。调研报告主要包括两个部分:一是调查,二是研究。调查,应该深入实际,准确地反映客观事实,不凭主观想象,按事物的本来面目了解事物,详细地占有材料。研究,即在掌握客观事实的基础上,认真分析,透彻地揭示事物的本质。至于对策,调研报告中可以提出一些看法,但不是主要的。因为,对策的制订是一个深入的、复杂的、综合的研究过程,调研报告提出的对策是否被采纳,能否上升到政策,应该经过政策预评估。

二、了解毕业论文(设计)调研报告特点

1. **真实性**　真实性是调研报告首要的、最大的特点。所谓真实性,就是尊重客观事实,靠事实说话。这一特点要求调研人员必须树立严谨的科学态度,认真求实的精神,彻底抛弃"假大空"的虚伪作风,不仅报喜,还要报忧,不仅要充分肯定工作成绩,还要准确反映工作中存在的问题。只有严谨的科学态度,才能写出真实可靠,对工作具有指导意义的调查报告。

2. **针对性**　这是调研报告所具有的第二个显著特点,这是由具有很强的工作针对性所决定的。一般来说一项调查研究工作,特别是大型调查研究,要花费较多的时间、人力和物力,不是随意组织进行的,而是针对一些较为迫切的实际情况,解决某些实际问题而进行的。因此调查研究就具有很强的针对性,在调研报告的写作上,必须中心突出,明确提出所针对的问题,明确交代这一问题所获得的事实材料,分析出问题的症结所在,提出具体可行的建议和对策。

3. **典型性**　典型性是指在调研报告的写作过程中所采用的事实材料要具有代表性,以及所揭示的问题带有普遍性。这种典型特点在总结经验和反映典型事件的典型调查中表现得尤为突出。

4. **系统性**　调研报告的系统性或完整性是指由调查材料所得出的结论,必须是具有

说服力,把被调查的情况完整地、系统地交代清楚。不能只摆出结论,而疏漏交代事实过程和必须的环节。因为这样的疏忽势必造成不严密、根据不足以及不足以令人信服的印象。这里所说的系统性和完整性,并不是要求在调查报告的写作过程中,事无巨细,面面俱到,而是抓住事物的本质和主要方面,写出结论的推理过程。

三、区分毕业论文(设计)调研报告种类

从内容性质分,调研报告有以下六种:

(1)专题型调研报告。专题型调研报告,就是侧重某个问题进行较深入的调查后形成的报告,这类报告一般常常在标题上反映出来。

(2)综合型调研报告。它是以综合调查众多的对象及其基本情况为内容、作全面系统的调查和反映的报告。具有全面、系统、深入和篇幅较长的特点。

(3)理论研究型调研报告。这是以学术研究为目的而撰写的报告,它以收集、分类、整理资料并提出问题、报告结论为特点,大多发表在学术刊物上,或载于学术著作中。

(4)实际建议型调研报告。这是由于实际工作需要而写的调查报告,其主要内容是为预测、决策、制定政策、处理问题等进行调查所获得的材料及有关的建议。

(5)历史情况型调研报告。这是根据需要以历史情况为对象进行调查而形成的调查报告。它可以供人们了解某一事物或问题的历史资料和历史真相。

(6)现实情况型调研报告。它是以正在发生、发展的一些现实生活为对象进行调查后所形成的调查报告。人们可以通过它了解和认识某些事物和问题的客观现实情况,以作为其他认识活动的依据或参考。

另外,有些调研报告可以是以上几种类型的结合形式。

四、学会运用毕业论文(设计)调查方式

调查方式,可以按照不同的标志划分为不同的类别。

(一)按调查对象的范围分,可分为全面调查和非全面调查

全面调查又称普查,是指对每一个调查单位都要进行调查。非全面调查是指仅对总体中的一部分单位进行调查。包括典型调查、重点调查、抽样调查、个案调查。

典型调查:是指从调查对象的总体中选取一个或几个具有代表性的单位,进行全面、深入的调查。其目的是通过直接地、深入地调查研究个别典型,来认识同类事物的一般属性和规律。典型既有好的典型,也有坏的典型。典型调查的目的不在于认识少数的几个典型,而在于借助于典型认识它所代表的同类事物的共性。这就要求对典型进行深入的全面的直接调查。

重点调查:是指只对总体中的重点单位进行调查,重点单位是指总体中那些在某一或某些数量指标上占有较大比重的单位或个体工作中的重点;这些重点单位的标志值在总体标志总量中占绝大部分。

重点调查与典型调查一样,它们都不是采取随机抽样的方法确定具体的调查对象,因

此,选点都易受主观因素的影响。但它们调查对象的数量都较少,因此都比较省时、省力、方便易行。两者的差异在于:重点调查的具体对象是重点,而重点不一定要有代表性或典型性,而要求在总体中具有重要地位或在总体的数量总值中占有较大比重,而典型调查的对象则要求其代表性或典型性;另外,重点调查主要是数量认识,而典型调查主要是性质认识。

抽样调查:简称抽查,是指按随机性原则从总体中抽取一部分单位进行调查,然后,根据样本总体的数量特征推断企及总体的数量特征。抽查的主要特点是随机性、推断性。

与典型调查相比较,抽样调查一般是标准化、结构式的社会调查,它具有综合定性研究和定量研究的功能,因此,抽样调查已成为现代社会调查的主要方式。

抽样调查的调查对象一般要求采取随机抽样的方法确定。随机样本的代表性较少受到抽样者主观因素的影响,其代表性是由随机抽样方法来保证的。因此抽样调查的信度和效度首先依赖于科学的抽样方法。

根据调查任务的具体要求,确定总体的范围,这个范围就是抽样的范围。如果不能明确抽样的具体范围,就不能采取随机抽样的方法进行抽样。

个案调查:个案调查有两种情形,一是专项调查,即调查的对象只有一个个体,调查的目的只是为了了解这一个体的状况。二是从某一社会领域中选择一两个调查对象进行深入细致的研究,这种研究的主要目的就是认识所选调查对象的现状和历史,而不要求借此推论同类事物的有关属性。因此,个案调查如需选择具体的调查对象,则并不要求其代表性或典型性,但要求个案本身具有独特性。

(二)按调查的连续性来分,可分为一次性调查和经常性调查

一次性调查是指每隔一段时间进行一次调查,例如:我国全国人口普查每十年进行一次。经常性调查是指每天都要登记,例如,各单位考勤。

(三)按调查的组织方式不同,可分为统计报表和专门调查

专门调查包括:普查,典型调查,重点调查,抽样调查。统计报表是由国家定期地从上往下布置,下级一级一级向上填报的报告制度,也是国家定期的一种调查组织方式。专门调查是指对一些专门问题进行调查,例如:海洋普查,是专门调查海洋的,农业普查是专门调查农业的。

(四)按调查的方法不同,可分为直接观察法、报告法和询问法

询问法又分为书面询问法和口头询问法。直接观察法是指统计人员直接到现场,报告法就是提供报表。

第二单元　掌握毕业论文(设计)调研报告写作技能

一、掌握调研报告写作方法(或技能)

不同类型的调查报告,具体内容有所不同。但基本写法是相通的。调查报告的写作方法,一是熟悉调查报告的结构特点;二要把握调查报告的写作程序。

(一)调查报告的结构

一般来说,调查报告的内容大体有:标题、导语、概况介绍、资料统计、理性分析、总结和结论或对策、建议,以及所附的材料等。由此形成的调查报告结构,就包括标题、导语、正文、结尾和落款。

1. **标题**　调查报告的标题有单标题和双标题两类。所谓单标题,就是一个标题。其中又有公文式标题和文章式标题两种。公文标题为"事由 + 文种"构成,如《浙江省农村中学语文教学情况的调查报告》。文章式标题,如《××市的校办企业》;其二是标明作者通过调查所得到的观点的标题,如《调整教育政策,增加教育投入》。所谓双标题,就是两个标题,即一个正题、一个副题。如《为了造福子孙后代——××县封山育林调查报告》。

2. **导语**　导语又称引言。它是调查报告的前言,简洁明了地介绍有关调查的情况,或提出全文的引子,为正文写作做好铺垫。常见的导语有:①简介式导语。对调查的课题、对象、时间、地点、方式、经过等作简明的介绍;②概括式导语。对调查报告的内容(包括课题、对象、调查内容、调查结果和分析的结论等)作概括的说明;③交代式导语。即对课题产生的由来作简明的介绍和说明。

3. **正文**　正文是调查报告的主体。它对调查得来的事实和有关材料进行叙述,对所做出的分析、综合进行议论,对调查研究的结果和结论进行说明。正文的结构有不同的框架。①根据逻辑关系安排材料的框架有:纵式结构、横式结构、纵横式结构。这三种结构,以纵横式结构常为人们采用。②按照内容表达的层次组成的框架有:"情况—成果—问题—建议"式结构,多用于反映基本情况的调查报告;"成果—具体做法—经验"式结构,多用于介绍经验的调查报告;"问题—原因—意见或建议"式结构,多用于揭露问题的调查报告;"事件过程—事件性质结论—处理意见"式结构,多用于揭示案件是非的调查报告。

4. **结尾**　结尾的内容大多是调查者对问题的看法和建议,这是分析问题和解决问题的必然结果。调查报告的结尾方式主要有补充式、深化式、建议式、激发式等。

5. **落款**　调查报告的落款要写明调查者——单位名称和个人姓名,以及完稿时间。如果标题下面已注明调查者,则落款时可省略。

(二)调查报告的写作程序

调查报告写作要经过以下五个程序:

1. **确定主题**　主题是调查报告的灵魂,对调查报告写作的成败具有决定性的意义。

因此,确定主题要注意:

(1)报告的主题应与调查主题一致;

(2)要根据调查和分析的结果确定主题;

(3)主题宜小,且宜集中;

(4)与标题协调一致,避免文题不符。

2.**取舍材料**　对经过统计分析与理论分析所得到的系统的完整的"调查资料",在组织调查报告时仍需精心选择,不可能也不必都写上报告,要注意取舍。如何选择材料呢?

(1)选取与主题有关的材料,去掉无关的,关系不大的,次要的,非本质的材料,使主题集中、鲜明、突出;

(2)注意材料点与面的结合,材料不仅要支持报告中某个观点,而且要相互支持,形成面上的"大气";

(3)在现有有用的材料中,要比较、鉴别、精选材料,选择最好的材料来支持作者的意见,使每一材料以一当十。

3.**布局和拟订提纲**　这是调查报告构思中的一个关键环节。布局就是指调查报告的表现形式,它反映在提纲上就是文章的"骨架"。拟订提纲的过程实际上就是把调查材料进一步分类,构架的过程。构架的原则是:"围绕主题,层层进逼,环环相扣"。提纲或骨架的特点是它的内在的逻辑性,要求必须纲目分明,层次分明。

调查报告的提纲有两种。

(1)观点式提纲,即将调查者在调查研究中形成的观点按逻辑关系一一地列写出来。

(2)条目式提纲,即按层次意义表达上的章、节、目,逐一地一条条地写成提纲。也可以将这两种提纲结合起来制作提纲。

4.**起草报告**　这是调查报告写作的行文阶段。要根据已经确定的主题、选好的材料和写作提纲,有条不紊地行文。写作过程中,要从实际需要出发选用语言,灵活地划分段落。在行文时要注意:

(1)结构合理(标题、导语、正文、结尾、落款);

(2)报告文字规范,具有审美性与可读性,如:"制定优惠政策,引进急需人才","运用竞争机制,盘活现有人才",(文章段落的条目观点);

(3)通俗易懂。注意对数字、图表、专业名词术语的使用,做到深入浅出,语言具有表现力,准确、鲜明、生动、朴实。

5.**修改报告**　报告起草好以后,要认真修改。主要是对报告的主题、材料、结构、语言文字和标点符号进行检查,加以增、删、改、调。在完成这些工作之后,才能定稿向上报送或发表。

二、明确调研报告写作要求

(1)要写好调研报告首先要掌握翔实的资料,资料可分为第一手资料和第二手资料。第一手资料是指作者亲自考查获得的,包括各种观察数据、调查所得等,这是调研报告的生命。第二手资料主要来源是图书馆和资料室的文献资料以及报纸、杂志和互联网上发布的资料。掌握大量的符合实际的第一手资料,这是写好调研报告的前提。

(2)对于获得的大量的直接和间接资料,要做艰苦细致的辨别真伪的工作,从中找出事物的内在规律性。调研报告切忌面面俱到。在第一手材料中,筛选出最典型、最能说明问题的材料,对其进行分析,从中揭示出事物的本质或找出事物的内在规律,得出正确的结论,总结出有价值的东西,这是写调研报告时应特别注意的。

(3)用词力求准确,文风朴实。毛泽东的《湖南农民运动考察报告》是很好的典范。写调研报告,应该用概念成熟的专业用语,非专业用语应力求准确易懂。特别是被调查对象反映事物的典型语言,应在调研报告中选用。不要盲目追求用词新颖,把简单的事物用复杂的词语来表达,把简单的道理说得云山雾罩、玄而又玄。

调研报告一般是针对解决某一问题而产生的。报告需要陈述问题发生发展的起因、过程、趋势和影响。如果用词概念不清,读者就难以了解事物的本来面目,也就达不到解决问题的目的。尤其是政策调研报告,用词准确有助于政策决策者迅速准确地理解调研报告的内容,有利于政策制定和调整的正确性。

(4)逻辑严谨,条理清晰。调研报告要做到观点鲜明,立论有据。论据和观点要有严密的逻辑关系,条理清晰。论据不单是列举事例,讲故事。

逻辑关系是指论据和观点之间内在的必然联系。如果没有逻辑关系,无论多少事例也很难证明观点的正确性。结构上的创新只是形式问题,不能把主要精力放在追求报告的形式上。调研报告的结构可以不拘一格。

(5)要有扎实的专业知识和思想素质。好的调研报告,是由调研人员的基本素质决定的。调研人员既要有深厚的理论基础,又要有丰富的专业知识。一项政策往往涉及国民经济的许多方面,并且影响到不同的社会群体,只有具备很宽的知识面,才能够深刻理解国家的大政方针,正确判断政策所涉及的不同群体的需要;才能看清复杂事物的真实面目。事物的产生和发展都遵循一定的规律,调研报告的写作过程实际上也是探索事物发生发展规律的过程。报告的论点和论据一定要符合自然规律和社会规律,而不是追随潮流,迎合某些群体的需要。

【知识链接】

铁道警官高等专业学校
2009 届侦查、刑技、经侦、国保专业毕业
实习(调研)报告题目及制作要求

一、毕业实习(调研)报告写作说明(具体要求见后附教务处本项工作通知)

2009 届侦查系各专业毕业生实习(调研)报告命题形式有两种,一种是教师命题,一种是自命题,同学们可根据本专业的特点自主选择。鼓励同学们自拟题目撰写毕业实习(调研)报告。

二、毕业实习(调研)报告参考题目

1. 铁路货盗案件现状、特点与对策调研(刑侦教研室)

2. 铁路危行案件有关问题调研(刑侦教研室)

3. 刑事技术在铁路刑事案件中发挥的作用调查研究(刑事技术教研室)

4. 铁路刑事案件中各类物证的发现、提取、价值与作用调研(刑事技术教研室)

5. 铁路企业税收现状调查(经侦教研室)

6. 铁路企业合同诈骗犯罪案件调研(经侦教研室)

7. 现阶段伪造、倒卖火车票犯罪案件调研(经侦教研室)

8. 铁路派出所国内安全保卫工作现状调查(国内安全保卫教研室)

9. 情报在铁路国内安全保卫工作中的作用(国内安全保卫教研室)

10. 侦查讯问实务调研(预审教研室)

11. 证据收集、审查判断实务调研(预审教研室)

12. 深挖犯罪情况之调研(预审教研室)

13. 由实习工作感悟谈学校教学改革设想

三、毕业实习(调研)报告制作要求

(一)格式

1. 标题

×××工作实习(调研)报告

2. 正文

(1)概述实习情况

(2)实习期间的具体工作情况(可包括:岗位职责、工作情况、取得的成绩或成效、遇到的问题或困惑等。)

(3)实习工作心得

(二)写作要求

1. 不少于 5 000 字。

2. 不得抄袭。

3. 实习心得至少写两个方面。

4.毕业实习(调研)报告写成论文,原则上评定为"不合格"或"合格"等级;独立完成,具有较高价值的,经系毕业实习(调研)报告评审小组成员集体讨论一致认可的,在评定等级上可评定为"良好"或"优秀"。

(三)装订规格

用纸:A4 纸打印

字号:标题:三号小标黑体

正文:四号小标宋体;1.5 倍行距

封面:下载学校统一样式。包括题目名称、学生所属系、年级、

专业、学号、姓名、指导教师、撰写日期等。

装订:左侧装订

其他规范:尽可能使用汉字

数字序号:第一层为"一、",第二层为"(一)",第三层为"1.",

第四层为"(1)",使用法定计量单位:千米、厘米、千克

四、其他

(一)2009 届毕业学生的实习(调研)报告统一由所属学生中队接收造册后送系办公室安排教师评阅。系内教师不单独接收学生的实习(调研)报告。

(二)2009 年 5 月 8 日前提交毕业实习(调研)报告供评阅教师评阅。

铁道警官高等专科学校毕业实习(调研)报告(四号黑体居左)

中文题目(一号黑体 居中)

英 文 题 目(二号,Times New Roman,居中)

(以下三号仿宋 居中)

_____级_____系

专业班级_____

姓　　名_____

学　　号_____

指导教师_____

完成日期　　　　年　　　月　　　日

毕业实习(调研)报告评语及成绩

学生姓名		学　号		年级	
系		专业		班级	
毕业实习(调研)题目					
指导教师姓　名			指导教师职　称		

指导教师评语：

评阅人评语：

签字：
年　　月　　日

评阅小组意见：

评阅小组组长签字：
年　　月　　日

成绩：

系主任签字：
年　　月　　日

【自测题】

一、仔细阅读例文,试回答:

1.一篇好的调研报告,结构应包括哪些内容,有什么特点？

2.如何才能写出有价值的调研报告?

二、情景写作

针对本校大学生的就业状况情况开展调查,要求以数字、事实为依据,并以调查结果说明一定的问题。通过调查研究,写一篇调查报告。

第四部分 应用方案写作

【知识目标】

1. 了解应用方案写作概念、特点、种类及意义
2. 学习应用方案写作基本知识

【能力目标】

1. 认识应用方案写作内涵
2. 掌握应用方案基本格式

【案例导入】

2009年10月15日,四川大学正式出台了《关于坚持"高质量、多样化"原则进一步加强本科毕业论文(设计)工作的补充意见》,对外宣布"在确保质量的前提下,该校本科毕业论文(设计)可以多样化。可以是传统形式的毕业论文(设计),也可以是反映学生真才实学和创新能力的与专业相关的作品、设计、调研报告、竞赛取得的成果、参加科研训练和'大学生创新性实验计划'取得的成果、在报纸杂志发表的优秀文章等"。

谈及改革的初衷,四川大学校长、中国工程院院士谢和平认为,大学教育应发掘每个学生的潜质,表达不同的个性和能力。但目前千篇一律的毕业论文很难体现出学生的特点。"比如说,我们文学院有一些优秀的学生,创作了很多文学作品,甚至出版过小说、诗集,到毕业时还要拼凑一篇一两万字的论文,如果选题方面又不是学生的兴趣、意愿所在,这种论文的意义就不大。"谢和平说。来自就业方面的压力,也是川大此项改革的原因之一。"众所周知,到了大四,应用性学科的学生都忙于找工作、实习,塌下心来做研究、做学术并不现实,因此我们就考虑把毕业考核同学生的社会实践结合起来。"

由此,本科生毕业论文"存废之争"引发了网上沸沸扬扬的讨论。本科生论文是否有存在的必要?本科生论文取消是进步还是倒退?取消论文之外,我们还应该关注什么?

正方:本科生毕业论文早该取消了

……一位教育专家对现行的论文制度极端不满:"现在实行的论文形式也太过于死板了,有的甚至严重地脱离实际,难怪学生会对付。为什么一定要写那样的毕业论文,用创业计划书来代替论文不可以吗?几个人合写论文不可以吗?"

……

反方:论文取消无异于因噎废食

……

论文"存废之争"的背后

"存废之争"根本原因其实并不在于毕业论文制度本身,它反映出了本科毕业论文操作过程中存在的问题,如学校论文辅导和监管不力,论文写作时间安排不合理导致本科生论文质量差等等。(资料来源:www.ncss.org.cn)

可见,传统的毕业论文已经不能完全适应现代大学生的现实需求,采取多种形式的毕业论文势在必行。对于高职高专的毕业生来说,学会各种应用方案的写作显得尤其重要,它不仅是完成毕业论文的学业需要,也是毕业生走上工作岗位实际操作的需要。

问题:

1. 毕业生掌握应用方案写作有哪些作用?

2. 毕业生怎样才能写好应用方案?

第一单元 认识应用方案

一、认识应用方案概念

方案是进行工作的详细、具体的计划或对某一问题制订的规划,具有很强的可操作性。

应用方案是在实际工作中形成并使用的,即用以处理各种工作事务,如商务、贸易、教育、医疗、管理、公关等,具有特定的内容和惯用语或规定格式的各种应用文章的总称,是对实际具体工作进行指导、规范、记录、储存、总结、创新、交流、发展的重要工具。

应用方案的制作过程即应用方案写作,它是人们在日常工作中制作文章、开展和推动业务工作的实践活动,是人们的一种高级行为过程。

应用方案写作学是研究应用方案写作的过程、方法和规律的科学,它是将写作学的基本原理运用于业务工作写作实践的产物和科学总结,简称为"应用方案写作"。应用方案写作是写作学的一个重要组成部分,属于专业应用写作的范畴,是从写作学科体系中派生出的一门新的分支学科。

二、了解应用方案特点

(一)内容具有专业性与技术性

应用方案的内容是以各种业务现象、业务工作和业务科学理论为写作对象,具有特定的业务活动范围和业务科学的专业特点,因而具有非常明显的专业性和技术性。

(二)目的具有实用性与时效性

应用方案写作一般是针对业务工作的具体需求,在一定的时间、范围内解决一定的具体问题，因而具有明确的目的性和实效性，讲求工作效果、经济效益和社会效益。它特别强调实践课题的目的、依据、程序、时间、地点、范围、原则、措施、方法、步骤、主张、效力、效果等因素。

（三）对象具有特定性与明确性

应用方案写作以业务工作项目的主体（如我方或甲方）与涉及的客体（如对方或乙方），以及有关方面的组织或人员为特定的阅读对象。读者对象明确、具体，针对性很强。

（四）表达具有适用性与说明性

应用方案写作主要运用定性、定量的说明、议论与叙述三种基本表达方式，科学、严密地表达写作的内容，强调理性思考与科学表达。

（五）格式具有规范性与约定性

应用方案的结构客观如实地反映业务工作的特点、本质和规律，强调工作的客观性和科学性，不允许创新。

应用方案的文体大都具有硬性规定或约定俗成的程式化结构格式、行文惯例和文本形式，规定非常严格、细致。应用方案的结构具有很强的针对性和实用性。它能针对写作目的和写作对象提供适当的思维模式，使作者节省谋篇布局上的精力，更专注于思想内容上的考虑与表达，增添文章及写作的时效性。

（六）语言具有科学性与平实性

应用方案不同于文学作品，它具有直接的实用性和实践性。因此，对语言的要求极为严格。讲求语言的科学性与平实性，具有特定的专业术语，特别注意数字的使用和表达。它的基本特点是准确、简明、质朴、规范、庄重。带有文种明显的术语，也是应用方案这种实用文体的庄重性和权威性的体现。

三、区分应用方案种类

（一）应用方案的范围

应用方案涉及的范围广泛，现实生活的各行各业工作中都有涉及，如与政务、经济、商务、贸易、公关、教育、医务等工作活动密切相关。因此，应用方案种类十分繁多。本节着重介绍毕业生论文写作中常见的应用方案。

（二）应用方案的划分标准

（1）按方案的使用范围可划分为：经营业务方案、企业基建方案、土地使用方案、股份制方案、经济司法方案、审计、税务、涉外应用方案等。

（2）按方案的涉及面可划分为：创业方案、人力资源方案、网络营销方案、质量管理方案、营销方案、产品包装管理方案、出口经营方案、五大媒体广告方案、财务制度管理方案、货币资金管理方案、公关策划方案、教学方案、医疗方案等。

（三）应用方案的主要种类

应用方案的种类较多，大体上有以下几种。

（1）业务决策方案。主要包括：创业方案、人力资源方案、营销决策方案、企业经营方案、商品价格方案等。

（2）业务广告招商方案。主要包括：五大媒体广告策划方案（报纸广告策划方案、杂志广告策划方案、广播广告策划方案、电视广告策划方案、互联网广告策划方案）和公关策划方案等。

（3）业务经营管理方案。主要包括：网络营销方案、质量管理方案、促销方案、产品包装管理方案等。

（4）涉外业务方案。主要包括：出口经营方案等。

（5）财经管理方案。主要包括：财务制度管理方案、货币资金管理方案等。

（6）业务操作方案。主要包括：教学方案、医疗方案等。

四、发挥应用方案作用

应用方案写作是具体业务工作中思维、表达、交际和信息储存与增值的重要工具，它的作用主要有以下三个方面：

（1）应用方案写作是业务工作的重要组成部分和必不可缺的重要工具。从业务工作的运作轨迹看，科学的业务工作是按知情—决策—控制—开拓，即计划过程—组织过程—控制过程—达标分析过程的基本环节展开的，涉及到内部管理与外部关系，日常的业务经营与产业开拓创新，诸如业务调研决策、业务广告招商、业务经营管理、业务财税审计、涉外业务等各个环节、方面。其中每一个环节、方面都需要制作相应的应用方案。诸如市场调查方案、营销决策方案、招商方案、业务广告方案、招标投标方案、业务谈判方案、业务合作方案、税务申请书、商务函电等。只有这样，业务工作才能运作发展。离开应用方案，业务工作将无法落实。从信息论和管理学的角度说，管理过程是一个信息流通过程，是用信息流引导物质流的过程。应用方案的制作从实质上看就是对业务信息的处理过程，是对业务信息进行吸取储备、整理加工、组合转换，从而完成原信息的创新，有效地为业务工作服务的信息流通过程。为此，应用方案撰写、运用、流转得好坏，将直接影响整个业务工作成功与否。

（2）应用方案写作是完善业务工作现代化人才的知识结构和能力结构，并使之强化的重要途径。现代化的业务工作人才，不仅需要会做，而且需要能说会写。"写"在信息时代和现代企业制度中日益显得重要。当今业务工作中各种物质流是靠信息流引导的。各种信息的传递，更多的不是靠面对面的口头传递，而是靠书面文书的传递。书面文书的制作能力是现代业务工作人才必备的素质。书面文书的制作过程是思维深化、定型、结晶、储存的过程，是拓展人类交际时空的过程。"写"可以使人的思维能力、交际能力和实践能力得到进一步强化。因此，国外如美国、日本等发达国家，都把培养"写"的能力作为提高员工劳动素质和业务能力的重要渠道之一。在我国，"写"也是培养和选拔业务工作人才的一条重要途径。

（3）应用方案写作是业务工作和经济科学的继承、发展、繁荣的重要桥梁。业务工作和经济科学是在一定物质成果和精神成果的基础上发展的。应用方案是业务工作和经济科学成果的沉淀和结晶。应用方案写作就是"沉淀"和"结晶"的过程。正是因为有了"写",古今中外的经济和经济科学的交流、继承、发展、繁荣才有了基础和依托。应用方案写作正在承担着业务工作和经济领域里"经国之大业,不朽之盛事"的伟大使命。

总之,应用方案写作在业务工作中贯彻政策、指导工作、交流信息、联系业务、协调关系、录存凭证、积累资料、宣传教育、开拓创新等的具体作用是非常明显的。

第二单元 学会应用方案写作

一、掌握应用方案写作方法

要想写好应用方案,首先应该掌握应用方案写作的主旨、材料、结构、语言。

(一)应用方案的主旨

(1)主旨的概述。主旨即意义、用意或目的,常称应用方案中表达出来的观点。应用方案的观点非常明确,一般采用对客观事物直接表明态度和提出意见的方法来直陈观点,行文主旨是十分明确的。这也是由应用方案是适应工作、生活的需要,带有十分具体的业务性质和事务性质决定的。

(2)对主旨的要求。明确体现在正确与鲜明两个方面。观点的正确,首先在于提出的意见或主张要遵循事物本身的规律,要遵循社会的发展规律,符合党和国家的方针政策。每项应用方案,都有一个基本观点,它在文章中就像一面旗帜一样突出鲜明,引人醒目。

(3)应用方案主旨的表达方法。集中单一,是指应用方案通常是围绕一件事提出一个基本观点,每事一文是应用方案写作的鲜明特点之一。

(二)应用方案的材料

(1)材料的概述。应用方案的材料指的是用来说明观点的具体事例、真实情况、确凿数据、图表、法律、道德准则、社会习惯、人之常情、有关哲学、自然科学的定论和引语等。应用方案行文的目的是为了表达一个观点,观点是判断,是从推理来的,推理是从材料来的。因此,观点和材料是统一的。观点是结论,材料是前提。详细地占有材料,是应用方案写作的起点。

(2)对材料的要求。真实性:应用方案写作必须以事实为基础,不允许虚构、想象、移花接木;时效性:应用方案写作具有指定的时间要求,因而写作材料具有很强的时间性;实效性:应用方案的材料具有及时提供信息的功能,这些承载信息的材料所产生的价值是难以估量的,这种价值是进行管理和决策的理由和根据;典型性:应用方案写作要求使用最有代表性、最能深刻揭示事物本质的材料,用这样的材料来突显观点,结论才更加真实可信。

(三)应用方案的结构

(1)结构的概述。文章的结构,表现为思维形式的叫做内部结构,表现为语言形式的叫篇章结构。写作者一般先形成内部结构,再形成篇章结构。阅读者一般先了解篇章结构,然后理清内部结构。一个好的应用方案不仅要主旨鲜明、突出,材料真实、典型,语言准确,还应当有规范的、固定的格式。应用方案的格式固定性主要是指约定俗成的日常惯用格式。应用方案的结构都是固定的,大致由三部分构成:标题、正文和结尾。

(2)结构的要求。行款格式:主要指文字的书写排印规定;标点符号的书写规定;标题、著名等位置的规定等等。内容表达的书面形式:如分条列项式、篇段合一式、分部切块式、表格式等。正文的组织结构方式:包括行文顺序、开头结尾的安排等。

(四)应用方案的语言特征

应用方案的语言重在实用,正如俗语说:"笔下有财产万千,笔下有人命关天,笔下有是非曲直,笔下有毁誉忠奸。"应用方案语言一般要求平实、得体、简洁。平实,即准确朴素,它只要求平直地叙述,恰当地议论,简洁地说明。得体,即应用文的语言是为特定的需要服务的,要受明确的写作目的、专门的读者对象、一定的实用场合等条件的制约,因此语言使用一定要得体。简洁,即应用文的语言要做到言简意赅,尽量压缩文字,竭力将可有可无的字、词、句、段和空话、套话删去。

二、明确应用方案写作要求

(一)掌握理论,吃透政策

应用方案写作具有一定的理论性。应以一定的科学理论特别是经济科学和现代新兴科技学说为理论指导,善于从理论上分析问题、解决问题,使写作具有一定的高度和深度。应用方案写作是政策性很强的工作,必须以党的路线、方针、政策和国家颁布的经济法律法规、条例、规章为指导,在符合政策的前提下进行,以保证写作内容的合法性与有效性。要吃透政策,要局部服从全局,综合考虑经济效益和社会效益,要有利于改革开放和现代化建设。

(二)精通业务,联系实际

应用方案写作具有很强的专业性和技术性。业务活动包罗的范围十分广泛,既涉及工业、农业、商业、服务业、文化、教育、医疗;也涉及财政、金融、商贸、保险、审计、税收;还涉及国有、集体、民营、中外合资、外商独资企业等。要能得心应手地撰写各种业务实用方案,就必须懂得经济理论知识,熟悉本系统、本部门、本单位,尤其是本职工作的业务,掌握客观经济规律,掌握业务工作规程和规律。只有在精通业务,搞好本职工作的前提下,才能写出好文章。应用方案写作必须理论联系实际,坚持实事求是,从实际出发,真实准确地反映客观情况。要深入业务工作实际,搞好调查研究,掌握充分的材料,特别是第一手材料;要从实际工作出发,有针对性地提出有实用价值的课题和具体可行的意见和措施;要从实际中找案例、找典型、找经验、找规律,不能只在屋子里面做文章,从想当然出发;要用事实说话,要讲求实证法,不能只是从理论到理论,或是仅就一两个例子就轻率地下结论。

(三)语言得体,表达恰当

应用方案写作不同于文学创作,它具有直接的实用性、实践性。因此,对语言的要求更为严格。准确、简明、质朴、规范、庄重的语言可有效地增强其实用效果;反之,则会贻害不浅。在实践中,因一字之差造成巨大损失的实例是不少的,应引起足够的重视。应用方案写作语言属于科技语体,基本特点是准确与平实。所谓准确是指语言表达要符合客观实际,文书内容要符合逻辑,遣词造句要恰当,符合语法规范,根据文书行文的不同对象,准确地反映商务活动的经过,揭示其本质,表明自己态度或意见。所谓平实,是指语言平易、质朴,不用夸张、比拟等修辞,不追求语言的艺术化,以达到平中显奇,朴中见巧。要综合应用好各种表达方式。叙述时要把握好叙述的要素、角度和叙述的方式。脉络要清楚,重点要突出。议论时要论点、论据、论证方法三个要素齐全。特别要使用好理论论证、实事论证、对比论证、分析论证等论证方法,论证要严密、深入、有说服力。说明时要恰当使用说明方式,准确、科学、客观地说明对象。有时还要使用描写、抒情等方式,增强文章的表达效果。

(四)准备充分,修改认真

应用方案写作是计划性很强的写作文种。一个科学的写作过程一般包括:选题、调研、收集材料、分析研究、构思立意、编写提纲、写出初稿、修改定稿等几个环节。这里特别强调材料收集和修改定稿两个环节。收集积累材料是文章写作的信息源。信息源丰富、流通量大、信息的价值高,捕捉到重要的、高价值信息的可能性就大。这是业务写作的基础。要善于围绕课题有针对性地深入实际,调查研究,有效地阅读,充分收集各种渠道来的材料信息,并做好记录。要充分利用图书馆、工具书和互联网。从书报刊和资料汇编得来的间接材料,引用时一定要注明出处、写明书报刊名、年度、期数、作者名、出版单位、出版时间、页码等,以便日后使用或核对。从实践中得来的直接材料,要把该事物或活动的时间、地点、人物的情况、发展过程、原因、结果等具体情况记录写清,以便保存、使用。所选用的材料,所引用的数据,一定要反复核对,做到准确无误、充分具体。修改定稿对应用方案写作颇为重要。文章写作一次成文难免"意不称物""言不达意""文不为用",不能准确、完美地表现客观对象和作者的意图和发挥文章应有的作用,必须反复修改。应用方案写作是工作型的写作,是要解决实际问题的,一定要认真修改,对自己负责、对读者负责、对工作负责。

三、学会各种应用方案写作

(一)策划方案

1.策划方案的概念　策划方案,也叫公关策划方案,公关策划书,是公关策划工作的总结,也是公关活动实施的指导方案。

2.策划方案的作用　无论是机关团体,还是企事业单位,在日常工作中,公关工作是一项重要的工作项目。一个组织为了增进内、外部公众的支持,给自身事业的发展创造一个最佳的社会环境和内部环境,需在分析和处理自身面临的各种内、外部关系时,采取一系列科学的公关策略和行为。公关工作的运作一般分四个环节:公关调查、公关策划、公关实施和公关评价。公关策划是公关工作的一个重要环节,即根据现存的公关问题和组织的形象差距,确定公关目标、设计组织形象、制订公关策略和行动方案。公关策划方案的编制过程是公关人员设计和规划组织形象的过程,公关策划方案对执行者是行动的依据,对被咨询者是一种高级的参谋手段,是加强公关管理工作、提高公关工作质量的重要工具。

3. 策划方案的种类　公关策划方案分类与工作计划大致相同。

(1)按期限可分为长期的、中期的和短期的;

(2)按内容可分为综合性的和专项的(如开业典礼、新闻发布会、参观企业、赞助活动等);

(3)按性质可分为常规性公关和危机性公关(企业出现某些危机、进行公关补救);

(4)按使用可分为执行性的和咨询性的。执行性的是指制订者自身实施用的;咨询性的是指公关工作者或机构为领导或企业当参谋作顾问,提供的各种咨询和建议,有的也称之为"咨询建议书"。

4. 策划方案的内容与结构　公关策划书应包括公关目标、公关对象、行动方案(含活动主题、具体项目、行动时机、传播媒介等)、经费预算、效果预测等内容。

公关策划书的结构通常包括五个部分:

(1)封面。封面格式要规范,设计要新颖。策划书的标题,包括制订策划书的组织名称、活动名称、活动方式等,如:《关于举办"绿色"家具展示会的策划方案》。落款应注明制订策划书的单位名称及日期,并加盖公章。

(2)序文。序文要简明扼要地概括策划书的内容。

(3)目录。对策划方案的全部内容进行顺序排列。

(4)正文。正文是策划书的主体,正文的写法以文字为主,也可以用表格或图示。其内容主要有:①背景分析。主要是分析组织内外环境或面临的问题点。②目的。项目策划所要达到的目标,希望达到的绩效。③主题词。用一句简练、新颖、有感染力的语言概括本次活动的宗旨、目的、意义,使活动主题更加突出。主题即整个方案的主旨、指导思想。主题可用主题句陈述;也可用一个口号来表示。如:《关于举办"绿色"家具展示会的策划方案》的主题是"展示新产品,引导新消费"。主题应言简意赅,既明确了目标是"引导新消费",又指出工作方法是"展示新产品"。指导思想十分明确。④本次活动的主办单位、协办单位、赞助单位及承办单位。⑤本次活动的时间、地点、参加者及活动具体落实的情况。⑥实施方案。这是策划书的核心,应包括:活动名称;活动目的及在整个活动中的地位、作用;活动主要内容、方式和基本要求;项目负责人、参与者及分工、项目完成时间及进度表;经费及设备;传播媒介及场地等。⑦活动的成效检测及效果展望。包括:组织形象效果的检测、公关效益的评价、新闻舆论的分析、广告效果的展望等。

(5)附件。一般包括活动进程表、人员任务分配书、经费开支明细预算表、活动所需用品、场地使用安排表、相关资料、注意事项等。

5. 几种公关策划方案的内容举要

(1)长期计划。应考虑组织状况(公共关系状态、员工素质等),设备状况,经费,信息情报资料管理,政府的政策、法令及组织态度,与新闻媒介的沟通情况,与社区的关系,消费者,原材料供应,竞争的对手,意外的情况,公关人员的素质等因素。

(2)短期计划。应包括:规划近期的公关活动项目,选择公关媒介,编辑组织自办刊物的内容,情报信息资料的管理与使用,掌握近期公关状态,提出调查公众态度和意向的方案,预算公关活动阶段所需费用,制订季度、月、周或日的公关活动进度,检查公关活动实施情况,制订公关人员培训计划等。

(3)专项活动计划。①开业典礼计划。包括:确定来宾名单,拟订典礼时间、地点、程序和接待事项,确定剪彩人,撰写贺词和答谢词稿,渲染活动气氛,如组织必要的文艺节目,配备音响、录像和摄影的设备及人员,组织参观,会场布置,选择新闻媒介,车辆,拟订所需费用等。②参观企业计划。包括:确定来宾名单与请柬的寄发,服务向导人员配备和培训,文字材料如解说词、企业介绍说明书等,确定参观路线,环境布置,提供必要的服务设施,如车辆、休息室、餐厅、安全帽等,纪念品,编制每年或每月参观的次数,编制所需费用的开支等。③新闻发布会计划。包括:新闻媒介选择,确定时间、地点,拟写新闻稿,工作人员、接待人员的安排与调配,提供设施、物品及记者需要的器材,会场布置,编制所需费用等。

6. 写作要点提示 公关策划方案应与整体运营计划相匹配。除了上述结构内容外还要包括以下几个方面内容。

(1)市场分析。市场分析主要包括以下三个方面的内容:①背景资料。与被策划企业的产品有关的市场情况。②目前同类产品的情况。目前国内市场中进口、国产的同类产品的几种主要牌号;这几种主要牌号的知名度与美誉度如何。③同类产品的竞争状况。可分为国内市场与国际市场分析等。

(2)产品分析。被策划产品有哪些优越性及其不利因素,包括:一是产品特点;二是产品优劣比较。

(3)销售分析。销售是市场营销的重要组成部分,透彻地了解同类产品的销售状况,将为广告促销工作提供重要的依据。销售状况分析的内容:一是地域分析;二是竞争对手销售状况;三是优劣比较。

(4)企业目标。企业目标有短期目标和长期目标。公关策划是怎样支持市场营销计划,并帮助实现销售和赢利目标的。

(5)企业市场战略。为了实现企业的经营目标,企业在市场战略上必须采取全方位的策略,主要包括:一是战略诉求点;二是产品定位;三是销售对象;四是包装策略;五是包装材料的质量;六是零售网点战略等。

(6)阻碍分析。上面对市场、产品、销售、企业目标、市场战略等的研究分析,已可以顺理成章地找出本企业产品在市场销售中的"难"点。排除这些阻碍,就可以达到下一步广告战略与策略的主要目的。

(7)广告战略。一是竞争广告宣传分析;二是广告目标;三是广告对象;四是广告创意;五是广告创作策略、意图。

(8)广告统一设计。根据上述各项综合要求,分别设计出报纸、杂志、广播、电视、POP广告的设计稿或脚本,以供年度内广告制作的统一设计的参考或依据。

(二)营销方案

1.营销方案的含义　营销方案,也叫营销策划书,是企业根据市场变化和企业自身实力,对企业营销思路进行的整体规划。市场营销随着市场经济的发展不断扩展、延伸,在营销发展的新思路、新趋势中出现了策划营销。它是在一般市场营销基础上产生的一门更高层次的艺术,其实际操作性更强。随着市场竞争的日益激烈,好的营销策划更成为企业创名牌迎战市场的决胜利器。营销策划书是营销策划的集中反映。

2.营销方案的原则　要提高策划书撰写的准确性与科学性,必须把握以下几个主要原则。

(1)逻辑思维原则。策划的目的在于解决企业营销中的问题,按照逻辑性思维的构思来编制策划书。首先是设定情况,交代策划背景,分析产品市场现状,再把策划中心目的全盘托出;其次是对具体策划内容进行详细阐述;最后是明确提出解决问题的对策。

(2)简洁朴实原则。要注意突出重点,抓住企业营销中所要解决的核心问题,深入分析,提出可行性的相应对策,针对性强,具有实际操作指导意义。

(3)可操作原则。编制的策划书是用来指导营销活动的,其指导性涉及营销活动中的每个人的工作及各环节关系的处理。因此其可操作性非常重要。不能操作的方案创意再好也无任何价值。不易于操作也必然要耗费大量人力、财力、物力,且管理复杂、效率低。

(4)创意新颖原则。要求策划的创意,内容新,表现手法也要新,给人以全新的感受。新颖的创意是策划书的核心内容。

3.营销方案的格式　营销方案包括以下内容。

(1)封面。营销策划书的封面可提供以下信息:①策划方案的名称;②被策划的客户;③策划机构或策划人的名称;④策划完成日期及本策划适用时间段。因为营销策划具有一定的时间性,不同时间段上市场的状况不同,营销执行效果也不一样。

(2)序文。序文要简明扼要地概括营销策划书的内容。

(3)目录。对营销方案的全部内容进行顺序排列。

(4)正文。正文通常由策划方案的详细说明、市场状况分析和策划方案三部分组成。

4.营销方案的内容

(1)策划目的。要对本营销策划所要达到的目标、宗旨,树立明确的观点,作为执行本策划的动力或强调其执行的意义所在,以要求全员统一思想,协调行动,共同努力保证策划高质量地完成。

(2)分析当前的营销环境状况。对同类产品市场状况、竞争状况及宏观环境要有一个清醒的认识。它是为制订相应的营销策略,采取正确的营销手段提供依据的。"知己知彼,百战不殆",因此,这一部分需要策划者对市场比较了解,这部分主要分析:①当前市场状况及市场前景分析。包括:产品的市场性、现实市场及潜在市场状况;市场成长状况,产品目前处于市场生命周期的哪一阶段上。对于不同市场阶段上的产品,公司营销侧重点如何,相应营销策略效果怎样,需求变化对产品市场的影响;消费者的接受性,这一内容需要策划者凭借已掌握的资料分析产品市场发展前景。②对产品市场影响因素分析。主要是对影响产品的不可控因素进行分析,如宏观环境、政治环境、居民经济条件,如消费者收入水平、消费结构的变化、消费心理等,对一些受科技发展影响较大的产品,如计算机、家用电器等产品的营销策划中还需要考虑技术发展趋势方向的影响。

(3)分析市场机会与存在的问题。营销方案是对市场机会的把握和策略的运用,因此,分析市场机会就成了营销策划的关键。只要找准了市场机会,策划就成功了一半。①针对产品目前营销现状进行分析。一般营销中存在的具体问题,表现为多方面:企业知名度不高,形象不佳影响产品销售;产品质量不过关,功能不全,被消费者冷落;产品包装太差,提不起消费者的购买兴趣;产品价格定位不当;销售渠道不畅,或渠道选择有误,使销售受阻;促销方式不妥,消费者不了解企业产品;服务质量太差,令消费者不满;售后保证缺乏,消费者购后顾虑多等都可以是营销中存在的问题。②针对产品特点分析优、劣势。从问题中找劣势予以克服,从优势中找机会,发掘其市场潜力。对各目标市场或消费群特点进行市场细分,对不同的消费需求尽量予以满足,抓住主要消费群作为营销重点,找出与竞争对手的差距,把握利用好市场机会。

(4)营销目标。营销目标是在目的、任务基础上企业所要实现的具体目标,即营销策划方案执行期间,经济效益目标达到的具体数额,如:总销售量为×××万件,预计毛利×××万元,市场占有率实现××等。

(5)营销策略。(具体营销方案)。包括:①营销宗旨;②产品策略;③价格策略;④销售渠道;⑤广告宣传等。

(6)策划方案各项费用预算。这一部分记载的是整个营销方案推进过程中的费用投入,包括营销过程中的总费用、阶段费用、项目费用等,其原则是以较少投入获得最优效果。费用预算方法在此不再细谈,企业可凭借经验,具体分析制订。

(7)方案调整。这一部分是作为策划方案的补充部分。在方案执行中可能出现与现实情况不相适应的地方,因此方案在实施过程中必须随时根据市场的反馈信息及时对方案进行调整。

营销策划书的编制一般由以上几项内容构成。企业产品不同,营销目标不同,则所侧重的各项内容在编制上可有所取舍。

(三)教学方案

1. **教学方案的概念** 教学方案即教案,是指教师授课前根据一定教育教学思想,针对不同层次、不同专业的学生,为实现教学目标为每一个知识点(群)编制的组织教学过程的具体的教学实施方案。

2. **教学方案的作用**

(1)教案是教师组织课堂教学活动的重要依据,所承载的是课堂教学的组织管理信息,教案思路的形成,受教学过程的管理逻辑支配,是授课教师教学思想、教学方法及教学组织能力的重要体现。

（2）教案是对课堂教学的总的导向、规划和组织，是课堂教学规划的蓝本，是保证教学质量、提高课堂教学效果的基本保障。教师如果能够较好地履行教书育人的职责，执行教学大纲的要求，贯彻因材施教的原则，精心设计和组织好每一章节及每一课时单元的授课内容和实际进程，就能够切实提高教学效果，改进教学质量。

（3）教案是任课教师教学思想、教学组织能力、教学方法的重要体现，是教师教学经验和创造性劳动的结晶。教案能反映教师的自身素质、教学水平、教学思路和教学经验，反映教师钻研大纲、熟悉教材、充实知识的程度，反映教师了解学生、准确把握教学方法的程度。因此，教案是教师创造力的表现，是教师个性的体现。

3. 教学方案的类型

（1）从内容上看，教案可分为三种类型。①知识型教案。这种教案注重于知识的汇集，参考资料的摘录。这类教案的知识性、资料性、文献性都很强，编写详细，甚至可以成为讲稿。其优点是知识相对稳定，便于长期保存，反复使用，缺点是一般只写了"教什么"，没有写出"怎样教"，缺乏教学的个性。②教法型教案。这类教案的内容注重教学过程的设计和教学方法的运用，包括教学目的、重点、难点、板书提问、教学步骤、巩固总结等，这类教案针对性强，具有教学个性，其优点是注重"怎样教"，便于施教过程中的双边活动，缺点是知识性不强。③综合型教案，这是一种集知识和教法于一身，进行优势互补的教案。内容上既有一定的理论资料汇集，又有一定的教法设计，力求做到"教什么"和"怎样教"的有机结合。因此，无论是老教师，还是新教师，这种类型的教案都是值得提倡的。

（2）从形式上看，教案可以分为三种类型。

①详细教案（简称详案）。根据教学内容和教案构成要素，对课堂讲授内容和教学实施步骤，进行详细设计的教学实施方案。详案文字多，篇幅长。在详案中，应对课堂讲授内容、教学实施步骤、教学方法、教学手段等进行详细设计和说明。这种教案内容周密全面，几乎接近于讲稿，不但知识丰富详尽，而且对教学过程的编写尤为细致周全。详细教案虽然编写费时费力，但便于系统记载教学内容，全面把握教学进程，经验不足的新教师应先学会编写详细教案，以便厚积薄发。

②简明教案（简称简案），又称为教学提要。根据教学内容和教案构成要素，对课堂讲授主要内容和教学实施步骤进行设计的教学实施方案。这种教案文字精练，篇幅短小，只写出最基本的内容，比如教学过程只写出几个大的步骤，教材分析只写出一个梗概或几个要点，板书也力求简练集中。简案仅仅是对详案的简化，编写时需要有驾驭教学全局的能力和较强的概括能力。简案虽然简短，但是设计时难度大、上课时把握不易。因此，只宜驾轻就熟的教师使用。

③微型教案（简称微案），也称之为卡片教案。有时因为某种需要，可把教学内容尽量简化：只保留最基本的教学步骤和必要的板书，将其编写在卡片上，一般一课一卡。上课时将卡片放置在讲台醒目处，可以同时看教材和卡片，不至于临场慌乱，丢三落四。微案可以跟详案或简案配套编写，协同使用。对于新教师来说，微案只宜作详案的补充，而对于经验丰富的老教师来说，结合教科书运用微案卡片，也可以使教学得心应手。

(3)根据授课内容的性质可以分为两种类型。

①理论课教案。它是对理论知识传授的教学设计和安排,内容上应包括教学方案的构成要素,形式上可以根据教师自身的情况选择教案类型。

②实验课教案。它是对每一个实验项目的教学设计和安排,一般包括下面基本内容要求:实验项目名称;实验类型如基本型实验,综合性、设计性、应用性实验,技能训练等;实验用时和分组;实验教学目的和要求;实验准备:包括知识准备和设备、耗材准备,对于前者,教师要分析学生掌握实验有关理论知识的情况及应采取的教学措施情况,对于后者,教师要结合备课进行设备情况检查和实验的试作,在清楚仪器设备技术性能和实验误差情况下,事先对实验中可能出现的问题做好应对措施准备;实验过程设计,包括教学步骤、内容、教学方法、教学环节所用时间等内容。如项目导入设计,实验实训材料准备情况,基本操作及仪器介绍,实验实训的主要步骤,实验实训过程中的注意事项等。

4. 教学方案的格式　教案的编制主要按课时进行,可以一个教学内容(单元)或一次课(一般为 1~4 课时)编制一个教案。教案的表现形式可以不拘一格,不同学科授课教案的表现形式可以也应当有自己的特色,但应包含教案的基本内容要素并进行教学设计。有些学校对教案首页格式有统一的要求,有固定的格式发给教师。

5. 教学方案的构成要素　教学方案的构成要素,也叫构成指标、基本要素指标,即教案编写的形式和内容。一般包括以下内容。

(1)教学课题(说明本课名称)、授课专业与班级。

(2)教学时间(年、月、日)。

(3)课时安排。

(4)教学目标(也称目的要求)。说明本课所要完成的教学任务,即简要注明课程标准要求掌握、熟悉、理解、了解的内容,备课中考虑课堂教学目标,使学生通过整个课程或某一课堂的学习,达到预期的效果。如何引导和提高学生分析问题、解决问题的能力,如何培养学生的动手能力,如何提高学生解决实际问题的能力等,在教案中应根据具体课程的特点有所体现。

(5)教学重点(说明本课所必须解决的关键性问题)。

(6)教学难点(说明本课的学习时易产生困难和障碍的知识点)。

(7)教具(或称教具准备,说明辅助教学手段使用的工具)。

(8)教学过程(或称课堂结构),说明教学进行的内容、方法步骤,是教案的主体部分,要对课堂每一环节进行设计,制订出具体时间,如复习旧课、导入新课、重点和难点内容的讲解、课间提问学生的内容及对本节课的归纳提炼总结等(含师生互动设计)。

(9)作业布置,课外作业、思考题和预习布置等(说明如何布置书面或口头作业)。

(10)板书设计。

(11)案例材料或参考文献。

(12)教学后记(也称教学小结或教学回顾),是教案实施情况的小结。教师(特别是新教师)要在授课结束后根据实施情况完成教学后记,总结、反思教案的实施情况,也是教学心得体会的概括性记录。教学后记所体现的"生成性"是十分宝贵的,如一节课的成功之举、"败笔"之处、教学智慧与灵感、学生的合理见解、自己的再教设计。总结经验,可资以后改进教学,促进教学水平提高。

6. 教学方案的编写原则

(1)严谨认真原则。无论哪种类型的教案,其编写的共同要求是严谨认真。编写教案时,要求科学、独创、实用。所谓科学,就是要正确反映所授知识及其内在的联系及规律,观点要正确,材料要翔实。所谓独创,就是要反映教师备课活动中的创造性,反映教师教学思想的个性,教学艺术的风格。所谓实用,就是要反映学生的实际,在课堂教学中切实可行。

(2)教学大纲原则。教师在编写教案时应以课程教学大纲为基本依据与前提,编写出具有自身特色的个性化的教案。

(3)要素指标原则。教案一般应包括一些必备的基本要素指标。编写教案要求达到五条标准:一是教学目标准确具体;二是教学内容充实恰当,既要安排充实的内容,又要恰如其分地对教材进行取舍。特别要做到重点突出,难点分散,疑点明确;三是教学过程先后有序,松紧适度,张弛有致;四是教学方法灵活多样,注重实效;五是教学时间分配得当,既不提前,也不压堂。

(4)效果第一原则。教案是实现教学大纲的具体细化并精心设计的授课工作方案,它应充分考虑课堂教学效果、教学质量、学生掌握基本理论与基本技能情况以及学生满意度指标,即应以教学效果为优先考虑要素。

(5)及时修改原则。要根据教学大纲的修订或变化,并根据每学期教学安排和学生具体情况而作相应适当调整,确保教案有效、适当、可行。

7. 教学方案的编写重点 教学设计,是教案的核心内容,是授课教师教学思想、教学方法及教学组织能力的重要体现。教学设计主要应考虑以下几个方面。

(1)教书育人。教书育人,是指在教学过程中,教师要关心学生科学文化素质、思想道德素质和身体心理素质的全面提高,教师在编写授课教案时,要把思想政治教育与业务教育结合起来,教学生学会学习、学会做事、学会做人。

(2)课程内容设计。①单元教学内容:教学内容新颖,信息量大,及时把教改教研成果或学科最新发展成果引入教学。内容设置合理,教学目的明确,重点难点清晰;作业、实验设置合理。②课程内容的基础性与先进性、经典与现代的关系处理得当,本课程与相关课程内容关系处理得当。③理论联系实际,融知识传授、能力培养、素质教育于一体;课内课外结合;注重学习方法介绍,指导学生自学。④设计出的各类实践活动能很好地满足培养优秀学生的要求;实践教学能够培养学生发现问题、分析问题和解决问题的能力。

(3)教学方法与手段。①灵活运用多种先进的教学方法;能有效地调动学生的学习积极性,促进学生的积极思考,激发学生的潜能。②充分、恰当使用现代教育技术手段,并在精简授课学时、激发学生学习兴趣和学习动机、提高教学效果方面取得实效。

(4)实施步骤。重点突出,思路清晰,既能体现教学内容的知识逻辑关系,又能深入浅出,有启发性,给予学生思考、联想、创新的启迪。

（四）服务方案

1.服务方案概念　服务方案是机关、企事业单位根据自己的工作职能,为服务对象提供服务的详细服务计划。

2.服务方案的种类　根据提供的服务对象和服务项目可分为:旅游服务方案、餐饮服务方案、售后服务方案、金融服务方案、物业服务方案、法律服务方案、维保服务方案、客户服务方案、保安服务方案、银行服务方案、物业管理服务方案、技术服务方案、软件售后服务方案等。

3.服务方案的内容与格式　服务方案的格式包括以下内容。

（1）标题。说明服务方案实施的对象,如大客户服务方案;或者是说明服务方案实施的主体,如长城都市阳光山体公园（花园会所）物业服务方案。

（2）正文。包括引言,总体服务目标,各部门、岗位具体的服务目标,有效实施服务方案的措施等。写作要点包括:服务需求分析,包括项目基础信息、顾客群体分析、项目特点分析、项目的关键成功因素及关键挑战;服务定位及运作模式。服务内容设计,包括:服务项目、服务承诺等。

（3）落款。服务方案的编制单位或部门名称、盖章、服务方案完成日期。

（五）创业方案

1.创业方案的概念　创业方案,也称创业策划书、创业企划书或商业计划书,是指企业或企业家在创业初期编写的创立与运营的整体规划方案,为吸引投资而作的创业期文书。

2.创业方案的作用

（1）使创业者明确总体创业思路和经营理念。每一位创业者或者准备创业者,在创业之初都会对创建企业的发展方向及经营思路有一个粗略的设想,如果把这一段设想编写成规范的创业策划书,就会发现自己要从事的并非如所设想的那样容易。创业策划书的编写过程就是创业者进一步明确自己的创业思路和经营理念的过程,也就是创业者从直观感受向理性运作过渡的过程。

（2）一份成功的创业策划书,不仅能增强创业者的创业信心,而且如果也具有良好的可执行性和可操作性的特点,那么对于推进创业的成功是具有重要意义的。这是因为创业策划书既提供了企业全部现状及其发展方向,又提供了良好的效益评价体系及管理监控标准,使创业者在管理企业的过程中对企业发展的每一步都能做出客观的评价,并及时根据具体的经营情况调整经营目标,完善管理方法。

3.创业方案的分类　以创业策划书的结构和篇幅来划分,可以将创业策划书分成两大类。

（1）简式创业策划书。简式创业策划书是一种内容比较简单、短小的计划书,它包括企业的重要信息、发展方向,以及少部分重要的辅助性材料。简式计划书内容通常有 10～15 页。一般来讲,简式创业策划书主要适用于以下几种情况:①申请银行贷款。很多银行在受理企业贷款申请时,并未正式规定企业提供创业策划书。因此,一份简式策划书既能加深银行对企业的印象,也能够满足银行对于企业财务数据方面的要求;②创业者享有盛名。如果创业者在以前已经成功地创建过企业,或者来自一个著名的公司,那么给风险投资商一份简式的创业策划书就足够了。一位从 IT 行业出来的高层管理人员在筹建自己的企业时,他只向风险投资商提供了一份简式的创业策划书就顺利获得了投资,其主要原因就是这位创业者在专业技术方面有着非常高的声誉;③试探风险投资商的兴趣。在向风险投资商提供完整的正式计划书以前,创业者也许会向他们提供简式创业策划书。那些有兴趣了解企业详情的投资者将会要求创业者提供更全面的计划书。

(2)详式创业策划书。详式创业策划书的内容一般有 30～40 页,并附有 10～20 页的辅助文件。在这样的策划书中,创业者能够对整个创业思想有一个比较全面的阐述,尤其能够对策划书中关键部分进行详细的论述。详式创业策划书有下列几种用途:①详细探索和解释企业的关键问题。较小的篇幅很难充分地讲清一个企业的全貌,尤其对于大型制造业企业而言。另外,结合当前的经济形势,一个企业要获得成功就必须同时在几个领域有所创新,在这种情况下更是如此;②寻求大额的风险投资。创业企业要获得较大风险投资时,风险投资商一定会对企业的情况进行详细的了解与研究。此时,最好能够提供一份详式创业策划书,因为随着投资额的增大,风险投资商也会变得更加谨慎。

4. 创业方案的格式及主要内容　创业策划书没有固定的格式,下面以一种比较常见的创业策划书为例来进行介绍,以期给学生带来比较直观的印象。创业策划书的基本格式:

(1)封面和标题页。

(2)序文。目的陈述或执行纲要或计划摘要。计划摘要要列在创业策划书的最前面,它是浓缩了的创业策划书的精华。计划摘要涵盖了计划的要点,以求一目了然,以便读者能在最短的时间内评审计划并做出判断。计划摘要一般要包括企业介绍、主要产品和业务范围、市场概貌、营销策略、销售计划、生产管理计划、管理者及其组织、财务计划、资金需求状况等内容。在介绍企业时,首先,要说明创办新企业的思路、新思想的形成过程以及企业的目标和发展战略。其次,要交代企业现状、过去的背景和企业的经营范围。在这一部分中,要对企业以往的情况做客观的评述,不回避失误。中肯的分析往往更能赢得信任,从而使人容易认同企业的商业计划书。最后,还要介绍一下风险、企业家自己的背景、经历、经验和特长等。企业家的素质对企业的成绩往往起关键性的作用。在这里,企业家应尽量突出自己的优点并表示自己强烈的进取精神,以给投资者留下一个良好印象。在计划摘要中,企业还必须回答企业所处的行业,企业经营的性质和范围;企业主要产品的内容;企业的市场在哪里,谁是企业的顾客,他们有哪些需求;企业的合伙人、投资人是谁;企业的竞争对手是谁,竞争对手对企业的发展有何影响等问题。摘要要尽量简明、生动,特别要详细说明企业自身的不足之处以及企业获取成功的市场因素。如果企业家了解他所做的事情,摘要仅需两页纸就足够了。如果企业家不了解自己正在做什么,摘要就可能要写 20 页纸以上。因此,有些投资家就依照摘要的长短来"把麦粒从谷壳中挑出来"。

(3)目录。对创业方案的全部内容进行顺序排列。

(4)正文。包括以下内容:①企业基本情况。企业概述、产品、服务、市场与竞争、销售与促销、组织机构与管理等。具体地说,重点如下:

产品(服务)介绍。在进行投资项目评估时,投资人最关心的问题之一就是风险企业的产品、技术或服务能否以及能在多大程度上解决现实生活中的问题,或者风险企业的产品(服务)能否帮助顾客节约开支,增加收入。因此,产品介绍是创业策划书中必不可少的一项内容。通常,产品介绍应包括产品的概念、性能及特性;主要产品介绍;产品的市场竞争力;产品的研究和开发过程;发展新产品的计划和成本分析;产品的市场前景预测;产品的品牌和专利等内容。

在产品(服务)介绍部分,企业家要对产品(服务)作出详细的说明。说明要准确,也要通俗易懂,使不是专业人员的投资者也能看明白。一般的产品介绍都要附上产品原型、照片或其他介绍。一般产品介绍必须要回答顾客希望企业的产品能解决什么问题,顾客能从企业的产品中获得什么好处;企业的产品与竞争对手的产品相比有哪些优缺点,顾客为什么会选择本企业的产品;企业为自己的产品采取了何种保护措施,企业拥有哪些专利、许可证,或与已申请专利的厂家达成了哪些协议;为什么企业的产品定价可以使企业产生足够的利润,为什么用户会大批量地购买企业的产品;企业采用何种方式去改进产品的质量、性能,企业对发展新产品有哪些计划等问题。

产品(服务)介绍的内容比较具体,因而写起来相对容易。虽然夸赞自己的产品是推销所必需的,但应该注意,企业所做的每一项承诺都要努力去兑现。要牢记,企业家和投资家所建立的是一种长期合作的伙伴关系。

人员及组织结构。有了产品之后,创业者第二步要做的就是结成一支有战斗力的管理队伍。企业管理的好坏,直接决定了企业经营风险的大小。而高素质的管理人员和良好的组织结构则是管理好企业的重要保障。因此,风险投资家会特别注重对管理队伍的评估。

企业的管理人员应该是互补型的,而且要具有团队精神。一个企业必须要具备负责产品设计与开发、市场营销、生产作业管理、企业理财等方面的专门人才。在商业策划书中,必须要对主要管理人员加以阐明,介绍他们所具有的能力,他们在本企业中的职务和责任,他们的详细经历及背景。此外,还应对公司结构作一简要介绍,包括:公司的组织机构图;各部门的功能与责任;各部门的负责人及主要成员;公司的薪酬体系;公司的股东名单,包括认股权、比例和特权;公司的董事会成员;各位董事的背景资料等。

市场预测。当企业要开发一种新产品或向新的市场扩展时,首先就要进行市场预测。如果预测的结果并不乐观,或者预测的可信度让人怀疑,那么投资者就要承担更大的风险,这对多数风险投资家来说都是不可接受的。

市场预测首先要对需求进行预测。市场是否存在对这种产品的需求,需求程度是否可以给企业带来所期望的利益,新的市场规模有多大,需求发展的未来趋向及其状态如何,影响需求的都有哪些因素等。其次,市场预测还要包括对市场竞争的情况——企业所面对的竞争格局进行分析。市场中主要的竞争者有哪些,是否存在有利于本企业产品的市场空间,本企业预计的市场占有率是多少,本企业进入市场会引起竞争者怎样的反应,这些反应对企业会有什么影响等。

在创业策划书中,市场预测还应包括市场现状综述,竞争厂商概览,目标顾客和目标市场,本企业产品的市场地位,市场细分和特征等内容。

风险企业对市场的预测应建立在严密、科学的市场调查基础上。风险企业所面对的市场,本来就有更加变幻不定的、难以捉摸的特点。因此,风险企业应尽量扩大收集信息的范围,重视对环境的预测和采用科学的预测手段和方法。风险企业家应牢记的是,市场预测不是凭空想象出来的,对市场错误的认识是企业经营失败的最主要原因之一。

营销策略。营销是企业经营中最富挑战性的环节。影响营销策略的主要因素有:消费者的特点;产品的特性;企业自身的状况;市场环境方面的因素等。最终影响营销策略的则是营销成本和营销效益因素。

在商业策划书中,营销策略应包括市场机构和营销渠道的选择,营销队伍的管理,促销计划和广告策略,价格决策等内容。

对创业企业来说,由于产品和企业的知名度低,很难进入其他企业已经稳定的销售渠道中去。因此,企业不得不暂时采取高成本低效益的营销战略,如上门推销,大打商品广告,向批发商和零售商让利或交给愿意经销的企业销售。对发展企业来说,一方面可以利用原来的销售渠道,另一方面也可以开发新的销售渠道以适应企业的发展。

②财务状况。包括融资方案与资金进出、资本设备目录、资产负债表、收支平衡分析、预期损益表、现金流量计划、内部收益率及利润分析等。具体地说,重点如下:

财务规划。财务规划需要花费较多的精力来做具体分析,其中包括现金流量表、资产负债表以及损益表的准备。流动资金是企业的生命线,因此企业在初创或扩张时,对流动资金需要有预先周详的计划和进行过程中的严格控制;损益表反映的是企业的赢利状况,它是企业在一段时间运作后的经营结果;资产负债表则反映在某一时刻的企业状况,投资者可以用从资产负债表中的数据得到的比率指标来衡量企业的经营状况以及可能的投资回报率。

财务规划一般要包括创业策划书的条件假设,预计的资产负债表、预计的损益表、现金收支分析,资金的来源和使用等内容。

可以这样说,一份创业策划书概括地提出了在筹资过程中风险企业家需做的事情,而财务规划则是对创业策划书的支持和说明。因此,一份好的财务规划对评估风险企业所需的资金数量,提高风险企业取得资金的可能性是十分关键的。如果财务规划准备得不好,会给投资者以企业管理人员缺乏经验的印象,降低风险企业的评估价值,同时也会增加企业的经营风险。那么如何制订好财务规划呢?这首先要取决于风险企业的远景规划,是为一个新市场创造一个新产品,还是进入一个财务信息较多的已有市场。

着眼于一项新技术或创新产品的创业企业不可能参考现有市场的数据、价格和营销方式。因此,它要自己预测所进入市场的成长速度和可能获得的纯利润,并把它的设想、管理队伍和财务模型推销给投资者。而准备进入一个已有市场的风险企业则可以很容易地说明整个市场的规模和改进方式,风险企业可以在获得目标市场的信息的基础上,对企业第一年的销售规模进行规划。

企业的财务规划应保证和创业策划书的假设相一致。事实上,财务规划和企业的生产计划、人力资源计划、营销计划等都是密不可分的。要完成财务规划,必须要明确产品在每一个期间的发出量有多大,什么时候开始产品生产线扩张,每件产品的生产费用是多少,每件产品的定价是多少,使用什么分销渠道,所预期的成本和利润是多少,需要雇用哪几种类型的人,雇用何时开始,工资预算是多少等问题。

③风险分析。个人简历、推荐信、意向书、租赁契约、合同、法律文件以及其他与计划有关的文件等。

5. 创业方案的写作要点

(1)通俗易懂。创业策划书的编写要求简单明了、深入浅出,对必须运用的专业术语及特殊概念在附录中应给予必要的解释和说明。

(2)严谨周密。创业策划书以客观表述企业状况为宗旨,应相对完整地陈述必要的内容,使计划本身更具有说服力,并体现专业素质。

6. 写作创业方案的基本要求 创业策划书是相对于市场策划而言的,它是表达市场潜力、前景和自身发展可行性的文案。实际写作时应注意以下几点:

(1)主题要单一,表现总的创业思想。在策划活动的时候,首先要根据企业本身的实际问题,包括企业活动的时间、地点、预期投入的费用等和市场分析的情况,包括竞争对手当前的广告行为分析、目标消费群体分析、消费者心理分析、产品特点分析等做出准确的判断,并且在进行一系列分析之后,扬长避短地提出当前最重要的也是当前最值得推广的一个主题,即可行性的产品。

(2)具有良好的可执行性。一个合适的产品,一则良好的创意策划书,再加上一支良好的执行队伍,才是成功的市场活动。而执行是否能成功,最直接和最根本地要取决于策划书的可操作性。策划要做到具有良好的执行性,除了需要进行周密的思考外,详细的活动安排也是必不可少的。

(3)切忌主观言论。在撰写创业策划书时,市场分析和调查是十分必要的。只有通过对整个市场局势的分析,才能够更清晰地分析出创业的前景和可行性。创业策划书应运用比较集中性的语言,力求对策划中所涉及的内容进行不加主观倾向性的阐述,尤其不能使用广告性的语言。在创业策划书中所引用的数据应准确。

【知识链接】

一、案例阅读

案例一　营销方案
世纪大厦项目营销策划案

一、概述

1. 优势

(1)地理位置优越,交通便利;

（2）区域市场成熟,知名度高;

（3）整体规划出色,品质较高;

（4）开发商实力雄厚,目标明确。

2. 机会

（1）区域交通体系将进一步完善,向阳路北延工程;

（2）周边商业配套将进一步丰富,京海世贸广场开盘;

（3）区域内多数项目将结案入住,竞争对手将逐渐减少。

3. 威胁

康泰大厦、GOGO 购物广场、京海世贸广场正处于强销期,势必疯狂争夺客户资源。

二、市场定位

1. 产品定位

（1）本案是高开区 CBD"最高品质"的项目。

（2）本案导入"生态办公"的概念。

这一概念的核心是"环境""建筑"与"人"三者之间的关系,建立起以环境生态、建筑生态、人文生态为内核,以园林式办公环境为外观形式的生态办公模式。"生态办公"的概念非常丰富,诠释的空间很大,而且比较新颖,市场差异性明显。同时强调高品质的"服务式"物业管理服务,提出"特色管理、品质服务"的口号,将人文生态的务虚变为务实,发挥我们自身已经完全具备的物业管理优势,不仅在人文生态上得到充分表现,而且通过服务进一步提高本案产品品质。"生态智力办公区"的概念,可以为本案"高品质楼盘"的定位提供有力支持,同时也要补充一些时尚的要素,如"智能化"设计,丰富高档的"商业化"配套等,全方位塑造高品质形象。

2. 客户定位

通过调查与分析研究,本案目标客户有如下特征:

（1）企业状况:本地注册资金在 20 万元以上的企业和外地驻××的企业。

（2）购买动机:首次置业自用为主,改善办公条件提高自身形象;二次置业投资,希望获取租金回报及升值回报。

（3）心理特征:有进取与自我奋斗的价值观,生活快节奏,追求自我利益、自我个性、生活品位的实现和满足,认同文化附加值,渴望在忙碌工作后享受生活,具有感性消费心理和理性消费行为的交叉状态。

（4）地域分布:以市区为主要中心,外围辐射××各市县。就是这些人会买我们的产品,只有他们需要这样的产品。而我们会竭尽全力地告诉他们,只有我们的产品才会满足他们的需要,他们会由于了解我们的产品有多么的不同、有多么的合适而放弃选择别的产品。

三、本案包装策划

在××房地产市场,项目形象包装显得尤为重要。前几年主要以概念炒作为主。近几年已有部分开发商注重产品质量,正逐步由"炒作时代"向"产品时代"过渡。在本案地区,本案产品设计及产品质量当属上乘。但由于市场竞争激烈,本案产品的推广必须有别于其他项目的推盘手法。项目形象包装是抛开质量之后的又一主要影响销售的因素,只有将产品的优异性与差异性通过形象包装推广才能真正有效地把握住客户与市场。

1.本案案名设计。案名设计相当重要,它反映了一个项目或产品的文化精髓,是高度提炼之后告知市场的产物。一般具有以下几个特点:一是能反映产品的差异性;二是能反映项目未来的生活品质;三是通俗易懂,朗朗上口。

2.销售场所包装策划。售楼处是销售活动的中心。未来销售的谈判、签约等一系列活动都集中在此处完成。随着房地产市场的发展,越来越多的开发商已认识到售楼处的重要:人性化的现场布置设计影响着消费者对开发商的信心,同时促成销售成交。这里的人性化设计与普通产品设计不同:一是指对消费者服务上的人性化安排。主要是指功能性安排,如洽谈室、签约室、客服部、银行按揭等一站式服务,合理的人性化设计会有效地促进与客户愉快顺利地完成交易活动。二是售楼处除了服务功能的人性化设计之外,还有促成成交的其他作用。目前一些精明的开发商已开始如此操作,不再将售楼处作为一个简简单单的办公场所来安排。好的售楼处设计会放松客户心情,增加消费者对开发商的信任度,增加客户对项目的认同感,以及强化客户对未来办公环境改善的信心。

功能区进行路线次序排列:

沙盘陈列区　　　洽谈区　　　签约区　　　律师或公积金办理区

休息室　　　　　　　银行按揭区

四、差异性策划思路

根据本案的产品定位、市场定位、客户群定位,经慎重推敲,随同销售周期安排,制订了全程策划的节奏安排,以求有效快速地消化本案,将独特的 USP 安排到各个环节中,由若干个策划个案整合为全程方案。

通过前面的论述,我们发现本案的市场已经细分,并已选择了目标市场。下一步我们应该针对目标市场进行有效的策略实施,整个过程遵循差异化策略、周期性策略及组合的策略。

1.产品预热期。为求迅速地进行市场告知,为本案积累有效客户,唤醒潜在客户,应最大化地向市场告知本案的信息。建议举办产品推介会,集聚××省主流媒体(××日报、××工人报、××经济日报、××都市报、××日报、××晚报、××周刊、××电视台等),全方位的宣传推广在 1~2 周内全部爆发出来。过程安排:将以上各媒体代表全部安排至一家宾馆(如国际俱乐部),负责他们全部的休闲娱乐,傍晚在会议大厅举行产品推介会,每人一份产品说明书,并现场进行 POP 讲解,当然各位媒体需每人一个红包。配合安排:在推介会之后的 1~2 周内,通过将全新有力的广告发布在各个媒体,使本案的影响呈井喷状地传播开来,以达到最大化的市场告知预热。

2.产品开盘期及强销期。通过前期的预热,本案已积累了部分客户,且已有一定市场认知。此时,我们趁热打铁,进入产品的开盘期。"好的开始是成功的一半",此时我们不给市场以任何喘息之机,紧锣密鼓地开盘,依旧以公关活动与媒体推广为主,在××制造一个又一个的新闻点,让××百姓应接不暇。

形式:

(1)新闻发布会(通过之前的媒体关系,再一次轰炸全市)。

(2)与中冀、轩宇等汽车公司合作,进行一次新产品的市场公关。

过程安排:

(1)新闻发布会:邀请政府官员、设计大师,进行产品宣传,开发商进行大会讲话,同时制作本地块及本项目介绍 VCD 并发放给各位嘉宾,之后进行交流酒会,安排文艺演出,并进行准客户现场认购,同时进行认购抽奖,当日开盘。

(2)新楼新车闪亮登场:时间为开盘后一周,选择适合本案目标群的汽车新品一同亮相共同展示,通过此活动,再一次全方位地扫描本案适合客户。

3.产品持续期。策略安排:制作客户通讯录,进行市场再挖掘和资源二次开发,定期发放宣传册,加大密度,以完善的服务体系打动客户,让第一批客户成为本案的免费宣传员,制造集约效应。配合策略:期间安排一些独特的 USP 销售策略,如"1+1"行动,即已购房客户再带一名客户购买,享受××优惠或赠送活动。广告跟踪发布会,在人们心中营造一种"买了本案产品就是买了一种精彩生活"的感觉。

4.产品扫尾期。

(1)策略安排:①客户答谢会 +"珍藏"产品抽奖配送活动。②配合物业进行园内绿地认养或小树认养活动。

(2)方案说明:①"客户答谢会"答谢不是目的,目的是让客户不知不觉中帮我们清盘。②"认养活动"是为了配合入住,解决未来物业的难题,树立开发商形象,为下一期项目作准备。

以上方案公关活动一个接着一个,让公众逐步养成"猜猜下一次是什么活动"的习惯,与众不同的推广策略必然带来项目的巨大成功。

五、销售方案

1.本案销售方式。本案进入实质销售阶段,自然要明确销售目标,制订销售计划,组建销售团队,培训销售人员。在计划的销售周期中,对销售实施有效的管理,随时监控销售的过程,及时发现问题并重新调整销售计划,最终完成既定的销售任务。

2.本案销售策略。项目现场销售模式:

(1)价格走势。

(2)价格体系。

(3)本案 USP 销售专案。

六、推广思路

1.宣传推广策略。本案 CI 系统全面建立。本案作为全新楼盘上市销售,项目 CI 系统的设计和应用,是不可缺少的首要环节。CI 系统,即企业形象识别系统(Corporate Identity System)的简称。它包括三大部分,即理念识别系统(MIS)、行为识别系统(BIS)、视觉识别系统(VIS)。标准的 CI 系统涉及内容极为广泛,但对于房地产的楼盘项目而言,可以把握其精髓,择其所需而应用。其中视觉识别系统(VIS)是设计重点,配合理念识别系统(MIS)的基础部分,就构成了简化版的 CI 系统。视觉识别系统(VIS)主要包括:

(1)基本要素部分:①标志(LOGO)。②标准字、标准色与标准组合。③象征图形、辅助图形与吉祥物。④标本要素组合规范。

(2)应用要素部分:①办公用品系列。②包装设计系统。③服饰识别系统。④环境识别规范。⑤广告应用设计。

本案设计并全面应用 CI 系统,不仅有利于宣传推广,还有利于表现本案的高品质形象和品牌形象,广泛得到目标客户群的认同,为成功销售奠定良好的基础。

2.公关活动的深入展开。房地产项目的成功运作,暂时还离不开"炒作"。宣传炒作的目的就是要引起广泛关注,吸引目标市场对本项目发生兴趣,进而了解本项目的种种优点并最终促成购买行为。宣传炒作的主要手段就是开展各类公关活动,制造新闻热点,提高在媒体上的曝光频率,最终引起社会广泛关注。

(资料来源于 有效营销 www.em-cn.com)

案例二　教学方案

《念奴娇·赤壁怀古》教案

【教学目标】

1.理解词中所表达的作者的思想感情。

2.学习写景抒情的艺术手法。

3.通过学习,提高学生独自赏鉴古诗词的能力。

【教学重点】描写赤壁战场的雄奇景色,追思周瑜当年雄姿以及作者对历史和人生的看法。

【教学方法】品读＋赏析

【教学课时】一课时

【教具】多媒体辅助教学

【教学过程】

一、导入新课:

1.请学生回忆学过的苏轼的诗词,如《题西林壁》、《水调歌头》等,并请学生背诵,过渡到新内容。

2.用多媒体放本文的配乐朗诵,激发学生学习本文的兴趣。

二、释题:

1.提问:从题目中看出这篇文章写的是什么?

明确(1)写的内容是怀古;(2)怀古地点在赤壁。

2.提问:哪几个地方有赤壁这一地名?本文的赤壁指哪里?

明确:作者想借此处赤壁地名而发思古的感慨。

三、讲读分析。

(一)分析上片：

1.体会本词开头情景交融、因景怀古的特点。"大江东去,浪淘尽,千古风流人物"是诗人所见所感,作者把无限的流水和有限的人生交织在一起,隐含着对宇宙永恒、人生短暂的慨叹。

2.串讲各句,重点分析写景,体会对咏史的作用。

(1)"故垒西边,人道是三国周郎赤壁"承接前一句,由怀古(千古风流人物)进入具体内容,点"怀古"的题目,指明事件的特定时代(三国),人物(周瑜)和地点(赤壁),引入对古战场的凭吊。

(2)讲"乱石穿空,惊涛拍岸,卷起千堆雪"。

a.问:具体写了什么? 明确:古战场。

b.用多媒体展示这几句的近景,突出显示江边山石奇特、陡峭,各具神态,如在眼底;山石高峻,拔地而起,由上而下,直插云霄,给人以动感。在展现江边浪涛时,配上惊涛拍岸的效果声,随着每一阵席卷而来的惊涛骇浪,发出一声声震耳欲聋的轰响,并飞溅起无数雪白的浪花。这一段影像从视觉、听觉两个不同的角度刺激学生不同的感官,把山、石、涛、浪花展现得气势宏大、有声有色,创造了一个奔马轰雷,惊心动魄的艺术境界。通过这一展示,使学生对这几句话有一个感性的认识。

c.请学生当场用自己散文化的语言描绘这一景象。

d.问:作者为什么要写这几句话?

明确:写赤壁的雄奇景色,是为英雄的活动提供一个苍茫壮丽的舞台,使英雄的千秋功业和古战场的山水景观相映生辉,英雄的豪情壮志在这陡峰惊涛之中呼之欲出。

(3)问:"江山如画,一时多少豪杰"在全词的作用是什么?

明确:承上启下。前句承上,概括对赤壁景色的描写,自然得出"江山如画"的结论。后面紧接着发生赞叹,"一时多少豪杰",是启下。进一步明确,诗人写如画江山,原来是为了怀念豪杰。

(二)分析下片：

1.体会"江山如画,一时多少豪杰"与"遥想公瑾当年"的上勾下联。

2.问:如何刻画周瑜的形象的?(用多媒体放电视剧《三国演义》中的有关镜头。)

明确:(1)从爱情生活方面展示周瑜的年轻得志,英俊潇洒。

(2)从军事生活方面展示周瑜的儒将风度和年少即建立殊勋的丰功伟绩。

3.用多媒体推出作者独自站立江边,面对赤壁的倒影,镜头由远而近特写花白头发。问:"作者为什么'多情应笑我,早生华发'"?

教师简介作者写此文的背景资料(此处文字稿省略)。学生讨论。明确:作者对当年"雄姿英发"的周瑜谈话破敌壮举的怀念,是为了抒发一种伤己情感——想建功立业但又无法实现理想的无可奈何。

4.问:如何理解"人生如梦,一樽还酹江月"? 学生讨论。

明确:尽管作者在历史和现实的对比中,他非常的痛苦,但一涉入个人的悲愤便又用

"人生如梦"四字推开,而以"一樽还酹江月"作结。他认为还是暂时寄情于江月,将深沉的叹惋融入无穷的涛声和月色之中,江、月常存,相敬以酒,借此在大自然中寻求慰藉。表达了作者乐观旷达的情怀。

四、总结本词的写作特点:将写景、怀古、伤己相融合。

五、作业:背诵课文。

【板书设计】略

(资料来源:丁旻《全国语文教师四项全能竞赛获奖作品精选》珠海出版社)

教师教案规范格式

课 程 教 案

(20　　—20　　学年第　　学期)

课程名称:

授课学时:

授课班级:

任课教师:

中国传媒大学教案(首页)

课程编号		授课	学生		
课程名称		班级	人数		
课程类型	公共基础课(　);学科基础课(　);专业基础课(　);专业课(　); 基础选修课(　);专业选修课(　);公选课(　)				
授课方式	理论(　)实验(　)实习(　)		考核方式	考试(　)考查(　)	
课程总学时				学分	
学时分配	课堂讲授　学时;　实验上机　学时				
教材名称					
教学参考书					
	(作者,出版社,出版时间)				
授课教师		职称		学科	
授课时间			授课地点		

章节名称(授课章节名称)
(本次课或本单元学时数)

一、教学目的及要求

(教学目标明确、具体、切合学生学习实际。要表达清楚通过本单元课程或本次课程的学习,了解哪些知识点,理解哪些概念,掌握哪些方法,提高哪些技能。教学要求是指为实现教学目的,对学生在教学过程中提出的明确要求。)

二、教学重点及难点

(重点难点突出。)

三、教学手段

(主要是指板书内容与安排、课上手绘图的准备、投影胶片、模型、实物、录像带、多媒体等。)

四、教学方法

(主要指课堂提问、讨论、启发、自学、演示、演讲、辩论、难点的突破、重点的突出、例题的选择等。)

五、作业

(是指根据教学目的及要求布置一定量的思考题和习题等。)

六、参考资料

(是指授课教学内容参考的教学参考书的章节名称。)

七、教学内容与教学设计

(教学内容是整个教案的主体部分,既体现出教学活动的逻辑程序,又要划分出若干环节或步骤,并考虑到它们的时间分配、具体方法的应用,相互间的衔接、过渡,以及教学过程与板书的协调等等,充分反映出教师教学设计思想,体现了教师的教学经验和风格。)

八、课后小结

(课后小结是教案执行情况的经验总结,目的在于改进和调整教案,为下一轮课讲授设计更加良好的教学方案。应全面审视教学过程,特别注意对意外发现、点滴收获,以及因个别疏漏而及时补充的方法等方面的内容进行撰写。)

(资料来源:renshichu. cuc. edu. cn)

案例三　服务方案

长城都市阳光山体公园(花园会所)物业服务方案

目录

第一部分　山体公园概况及顾客分析

一、山体公园概况

二、顾客群体分析

三、顾客需求分析

第二部分　项目定位及运作模式

一、山体公园的定位

二、管理模式

三、组织架构

第三部分　物业管理服务内容

一、正常管理

二、儿童管理

三、康体活动

四、安全管理

五、卫生维护

六、设施养护

七、在岗人员行为管理

第四部分　物业管理费定价及收支预算

一、测算依据

二、人工成本测算

三、物资装备测算

第五部分　公园使用功能的几点建议

一、公园封闭建议

二、康体健身器材配置建议

三、增加阅览室建议

四、增加棋牌室建议

结束语

(资料来源:http://dichan.sina.com.cn)

案例四　策划方案

成都庆典演出活动策划书案例

　　成都鼓乐镁文化传播有限公司开展庆典演出以来,得到市政府、市民政局及相关部门和广大客户的大力支持。为了进一步推进社会文化事业的蓬勃发展,促进各社区精神文明建设,丰富成都居民的文化生活,活跃社区氛围,陶冶居民高尚的道德情操,为了营造五一佳节的喜庆气氛,给成都居民一个相互交流沟通的平台,进一步拉近成都各社区居民邻里间的距离,推动社区和谐发展,共度欢乐迎五一国际劳动节,公司拟订于 2009 年 5 月 1日,与社区人民共同打造一台五一文艺演出。

　　具体实施方案如下:

　　一、整体情况

　　1.文艺演出主题名称:五一文艺演出

　　2.演出目标:丰富居民的业余文化生活、营造五一劳动节的喜庆气氛、增强社区凝聚力、构建和谐社区、展现鼓乐镁文化传播有限公司与成都各界人士的良好合作与风采。

3.时间:2009 年 5 月 1 日 17:00—19:00

4.地点:

5.节目主持:

6.主办单位:成都鼓乐镁文化传播有限公司

7.协办单位:

8.演出人员:

9.观众:合作伙伴及成都各社区市民

10.演出筹备工作管理方式:阶段式管理和项目式管理相结合

11.演出人员及后勤工作人员共计:＿＿＿人

二、工作人员和项目工作筹备小组组长:(负责指导监督整场演出前后的各项工作)

副组长:(协助组长进行管理协调)

小组成员:(具体实施各项分类工作)

1.节目协调小组:

任务:

a.与主持人和演出人员的协调与沟通

b.节目的核定及演出全流程的衔接监督

2.治安管理小组:

组长:(社区民警)

组员:

任务:

a.演出前后秩序的维护,具体负责整场演出前后的治安管理工作

b.演出期间会场纪律的维持

3.后勤服务组:

任务:

a.演出前后凳子的借还

b.演出前的接待工作

c.演出期间会场后勤保障

4.机动小组:

任务:

a.监督并确保拱门搭建的及时与搭建质量

b.音响、功放、话筒等设施的摆放和整理

c.演出中突发情况的紧急预案及处理

5.宣传小组:

任务:

a.利用海报、横幅等方式开展宣传

b.现场摄影及 DV 摄像

三、各阶段任务

（一）筹备阶段

1. 联系演出人员，进行沟通协调，确定演出具体事宜

2. 确定工作人员配备及分工协作情况

3. 落实演出所需各种硬件设施，如：舞台拱门的搭建，音响、功放、话筒等的租借

4. 进行演出前的宣传工作

5. 邀请相关领导（暂定）

（二）进展及控制阶段

1. 现场控制及协调

2. 后勤服务保障

3. 整个演出过程的治安管理

（三）演出结束后的整理阶段

1. 观众的疏导

2. 器材设备的收纳归还，桌椅搬运

3. 垃圾清扫

四、节目安排

本次演出由成都鼓乐镁文化传播有限公司和合作伙伴及社区组织共同打造，热情参与，节目形式多样、题材新颖、喜闻乐见。共15个节目（暂定）：（详情见附件节目单）

（资料来源：http://glmwh_88.3656h.com）

案例五　创业方案

大学旅舍创业计划书

产品与服务

一、描述

业务主体将向大众（主要是大学生和青年）提供免费的资讯服务及向自助旅行者这一特定客源市场提供的旅游导向服务，其体现在 uchostelling（大学旅舍）网站上。U&C HOSTELLING（大学旅舍）立足点在 u&c（univercity&college）上，主要体现在 hostelling（青年旅馆）上。随着国内大学旅行社的诞生、发展及大学旅游热的兴起，如何将分散的大学旅游配套资源有秩序和有组织地发展起来，形成一个大型的跨地域性的旅游服务体系，广泛为日益增多的高校旅行学子提供中转站服务，是许许多多大学生希望的，也是不少旅游企业机构正在考虑的。

Hostelling International（国际青年旅舍）虽然已经进入了中国，并获得了一定成功，但其服务目前只集中在经济发达的珠江三角洲地区（广州、南海、珠海、肇庆、深圳），与大学生目前的旅行要求有很大的差距。在广大的旅游热点地区，类似青年旅舍的服务是相当缺乏甚至没有。面对大学生这个庞大的旅游群体，近年来出现了旅游点高校接待等萌芽状况的大学生旅游服务中介，但其信誉始终难以稳定。

针对为数众多的大学生旅游者对旅游地区青年旅馆式服务的需求,uchostelling 网站将通过网络形式,结合国内各地高校旅行社的建立情况,通过合作兼并(已建立相应旅游组织)和聘用兼职(尚未建立相应体系)等形式,在网上开展大学生领域的异地接应、当地导游和结伴同行等服务项目,以建立以高校为主要场所的流动性青年旅馆服务体系。

二、技术

前端:

多位有旅游开发经验的业务联络人员及青年旅馆业务管理经验的人员,同时网站具备一支有经验的旅游信息采编队伍。

(1)订票系统:为客户提供网上预订机票及其相关服务。

航班查询

机票预计

订单的查询与修改

退票

代理出票/退票/订单维护功能。

(2)酒店系统:为需要在网上查询和预订酒店的客户提供迅速,方便,可靠的在线服务。

客户登录

酒店查询

酒店预订

更改预订

取消预订

房源维护

库存预警

退款模块

(3)旅游线路系统:为客户提供迅捷,方便,可靠的在线旅游信息服务和在线预订。

客户登录

信息查询

线路预订

更改预订

取消预订

旅行社管理和维护

(4)支付系统:提供与各大商业银行安全的在线支付功能。

三、访问者得益

通过访问本网站,上网者可以看到丰富的旅游资料及专门为大学生设置的旅游导向,可联系到各种旅游帮助机构,如到达旅行目的地的途径、花费、时间、落脚点及到达目的地后的行程安排等,从高校到高校,既可享受异地旅行的乐趣,又在食住行方面得到相对可靠的保证,既有朋友式的照顾,又以较实惠的价钱完成旅程。

市场分析

(一)市场介绍

1999年年末我国上网人数890万,根据不完全统计,目前我国网民已突破1000万,随着以大学生为主的校园网民的成长,中国互联网用户的数目急剧增加。

2000年3月份开始,在电子商务热潮下,旅游网站作为模式清晰的ICP,其发展前景一度被广泛关注,国内几大旅游网站纷纷有所行动,最为引人注目的是全国最大的旅游网站华夏旅游网与TOM.COM达成合作意向。旅游网站以其不涉及配送和支付问题,以电子商务为主要形式,一时成为投资热点。

但无论是华夏旅游网,中国旅游资讯网还是后起之秀的携程旅游网,他们都把业务重点放在旅游行业上面,重点放在飞机订票、酒店房间预约等传统旅游业务上,在个人自助游、学生背包游方面始终搞不起特色,所提供的服务做不到本质实处,表现在只介绍相关的旅游知识和由旅行社提供的路线及景点介绍,有关个人旅游的细节鲜见提及。在去年年末异军突起的携程旅游网虽然在个人自助游方面搞出一定特色,但其定位仍带有传统自助游的影子,没有充分顾及大学生旅游阶层,其携程旅游方式对于在校的大学生仍存在难以操作的地方。

而另一方面,目前许多旅游网站号称网络旅游便宜、舒适,但熟悉旅行社业务的人都知道,通过网络购票、订房,很难达到旅行团队的人数规模,也即不可能享受到旅行社所得到的折扣,现时网络旅游的风光只不过是网站不惜血本的降价卖广告,不是长期生存的办法。根据一份调查,在整个旅游市场的大批散客当中,90%以上原先就不通过旅行社出游,而在这批散客中的上网者,才是目前旅游网站真正争夺的目标顾客。从某种意义上说,传统旅行社和旅游网站说到底并没有正面交锋。目前国内旅游网站的发展主流只不过是旅行社的架构调整,同旅游网站的发展没有什么联系。网上旅游必须根据自己的特点走出自己的路向,做一些通过互联网很容易可以实现的服务。

随着人们生活水平及知识水平的双重提高,对于旅行的要求也越来越苛刻,传统的填鸭式随团游对许许多多出外旅行者日渐失去了吸引力。在年轻人当中,自主自由的自助式旅游越来越受到认可。但一个严峻的问题是面对发展迅速的自助游(背包旅行一族)群体,国内的社会配套设施远远跟不上需求,造成许多旅行后遗症。uchostelling(大学旅舍)就是通过网络将青年旅馆式的配套服务首先在国内有条件的大学区建立起来。目前在广东以外的中国诸多旅游地区,还没有直接以青年旅馆命名的机构,但相类似的为背包旅行者服务的饭店已经出现,这都体现了市场的实际需要。像云南大理、广西桂林都有为自助旅行者服务的配套住宿饭店,在上海黄浦江边古老的理查饭店也已经很接近青年旅馆的标准,但他们缺乏一定的系统协调,在旅游业中的聚焦效应没有得到充分发挥。

今年3月下旬,中国12个城市的代表在广东青年旅馆协会的组织下,商讨了国际青年旅馆在中国的推广计划。据称,几年内将有多家青年旅馆在全国不同城市开业。一种新的旅游格局初露端倪,中国为未来新的旅游精神做充分的硬件准备。

（二）目标市场

业务内容的受众是大学生（年轻人），但从长远来看，服务受众基数不断增加，年龄在30岁以下的网民都是我们可能的访问者。如果网站能顺利起步的话，开站半年内，通过假期前的服务项目宣传和U&C HOSTELLING（大学旅舍）理念的高校巡回SHOW，同时加以一定的推广免费优惠，总访问人数可过数十万，一年后可达百万。同时中介服务业务也会随假期的到来进入正式起步发展阶段，网站浏览人数的增长与使用青年旅舍服务后的二次宣传将不断推广uchostelling。在网站浏览量的稳定情况下，广告收入也会不断上升。

（三）区域聚焦

在uchostelling服务方面，我们立足于区域性，立足于业务密集点。开始发展重点是以广州为中心的华南地区，基础打好后（如U&C HOSTELLING理念的渗透率在高校学生中达到一定程度），再向北推进，划分东北、华北、西北、西南、华东、华中、华南及港澳台等区域，业务成熟将与国外同类机构合作开展中外hostelling业务合作，争取每个有高校的城市区域开设有uchostelling的服务机构。

（四）发展目标

公司最终发展目标是完成对传统旅游业和正统电子商务之间的自由游式旅游资源的整合，使U&C HOSTELLING（大学旅舍）成为以网络为交易方式，以大学为服务根基的跨地域性的青年旅社，规模最大的大学生（青年）旅游机构，成为大学生旅游者在城市之间的理想驿站。

业务计划的实施

（一）实施战略

第一步：（时间：六个月）第一笔资金到位后，大部分用于基础运行中去，把有限的人力资源重点放在U&C HOSTELLING（大学旅舍）理念和网站具体业务操作方式的推广上。与此同时，先与国内已建立的大学旅行社或有类似青年旅馆的机构进行业务联系，再在较为发达但未有相应机构的大中城市的大学开展业务建设。在此基础上，争取更大的投资。

第二步：在华南各大高校校园开展相关活动，并争取一期的服务使用者。一年内U&C HOSTELLING业务进入正常营运状态，并以此为基础，在非假期时间开发其他服务内容。

第三步：加大融资，扩大业务规模，并适当在业务集中城市（点）建立全权物业。

（二）联盟

公司将与资金和技术较雄厚的网站、全国百强的旅游公司建立联盟，双方互补长短，共同发展。网站将和各大媒体单位建立合作关系。

（资料来源：草根创业网）

【自测题】

一、仔细阅读例文，试回答：

1. 应用方案写作的基本要求是什么？

2. 教案构成要素有哪些？

3.公关策划方案的内容与结构?

4.创业方案的主要内容?

二、情景练习

以一个值得纪念的日子为例,如同学聚会、自主创业、重大事件、节日,写出一份策划方案,并模拟实施。

第五部分 设计说明书写作

【知识目标】

1. 了解设计说明书的概念、特点、种类及意义
2. 学习设计说明书写作的基本知识

【能力目标】

1. 认识设计说明书的内涵
2. 掌握设计说明书写作的基本知识

【案例导入】

南方冶金学院顺应就业新形势，毕业设计搬到用人单位进行

本报讯(谢宗博　记者　徐光明)：春光明媚的 4 月，正是高校毕业生进行毕业设计、撰写毕业论文的日子。然而，南方冶金学院的应届毕业生却都不在学校，他们在学校和单位的协调下，把进行毕业设计的场所搬到了企业中，与自己即将从事的工作进行了一次亲密接触。

随着毕业生就业制度改革的不断深入和人才市场竞争的日益激烈，社会用人单位到学校招聘时间相对提前，招聘会的档次提高，次数增加，很多应届毕业生早早就被用人单位相中。南方冶金学院顺应这一形势，结合毕业分配去向，在应届毕业生就业中推出了鼓励学生提前到就业单位进行毕业设计的新方法。

这种做法一经推出就受到了学校各院系、用人单位、学生本人三方面的欢迎：毕业生提前到工作单位熟悉工作环境，了解就业单位的情况，并与就业单位有丰富经验的指导教师建立了新的师生或师徒关系，缩短理论与实践的距离，提高了学生的实际工作能力；用人单位也可以进一步了解毕业生的情况，掌握毕业生的特点，缩短双方磨合时间，为学生到单位后尽快找到合适的岗位打下基础。

为确保毕业设计的质量，该校还专门出台了应届毕业生到用人单位进行毕业设计的有关规定，对学生到用人单位进行毕业设计加以规范，以保证学生高质量地完成毕业设计，并要求学生必须回校参加论文答辩，确保论文质量。

本案例选自 2004 年 4 月 10 日《中国教育报》。

问题：

通过阅读本案例,请作如下思考:

1.高职高专毕业设计的选题如何贴近专业、贴近岗位?

2.高职高专毕业设计应如何把握成果的实用性?

第一单元　认识设计说明书

一、认识设计说明书内涵

毕业设计说明书是毕业设计成果的文字反映,是毕业设计的重要组成部分。作为高职院校的毕业生,不仅要通过科学研究的基本训练,把科学研究成果写成论文,还要通过毕业设计,将学习过的基础理论、专业知识、技术工艺和管理知识综合起来,凝结为文字成果,即毕业设计说明书,这是高职院校工科毕业生常规训练必不可少的环节。

毕业设计说明书一般是在教师的指导下,由学生自行观察、构思、设想、制订方案,并在独立完成方案设计的基础上撰写的。毕业设计说明书要求学生在设计上要有新的改进、新的进展,其目的是培养学生的创新能力。

二、了解设计说明书的特点

(一)目的性

科技工作者接受设计任务时,首先要考虑此项任务对于经济建设、人们生活将起什么样的作用,将要达到什么目标,这是撰写设计说明书首先要明确的目的。高职院校的毕业生,尽管还处在学生时代,但在做毕业设计时,也不是盲目的,无目的的,同样要考虑自己的设计对解决实际工作能够有什么作用,是否产生经济效益和社会效果,一句话,一切为应用而设计。

(二)制约性

任何事务的产生、发展都是一定条件的产物,同样,毕业设计说明书所设计的具体过程,会受到各种现实条件的制约。首先,自然科学理论对于违背自然科学规律的技术设想起着制约的作用。自然科学理论是人类所探索和掌握的关于自然科学规律的本质反映,是已经被实践证明了的真理性的认识,违背了自然科学规律的所谓"设计",只能是"永动机"式的空想。其次,经济规律对于违背经济规律的技术设想起着制约的作用。经济科学理论是人类所探索和掌握的关于经济科学规律的本质反映,是已经被实践证明了真理性的认识,这个本质就是产出一定大于投入。这就需要在进行毕业设计说明书设计过程中,必须考虑投入和产出的比例关系问题。对于那些经济效益小于自身成本投入的产品设计、工程设计,经济规律当然也要将它无情地淘汰。再次,生产制造能力和条件对于超越现实生产制造能力和条件的技术设想起着制约的作用。某项设计构想虽然很好,但是设备材料、技术能力均不具备,这种设计也不能成为现实。因而,不考虑客观现实条件的盲目设计或强行设计,到头来也只是一张废纸。

(三)最优性

毕业设计说明书,不是简单地对现成的产品、工程、工艺进行重复性的设计,更不是原封不动地照抄照搬,而是具有创新性的设计,是经过大脑思考以后,对某种产品或某项工程或者某项工艺的设计,具有创新性。那么,对于某种产品、某项工程或某项工艺的设计,可能有多种方法、多种方案,这就要求设计人员在设计时,应多方设想,在众多的方案中选择最优方案。这个最优方案应当体现当代科学技术理论和实践的发展成果或发展趋势,在技术上较先进,在经济上较节约,是好中选优的结果。

三、区分设计说明书的种类

(一)工程(工艺)设计

工程(工艺)设计具有整体性,涉及工程(工艺)的整体布局,包括主要设备的选型和专用设备的设计及其他辅助设施的设计等。这种毕业设计形式一般为工程技术类专业所采用。例文中的《办公自动化管理系统设计说明书》属于此类型。

(二)设备设计

设备设计又分为单体设备设计和零部件设计。主要是对某一具体设备或零部件的规格、形式、传动结构等进行设计。这种毕业设计形式一般为工程技术类专业所采用。

(三)产品设计

产品设计是指所设计的产品目前工厂里还没有生产出来或者市场上还没有销售的,完全是设计者按照市场需求设计出来的。这种产品设计包括产品的名称、性能、原材料、用途、功能、制造方法以及包装等诸多方面。

(四)活动文案设计

活动文案设计主要是指主题活动、宣传活动、赞助活动和促销活动等活动方案的设计,包括活动环境分析、总目标、内容和措施、方法和步骤、费用预算、日程安排等。这种毕业设计形式一般为服务类和管理类专业所采用,如金融专业关于借款纠纷解决方案设计说明书、市场营销专业关于产品营销方案设计说明书、基层文化专业为庆祝节庆、店庆活动方案设计说明书等。

四、发挥设计说明书作用

(一)考查作用

通过设计说明书,可以考查学生是否具备工程设计的初步能力,主要是包括以下内容。

(1)考查运用所学过的基本原理的能力;

(2)考查查阅资料、工程手册、材料手册等方面的能力;

(3)考查绘制图纸的能力;

(4)考查分析模型数据的能力;

(5)考查实验工作的能力;

(6)考查动手制作的能力。

(二)说明作用

任何设计主要由设计图和设计说明书组成,设计图是灵魂,设计说明书是血肉,两者密切配合,相辅相成。

设计说明书的说明内容,主要包括以下内容。

(1)对设计项目意义的说明;

(2)对设计方案论证的说明;

(3)对主要参数计算的说明;

(4)对操作程序、操作要领、容易损坏部件的说明。

第二单元　学会设计说明书写作

一、掌握设计说明书结构

设计说明书的一般结构是:标题 + 署名 + 摘要 + 关键词 + 正文 + 参考文献 + 附录。(这一部分的写法应与全书一致)

(一)标题

标题应简短、明确,有概括性。通过标题能使读者了解毕业设计的内容。如《办公自动化管理系统设计说明书》、《宁波市中心公园管理处"义工在行动"活动方案设计说明书》和《现代民营企业秘书工作技能运用情况调查》等,读者一看便明白设计的内容。

(二)署名

署名是在设计标题的下面署上作者的姓名。毕业设计有统一封面的,作者的姓名按照规定写在封面的指定位置上。

(三)摘要

摘要是对设计说明书内容的概述,一般不超过 300 字。摘要的具体撰写格式参照毕业论文的撰写要求。

(四)关键词

关键词是反映设计说明书主要内容的单词或术语,一般为 3～8 个词,每个词之后用分号分隔。关键词的具体撰写格式参照毕业论文的撰写要求。

(五)正文

正文一般由引言 + 设计任务分析 + 方案的初步选定 + 方案的详细设计 + 总结评价五部分构成。

(1)引言。引言即前言,是设计说明书的开头部分,主要写设计的来源、目的和意义。高职院校毕业生的设计课题一般要求来自实习岗位需要解决的现实问题,课题的设计应该有利于提高毕业生的职业能力,所以一定要写好这部分内容。如《办公自动化管理系统设计说明书》,在这一部分主要介绍了办公自动化管理系统对使用单位的作用和课题的来源。

(2)设计任务分析。写设计要解决的主要问题,并认定关键问题或难点问题。如《办公自动化管理系统设计说明书》,在这一部分主要分析的 OA 办公自动化系统的优势和特点。

(3)方案的初步选定。一般有三种写法,或提出方案设计的大体思路与基本框架,或进行调查分析,或进行多种方案比较并选定相对的最佳方案。如《办公自动化管理系统设计说明书》,在这一部分采用了第一种方法来写,主要介绍了办公自动系统的基本框架,使读者阅后有个大致了解。

(4)方案的详细设计。这部分内容是设计的重点,应按设计内容与过程顺序规范地撰写。如《办公自动化管理系统设计说明书》,在这一部分主要介绍了系统结构图、系统分布图、运行环境、系统性能及特点、系统数据库介绍五方面情况,使读者具体了解了设计的详细内容。

(5)总结评价。根据设计的任务要求,结合本设计成果的科学性、创新性、可靠性、实用性、经济性等相关要求,对本方案的优缺点进行如实的总结评价。

(六)参考文献

有关的参考文献应列八篇以上。参考文献的具体撰写格式参照毕业论文的写作要求。

(七)附录

这部分是非必需要素,可视情况而定。这部分主要是以收录篇幅较长、格式特殊而又具有相对独立性、确定不方便在设计说明书正文中表述的构成内容,如图纸、试验或观测的详细数据汇总等。

二、明确设计说明书写作要求

(一)选题适度可行

由于受时间、条件的限制,不宜选择设计题目过难、设计内容过于复杂的项目,而且技术上还要较先进,具有可行性。

(二)内容重点突出

设计说明书不要求面面俱到,而要把重点放在自己设计中的独到之处,或者是有所改进,或者是有所创新方面。

(三)说明详尽准确

要对设计原理、方案选择、参数特征等尽可能地详尽准确,以真实地反映自己的实际学业水平。

(四)文面整洁规范

要按规定的格式写作。图纸应当认真绘制,做到文面整洁,与说明书的有关叙述相一致,并符合工程制图的规定要求。

【知识链接】

一、管理文件阅读

浙江機電職業技術學院

ZHEJIANG INSTITUTE OF MECHANICAL & ELECTRICAL ENGINEERING

毕业设计说明书

课题名称＿＿＿＿＿＿＿＿＿＿＿＿＿＿＿＿＿＿＿

系　　别＿＿＿＿＿＿＿＿＿＿＿＿＿＿＿＿＿

专　　业＿＿＿＿＿＿＿＿＿＿＿＿＿＿＿＿＿

班　　级＿＿＿＿＿＿＿＿＿＿＿＿＿＿＿＿＿

姓　　名＿＿＿＿＿＿＿＿＿＿＿＿＿＿＿＿＿

学　　号＿＿＿＿＿＿＿＿＿＿＿＿＿＿＿＿＿

指导教师＿＿＿＿＿＿＿＿＿＿＿＿＿＿＿＿＿

起讫时间:＿＿＿年＿＿＿月＿＿＿日至＿＿＿年＿＿＿月＿＿＿日(共＿＿＿周)

毕业设计说明书格式要求

毕业设计说明书是学生在教师指导下,对所从事毕业设计工作和取得的设计结果的表述。毕业设计说明书的撰写应符合国家及有关行业(部门)制定的有关标准,符合汉语语言规范。为规范毕业设计教学管理,提高毕业设计说明书的质量,现对毕业设计说明书的写作要求作如下规定。

一、毕业设计说明书基本要求:

1.文字要求:文字通顺,语言流畅,无错别字。

2.图表要求:图表整洁美观,布局合理,按国家规定的绘图标准绘制。

3.字数要求:字数不少于5 000 字。

4.页面设置:纸张大小:A4 打印纸(所附的较大的图纸、数据表格及计算机程序段清单等除外),页边距:左 3 cm(装订),上、下、右:各 2 cm;页眉:1.5 cm,页脚:0.75 cm。

5.页眉格式:浙江机电职业技术学院毕业设计说明书(宋体,五号,居中),

6.页脚格式:正文必须从正面开始,并设置为第 1 页。页码在页末居中打印,其他要求同正文(如正文第 5 页格式为"— 5 —")。

二、毕业设计说明书文本结构规范:

(一)封面:按学校统一的毕业设计说明书封面格式打印。

（二）正文题目:题目是以最恰当、最简明的词语反映说明书中最重要的特定内容的逻辑组合,应简要、明确,一般不宜过长。

（三）中、英文摘要、中英文关键词:一般包含以下内容:①从事这一研究的目的和意义;②研究的主要内容,指明完成了那些工作;③获得的基本结论和研究成果;④结论或结果的意义。摘要文字必须十分简练,内容亦需充分概括,字数一般为几百字。关键词是标示文献关键主题内容,但未经规范处理的主题词,是为了文献标引工作,从说明书中选取出来,用以表示全文主要内容信息款目的单词或术语。一篇说明书可选取 3～7 个词作为关键词。

格式:

● 中文摘要:(另起一页)

示例:

摘 要(宋体,小二号,加粗,居中,段前、段后 1 行)

本报告通过对目前世界上正在使用的永久性载人空间站之间或与运载飞行器之间的交会对接技术的对比研究,提出了……(宋体,小四号,行距 1.25 cm)

关键词(宋体,小四号,字体加粗,居左):空间技术;飞行器;空间站(宋体,小四号)

● 英文摘要:与中文摘要内容相对应。

示例:

Abstract

(Times New Roman 字体,小二号,加粗,居中,段前、段后 1 行)

The configuration and characteristic of the synchronous drives are summarized in the paper. The arrangements for the…(Times New Roman 字体，小四号,行距 1.25 cm)

Key words :(小四号 Times New Roman 字体，加粗) I. C. Eingine;Dentiform Belts;Synchronous Drive(小四号 Times New Roman 字体)

（四）目录:目录应独立成页,包括说明书中全部章、节的标题和所在页码,中英文摘要的页码以罗马数字编号。

目录标题格式:(宋体,小二号,加粗,居中,段前、段后 1 行)

目录内容格式:(宋体,小四号,行距 1.25 cm)

示例:

目　录

(五)引言:又称前言,属于整篇说明书的引出部分。一般应包括:设计的理由、目的、背景、前人的工作和知识空白,理论依据和实验基础,预期的结果及其在相关领域里的地位、作用和意义。

(六)正文(每章节另起一页):正文是一篇说明书的本论,属于说明书的主体。要求内容充实,论据充分、可靠,论证有力,主题明确。为了满足这一系列要求,同时也为了做到层次分明、脉络清晰,每一逻辑段落可冠以适当标题(分标题或小标题)。

1 正文各章节内容

　　……

　　N

正文格式要求:

1(一级标题,章名:居中,宋体,加黑,小二号、段前、段后1行)

1.1(二级标题,节名:宋体,加黑,小三号、行距1.25、段前、段后0.5行)

1.1.1(三级标题,款名:宋体,加黑,小四号、行距1.25、段前、段后0.5行)

1.1.1.1(四级标题,项名:宋体,加黑,小四号、行距1.25、段前、段后0.5行)

1.1.2

　　……

(正文内容:宋体,小四号,行距1.25、段前、段后0.5行)

正文内容中四级标题以下再分项的编号格式如下:1)、(1)、①。

正文中公式、图、表应按章节顺序编号。

示例:

正文公式的编号格式:

$$\sqrt{\sigma^2+4\tau^2}\leqslant[\sigma]\qquad\qquad\qquad (3-1)(五号宋体)$$

$$\frac{1}{W}\sqrt{M^2+T^2}\leqslant[\sigma]\qquad\qquad\qquad (3-2)(五号宋体)$$

正文插图的编号格式:图3-1、图3-2…(五号宋体)

图 3-1

正文表格编号格式：见表 3-1、表 3-2……（五号宋体）

表 3-1

参数名称	取值
圆盘质量	27.5 kg
轴刚度系数	300 kN/m
偏心距	0.000 2 m
支承松动间隙	0.000 5 m

表 3-2

	带宽，mm	最大值，N
L 型	12.7	76.5
	19.1	124.5

（七）结论：对整个毕业设计工作进行归纳和综合。对结果进行讨论与分析，着重提出自己的见解与观点，对自己的工作做出客观的评价，对整个毕业设计达到的水平进行评述，对本设计中尚存在的问题及进一步开展的研究工作阐述见解和建议。

（八）参考文献（宋体，小二号，加粗，居中，段前、段后 1 行）（另起一页）

内容：（宋体，小四号，行距 1.25、段前、段后 0.5 行）一般应列出参考文献，将引用的最重要和最关键的那些文献资料标志清楚。正文中应按引用先后顺序在引用参考文献处的文字右上角用阿拉伯数字加[ ]标明，[ ]中数字序号应与"参考文献"中序号一致，公式类引用也可在每一章节题头的右上角，一次性标明本章节公式所引用的参考文献（例：[2,5,6,8]）。所引用的文献的主要来源有：专著或书；连续出版物或期刊杂志；会议文献或会议记录、资料汇编；报告；专利。参考文献要求数量充足。

参考文献内容按类别标注示例如下：

(1)著作图书文献：

示例：

[1]孙育才. MCS-51 系列单片微机及其应用[M]. 南京：东南大学出版社，2000：45-50.

(2)学术刊物文献：

示例：

[2]楼梦麟. 变参数土层的动力特性和地震反应分析[J]. 同济大学学报，1997:25(2)：155-160.

(3)报刊

[3]丁文祥. 数字革命与竞争国际化[N]. 中国青年报，2001-11-20(15).

(4)网络文献：

[4]江向东.互联网环境下的信息处理[J/OL].情报学报,1999,18(2):4[2000-01-18].http://www.chinainfo.gov.cn/periodical/qbxb/qbxb99/qbxb990203.

参考文献作者人数较多者只列前三名,中间用逗号分隔,多于三人的后面加"等"字。

(九)致谢(宋体,小二号,加粗,居中,段前、段后1行)(另起一页)对毕业设计工作中给以指导和帮助的师生致谢。

内容:(宋体,小四号,行距1.25、段前、段后0.5行)

(十)附录(宋体,四号,加粗,居左)(另起一页)对不宜放在正文但对说明毕业设计的工作情况或设计结果有作用的材料(如毕业设计制作的实物图片、外文文献的复印件和中文译文、公式的推导过程、设计计算书、较大型的程序流程图、较长的源程序代码、小幅面图纸、数据表格等),可以编入毕业设计说明书的附录,附录可自编目录,或按附录一、附录二、……的编目方式编入毕业设计说明书的总目录。若附录材料的篇幅较大或与毕业设计说明书同册装订有困难,亦可按A4幅面独立装订成附录册。附录字数不计入说明书应达到的文字数量。对工程设计类的大幅面图纸,或A4幅面以上的图纸数量较多时,可按A4幅面折叠装订成图册后收入资料袋。

内容:(宋体,小四号,行距1.25、段前、段后0.5行)

二、案例阅读

办公自动化管理系统设计说明书

浙江工贸职业技术学院计算机技术与应用　方嵩松

指导教师　张俊平

摘要:本文介绍了在Internet/Intranet环境下利用Windows NT/2000 Server下的ASP技术、COM+、SQL2000数据库技术,设计一套网络办公系统(OA)的实现方案和技术分析,具体介绍了实现整个系统的模块和数据库、系统组成、网页设计以及代码编写。

关键词:网络办公;ASP技术;数据库

1.引言

21世纪是信息高速发展的时代,也是讲求团体合作的时代,信息的及时交流非常重要,这使得现代办公在技术及概念上都发生了革命性的变化,电脑化、数码化技术及多元化功能在现代办公领域得到越来越多的运用。随着入世后国内各行业的迅猛发展,办公自动化、网络化肯定将得到更广泛的普及和应用。面对知识经济时代的更新要求及理念,改善工作流程,减少工作群组间的隔膜,建立一个网络化的办公室,对于一些单位及企业来讲显得日益紧迫。同时浙江工贸职业技术学院校园网的组建和实施,使得学院OA办公自动化管理系统的实施也具备了条件。

2.设计任务分析

随着政府机关与广大企事业单位内部网站的广泛建立,基于浏览器方式上办公自动化系统,已成为众多用户的共同需求。浙江工贸职业技术学院OA办公自动化系统是完全基于Internet或Intranet环境开发而成,以网络为核心,采用全球流行的B/S构架。服务器成功安装 OA 办公自动化系统后,在同一网络内,可以使任何一位具有系统权限的用户方便简单的通过浏览器实现文件信息的综合管理、实现多用户环境下的无纸化办公。同时,系统还具有网络环境下信息互动、资源共享、零距离、客户要求低等众多优势。并且技术上的一致性、接口的开放性,使 OA 办公自动管理系统能够很好与其他系统相接合,快速有效的升级和维护,保护已有投资并为政府部门及企业的信息化、网络化建设提供广阔的发展空间。

3. 方案的初步选定

本系统客户端采用 IE 浏览器方式进行工作,只要用户机器装有 Windows98 以上系列 Windows 操作系统就可用其捆绑的 IE 进行工作。

系统的设计考虑到实际办公的需要,结构如下:

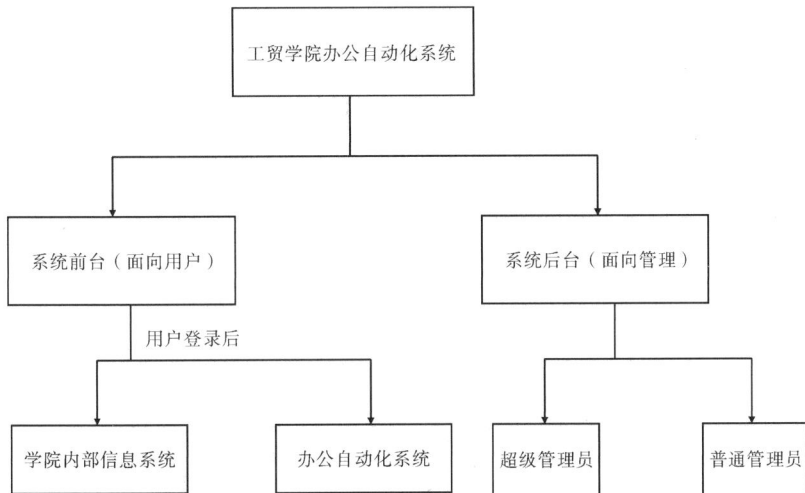

本系统主要分为两大功能模块:即系统前台(面向用户)、系统后台(面向系统管理员)。作为本系统的一名用户,只要掌握前台操作即可,而后台主要任务是对本系统的日常维护、管理,如建立用户、分配用户权限、增加系统信息栏目、删除系统冗余信息、系统安全维护等。

系统后台(面向系统管理员)

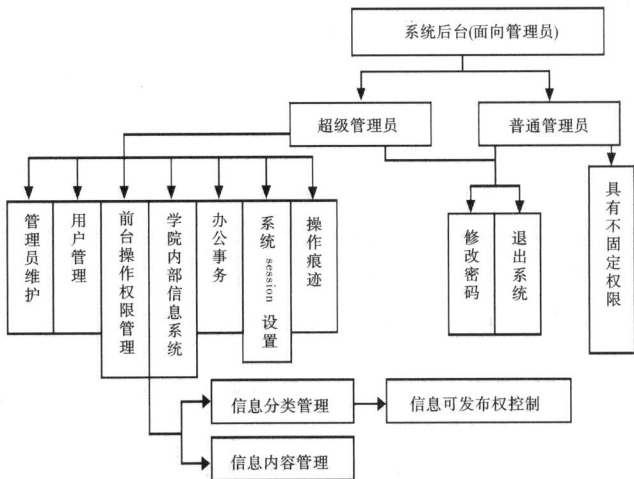

4.方案的详细设计

4.1 系统结构图

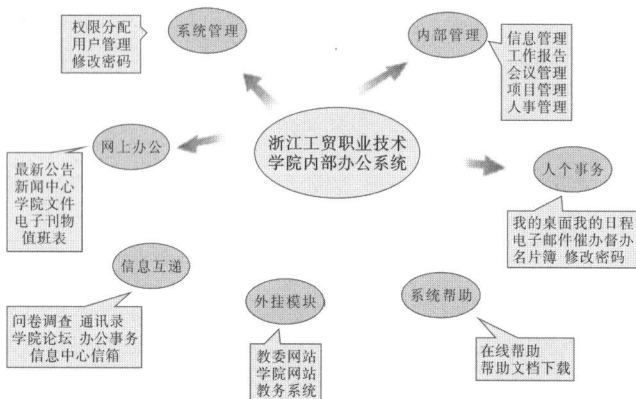

4.2 系统分布图

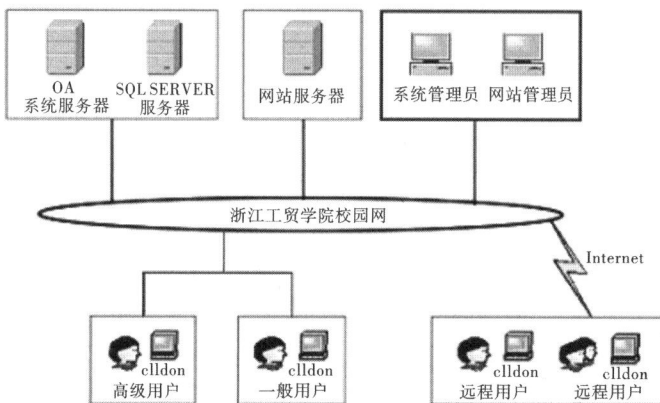

4.3 运行环境

一个完整的网络办公系统的运行环境应该包括硬件环境和软件环境两个部分。硬件环境:一台专用服务器,用于安装系统,装有网卡或者 MODEM 的 PC,需要有一个 IP 地址。软件环境为 Windows NT Server 4.0 (IIS4/SP6) / Windows 2000 (IIS5/sp3),SQL Server 7.0/2000.采用 ASP (Active Server Page)技术和 SQL7.0/2000 数据库。

4.4 系统性能及特点

4.4.1 三重管理

在系统建设的全过程中,以满足浙江工贸职业技术学院校园网的各项实际教育工作需要为最终目的,以计算机高新技术的系统集成为手段,以安全保密为原则,以规范化、标准化的有关条例为依据,以文件的运行规律为导向,以文件、档案信息一体化管理为主线,构成了一个与学院传统文件、人事档案管理工作并存,外延基本吻合,内涵有所扩展,相互融合又相对独立、完整的电子文件、校园网信息管理系统。实现了对文件、人事档案纸质载体、特殊载体及其内容信息的三重管理和利用。

4.4.2 人性化管理

本系统采用了虚拟实际工作岗位的设计思想,系统设置了学院各级领导、信息中心、各个系办公室和学院普通用户等角色,角色和用户的对应关系可以灵活调整。以信息中心角色作为整个公文流转的控制中心,采用设置自动审批路径和手控审批路径两种工作流的方式,即时监控最新信息的处理流程,并可以根据需要任意调整两种工作方式的互相转换,完全避免信息中断、流程修改等事件的发生。

4.4.3 完善的保密系统

合理、安全、功能强大的用户管理,通过严密的权限控制,杜绝非法访问;所有操作详细记录,具体安全设置涉及用户的每一步操作;用验证、存取控制、字段级加密和电子签名等多级安全措施,保证学院内部信息在传送、审批和存档时的安全性、保密性、数据的完整性及完全性。对一些必要的文件进行了加密。

4.4.4 稳定的运行状态

通用的数据接口、标准的开发技术,重要功能进行组件封装,普通客户端无须任何安装,大型后台数据及成熟的服务器端软件库保证了系统安全、高效、稳定地运行。

4.4.5 强大的系统功能

该办公自动化管理系统分为七大类,共30多个子模块。从网上办公、个人事务、内部管理到网络资源的信息互递等等,利用网络技术的强大优势融合了政府部门或企业日常办公的几乎所有事务。

实现了关系型数据、文本文件、静态图像(黑白、彩色)和录音、录像等多媒体文件、档案信息的一体化管理;提供各类信息的交互查询、模糊查询及全文检索,使各级领导、教职员工等均可以在任何地方、任何时间对浙江工贸职业技术学院的最新动态进行及时掌握、快速获取。

4.4.6 先进的开发技术

系统采用 B/S 架构,实现对 Internet/Intranet 及多用户的全面支持;模块化的开发方式、强大的组件功能、标准的开发模式、流行的开发语言为系统的性能提供了可靠的保证。通用性强,可以适用于不同的部门。

4.4.7 高效的工作方式

充分利用网络的优势,最大限度开发网络资源,实现浙江工贸职业技术学院内部信息的快速传递和资源共享。先进的督办系统,时刻监督工作的处理状态,极大地推动了浙江工贸职业技术学院工作效率和工作质量的提高。实现了对文件的全部信息在制作期、现行期和暂存期中的运行情况进行一体化统筹监控和管理,全面提高了管理水平。

4.4.8 无限的扩展空间、数据库性能优秀

采用 ASP、COM +、JavaScript、SQL SERVER 等标准开发技术,提供全面详尽的开发接口,能方便、快捷的实现系统扩充。系统采用 SQL2000 数据库是一种高性能的关系型数据库管理系统,采用安全账号认证控制用户对服务器的连接,使用数据库用户和角色等限制用户对数据库的访问。同时 SQL 在处理多用户同时连接方面具有更佳表现,可以应付较大的用户数。

4.4.9 无师自通、使用简单

简洁美观的操作界面,傻瓜式的操作方式,一看就懂、一用就会,详尽的使用手册、完善的在线帮助,使您能在短时间内掌握系统的操作。

4.4.10 维护方便、升级迅速、易于管理

能够方便的实现远程升级及维护,定期提供软件升级包,升级方法简便快捷,只需对服务器进行升级一次,所有用户即可使用最新版本。系统易于管理,除了严密的权限鉴别外,还有多种有效的管理措施:超级管理员可以直接通过 Web 方式对系统进行管理,添加删除用户信息和工作信息等。

4.5 系统数据库介绍

本系统数据库采用 SQL2000 关系型数据库。系统的后台数据库支持当今主流的大型关系数据库,并提供数据的备份与恢复功能,数据安全性好,不会出现网络堵塞现象。

4.5.1 完全支持 XML,从浏览器下输入一个 URL 地址,即可直接访问数据库,而返回结果可以是一个 XML 文档。通过指定样式模板参数,可在浏览器中输出丰富的页面。另外,还支持基于 XML 的插入、删除、修改等数据库更新操作。

4.5.2 使用联合服务器来取代通常的集群服务器,各 SQL2000 数据库能被分散在一组独立的数据库服务器上以支持大规模的 Web 站点的访问需求和企业级的数据处理系统。集群任务交给了 Windows 2000。由 Windows 2000 来平衡各服务器之间的负载。

4.5.3 引进了定点恢复功能,在事务处理日志中使用了名字作为标记,从而可以精确地恢复数据。

4.5.4 使用 Windows 2000 的 Kerberos 来支持客户机和服务器之间完整的的相互认证,这就像在计算机之间传递安全证书一样。

5. 总结评价

该系统是我的毕业设计作品,在做这个系统的过程遇到了非常多的问题,因为整个系统一个人开发,工作量很大,几乎什么都要知道,网页设计没有大的问题,虽然大部分采用了 ASP 技术,其中图片和附件的上传采用了 PHP 的无组件上传技术,对一些必要的代码进行了编码,涉及安全的用 ASP2DLL 进行了代码封装,还有 SQL2000 到 SQL7 的数据库转换工作。前段时间为了求真园网站的新版花费了不少时间,所以整个系统完善阶段开展得比较缓慢,现在正投入到测试使用阶段,不久就可以完成。设计完成后,并在此基础上为母校真正实现办公自动化。

参考文献:

[1] 肖金秀. ASP 网络编程技术[M]. 北京:清华大学出版社,2001.

[2] 余晨,李文炬. SQL 2000[M]. 北京:清华大学出版社,2001.

[评析]

方松嵩同学根据 ASP 技术、数据库技术以及办公自动化理论、网络化理论、BS 结构等理论知识,设计了浙江工贸职业技术学院网络办公系统。在此设计的基础上,又真正实现了母校的办公系统自动化,为母校的各部门各系之间工作交流提供了很大的便利,节省了一定的办公人力与物力。本设计思路清晰,结构严谨,内容充实,文字简洁。

【自测题】

一、阅读前面的案例分析,回答问题:

1.结合例文,谈谈设计说明书的特点和种类。

2.结合例文,谈谈设计说明书在格式上有哪些要求。

二、情景写作

选择你所熟悉的某个课题进行研究,撰写一篇设计说明书。

第六部分 论文写作

【知识目标】

1. 了解论文的概念、特点、种类及意义
2. 学习论文写作的基本知识

【能力目标】

1. 认识论文的内涵
2. 掌握论文写作的基本知识

【案例导入】

浙江农民大学生论文选定"回乡创业"
项目计划通过将获经费支持

本报讯(通讯员 陈胜伟 记者 朱振岳)"我现在正在老家温州泰顺的山上,采集当地的植物标本,希望多了解一些植物的习性,为我自己正在策划的就业项目——苦丁茶的开发多积累一些实际知识。"日前,当记者联系上已经回到家乡实习的浙江林学院农民大学生郑月先时,她正在老家的一座山上收集植物标本,她将在对当地植物和气候进行充分调研的前提下,策划撰写自己的回乡创业项目策划书。

与郑月先一样,这段时间浙江省首届84名农民大学生们,全部回到了自己的家乡,在家乡扶贫办的支持下,对本地的农林经济以及相关情况进行调研。在完成调研后,他们将结合地方实际和自己的专业等有关情况,拟订一份有实现可能、适合自己发展的回乡创业项目策划书——这既是农民大学生今后的创业计划,也是他们毕业前需要提交的毕业论文。

据了解,这些由农民大学生完成的创业计划将进行评审,创业项目计划如果经有关专家评审,可操作性强,有关部门将给予一定的经费支持,帮助农民大学生在农村创业。

由浙江林学院负责培养的浙江省首批农民大学生,是在去年2月正式报到入学的。学习期间他们户口仍旧保留在原籍,学费全部由省政府"埋单"。

(本案例选自2007年11月28日《中国教育报》)

问题:

通过阅读本案例请作如下思考:

1. 高职高专毕业论文的选题,应如何把握?

2. 高职高专毕业论文应如何把握文本格式的规范性?

第一单元　认识论文

一、认识论文内涵

论文是指对某一学科领域或工作领域的课题进行分析研究,表述新的科学研究成果或见解的一类文章。

论文有多种多样的类型,不同类型论文的写作均有不同的目的。例如,学术论文是指科研工作者向科技部门提交或供各专业杂志发表用以交流的论文。本科生和研究生的学位论文,是为了申请学位而提交给考核部门的论文。而高职高专的毕业论文,是以解决职业岗位中现实技术应用问题为主要内容的毕业论文,这种论文一般来说应具有较强的实用性,而不是以反映学识和学术水平为主要目的。本书所讲的论文是指高职高专的毕业论文。

二、了解论文特点

(一)应用性

应用性是根据高职高专人才培养目标要求而提出的。2000 年国家教育部在《关于加强高职高专教育人才培养工作的意见》中指出,高职高专教育是我国高等教育的重要组成部分,培养拥护党的基本路线,适应生产、建设、管理、服务第一线需要的,德、智、体、美等全面发展的高等技术应用性专门人才。2006 年教育部在《关于全面提高高等职业教育教学质量的若干意见》中也指出,高等职业教育作为高等教育发展中的一个类型,肩负着培养面向生产、建设、服务和管理第一线需要的高技能人才的使命。高职高专的毕业论文,是在毕业实习中发现问题、解决问题而形成并完成的,所以应该写成应用性的,而不是理论性的。

(二)指导性

毕业论文应在教师的指导下完成,教师具体的指导工作有以下六个方面:

(1)在学生调查研究的基础上,指导学生选题,审定学生确定的论题;

(2)指导学生制订拟订毕业论文的计划,并定期检查;

(3)指导学生搜集和阅读有关参考资料,介绍必要的参考书目;

(4)指导学生开展社会调查或科学实验,搜集第一手资料,做好材料的研究和分类;

(5)指导学生拟订论文提纲,并解答疑问;

(6)审阅论文,评定成绩,并指导答辩。在指导过程中,教师要突出启发引导,注意发挥学生的主动性和创造性。

(三)创新性

创新是科学研究的生命,一篇毕业论文总要有点创新的东西,才有存在的价值。所谓创新性,包括探索前人未曾涉足的领域,补充前人的见解,改进前人的不足,解决出现的新问题等等,只要达到其中的任何一点,都可算作具有创新性。

三、区分论文种类

(一)工作总结性论文

一个人只有不断地工作,并不断地总结,才能形成经验,提升经验,才能指导今后的工作取得更好的效果。工作总结法是为了更好地认识或解决实际问题,甚至是为了创造性地解决某个问题,对自己或他人实践过程所积累的经验进行总结归纳,分析推断,为今后解决问题提供指导性、方向性的思路与方法。工作总结法并非重复自己或他人的实践经验与方法,而应该在此基础上通过总结进一步提升,形成新的更实用的经验与方法。工作总结性论文就是基于上述思想撰写而形成的。工作总结法及其论文的撰写适合于任何一种专业。例文中的《浅谈秘书与领导的关系》属于此类型论文。

(二)调查研究性论文

所谓调查研究法是指为了做出某项涉及范围较广的决策或解决某一个牵涉面较广的实际问题,有针对性地选择一些信息范围和一些代表性广泛的信息源,运用一定的信息获取办法(如个别采访问询法或信函问询法等)广泛获取信息,并对所获取的信息进行科学处理、系统整合分析,得出决策依据或解决问题的途径的研究方法。调查研究性论文就是依据上述一系列调查研究过程和所得出的结论撰写而成的。调查研究性论文一般比较适合服务与管理类专业使用。

(三)试验探索性论文

所谓试验探索性论文是指为了对比和确定某项技术或某种原材料或某种方法的使用效果,而采取有计划有目的的试验,并对人为特定条件下所获取的事实或现象进行观察、分析、综合、判断,得出试验结果,然后如实地将试验过程和创造性成果加以归纳总结而形成的论文。这类论文以试验为获取所需信息的手段,要求学生根据一定的试验目的,通过试验获得科学的依据,或找到解决问题的方法。这类方法一般为工程技术类、种养殖类和医学类专业所采用。

(四)观测分析性论文

所谓观测分析性论文是指为了正确认识某些现象与效果或解决某一问题,有针对性地选定某些观测点或观测范围,通过直接观测、记录,取得相关信息,进行分析、判断得出结论,然后归纳总结而形成的论文。这类论文以观测为获取所需信息的手段,要求学生根据一定的观测目的,通过观测实际发生行为(现象)来分析问题的本质,寻求解决问题的新方法、新途径。观测分析与试验研究的区别主要在于所观测的对象上,前者的观察对象是自然生成的,观测者没有施加任何人为因素,而后者的观察对象则是观测者人为设计的。这种观测分析方法一般较多地用于经营管理类、种植养殖类、医护类等专业。

四、发挥论文作用

(一)撰写毕业论文是完成学业的需要

高职高专学生撰写毕业论文是作为一门课程来安排的,是学生在校期间必须完成的项目之一,是检验学生学习成果的重要标志之一。没有完成毕业论文或者完成得不好,就等于缺少了教学实践环节,就等于没有完成全部学业,当然也就不能毕业。因而,毕业论文的撰写就成了高职院校学生学业的重要组成部分,必须很好地完成。

(二)撰写毕业论文是锻炼能力的需要

撰写毕业论文尽管有老师的指导,但是从论题的确立,资料的搜集、整理、研究、分析,直到论文的撰写、修改、定稿,都由学生自己动手动脑完成,这些都是对学生选题能力、获取资料能力、研究能力和语言文字能力的锻炼。这种锻炼对学生是必需的,也是有益的。

(三)撰写毕业论文是适应和推进社会发展的需要

当今社会,经济繁荣,科技发达,但在各条战线仍会经常出现新情况和新问题,亟待研究解决。高职高专院校的毕业生,应该义不容辞地选择生活、生产中的一些课题去探讨,这既是社会发展的需要,也是自己的一份天职。实践证明,有一批较高质量的毕业论文,为有关部门的决策提供了依据,为解决一些具体问题提出了对策,因而对社会的发展具有推进作用。

综上所述,撰写毕业论文是高职教育不可缺少的重要环节,没有毕业论文的高职教育是不完整的。

第二单元　学会论文写作

一、掌握论文写作结构

论文一般结构是:标题 + 署名 + 摘要 + 关键词 + 正文 + 参考文献。

(一)标题

标题是论文的眉目,又称"题名""文题""题目"。古人语"题括文义",也就是指标题要概括文章的内容,体现文章的主旨或尽可能体现作者的写作意图。论文的标题一般包括总标题和小标题。

1.**总标题**　总标题是文章总体内容的观点,位于首页居中位置,主要有以下四种写法:

(1)观点式标题。主要揭示文章的内容,表明作者对问题的看法,如《带薪休假取代不了黄金周》。

(2)内容式标题,主要揭示文章的内容,表明作者论述的重点所在,如《现代鸡尾酒的推销艺术》。

(3)议论式标题,一般在标题语句的前面或后面标有"谈""论""试论""试析""探索""探析""探讨""初探""研究""思考""刍议"等词语,以表明文章的体裁,如《经济型酒店品牌问题探讨》。

(4)正主副式标题。正题揭示文章的主题或表明观点,副题交代文章研究的内容,如《会议目的地的选择与评估——以上海市为例》。

2.小标题　论文是讲究层次性的,设置小标题主要是为了清晰地显示论文层次,最常用的方式是:数码+对本层次内容高度概括的文字。值得指出的是,这个数码的标法,社会科学类论文一般采用"一、二、三,(一)、(二)、(三)……"的形式;自然科学类一般采用"1、2、3、1.1、1.2、1.3……"的形式。

总之,设置标题要努力做到四点:一要明确,所设标题能够揭示内容或论点,使人一看便知道文章的大意;二要简练,总标题一般不超过20个字;三要新颖,做到不落窠臼,使人赏心悦目;四要有美感,文字长短大致相同,形式均匀对称。

(二)署名

在论文总标题的下面署上作者的姓名。发表的论文在作者下方的括号内依序注明作者的单位、地名和邮编,单位名称与地名之间以逗号分隔,地名和邮编之间以空格分隔。毕业论文有统一封面的,作者的姓名按照规定写在封面的指定位置上。

(三)摘要

摘要是对论文的内容注释和评论的简短陈述,论文一般应有摘要。为了国际交流,有的论文还应有与中文对应的外文(多用英文)摘要。

中文摘要前加"摘要:"或"[摘要]"作为标志,英文摘要前面加"ABSTRACT:"作为标志。

摘要分为报道性摘要和提要性摘要。报道性摘要主要介绍研究的目的、对象、内容、方法、结果、主要数据和结论,主要适用于科研论文;提要性摘要只是简要地叙述研究的成果(数据、看法、意见、结论等),对研究手段、方法、过程等均不涉及,主要适用于毕业论文、学术论文等。

中文摘要一般不宜超过200字,外文摘要不宜超过250个词。摘要一般使用第三人称,不用"我们""笔者"等词作主语,一般置于总标题和署名之后、正文之前,字体字号要区别于正文。

(四)关键词

关键词是反映论文主要内容的单词或术语,每篇3~8个词,按词语的外延层次从大到小排列,尽可能从《汉语主题词表》中选用规范词。每个关键词之间应以分号分隔,以便于计算机自动切分。为了国际交流,有的论文应标注与中文对应的外文(多用英文)关键词。

中文关键词前应冠以"关键词:"或[关键词],英文关键词前冠以"KEY-WORDS:"作为标志。

(五)正文

正文一般由绪论+本论+结论三部分构成。(这一部分的写法应与全书一致)

1. **绪论**　绪论又称引言、前言,是论文的开头部分,它简要说明论文的主要观点及成果、撰写本论文的目的及意义、研究范围、研究方法等方面的内容。绪论只是文章的开头,一般不写序号。如《浅论秘书与领导的关系》,在这一部分主要提出了论文的观点:秘书要做好工作首先就要处理好与领导的关系。

2. **本论**　本论即论文的主体,是论文的核心内容,它是对研究课题作全面分析、论证,详细说明作者观点的部分。根据需要,这部分的结构有不同的形式,常见的有以下几种。

(1)并列式。即将总论点以下分为若干分论点,分论点之间为并列关系,内容紧密相连,但又分说不同的小问题。这种结构的优点是纲目清楚。

(2)递进式。即将总论点以下分为若干分论点,分论点之间的关系为层层深入,逐步上升。这种结构的优点是比较深刻。

(3)过程式。即将研究过程作为整体结构,按照发现问题、研究分析问题、最后推出结论的过程进行论文的写作。这种结构的优点是符合人们认识事物的规律。

(4)综合式。即兼用并列式、递进式的结构方式,根据文章的内容表述需要灵活运用。

需要注意的是,本论部分没有什么固定的结构方式,应根据具体情况采用适当方法科学地安排层次。

3. **结论**　结论又称结语、结束语,是本论部分阐述的必然结果,是本论要点的归纳,是课题研究的答案。结论既要照应绪论,又要写得简明概括。结论作为文章的结尾,一般不写序号。如《浅论秘书与领导的关系》,在这一部分得出了结论:秘书与领导配合的和谐程度和有效程度,决定着秘书的工作的价值和效率,也不同程度影响着领导的工作效率。

(六)参考文献

参考文献,也就是参考书目。在论文的写作过程中,撰写者大都要翻阅查看大量的书籍、报刊,甚至要引用或借鉴其中某些观点、数据。为了反映论文的科学依据,尊重他人的研究成果,向读者提供有关信息,作者在论文正文结束后,一般应列出参阅的主要书刊和网页上文章的目录作为参考文献,置于文尾。

参考文献排序一般有如下几种方法:按照在论文撰写中参考价值的大小;按照论文参考引用的先后顺序;按照文献时代的先后顺序;按照作者姓氏笔画或外文字母的顺序。

参考文献按次序列于文后,以"参考文献:"(左顶格)或[参考文献](居中)作为标志,以[1]、[2]……按序排列,如遇多个主要责任者,以","分隔,一般不在主要责任者后面加"著、编、主编、合编"等词语。

参考文献的主要类型标志为:专著—M,期刊—J,报纸—N,论文集—C,学位论文—D,报告—R。

参考文献的具体写作,可参照 GB/T7714–2005《文后参考文献著录规则》和《中国学术期刊(光盘版)检索与评价数据规范》要求撰写。常见的参考文献书写格式如下。

(1)专著:[序号]主要责任者.文献题名[M].出版地:出版者,出版年.起止页码.

[1]申葆嘉.财经学原理[M].上海:学林出版社,1999.25-26.

(2)期刊:[序号]主要责任者.文献题名[J].刊名,年,卷(期):起止页码.

［2］熊凯. 乡村意象与乡村财经开发刍议［J］. 地域研究与开发, 1999, (3):70-73.

（3）报纸:［序号］主要责任者. 文献题名［N］. 报纸名, 出版日期(版次).

［3］李明. 论人道与人道主义［N］. 人民日报, 1992-03-15(8).

（4）引用特种文献。如论文集、学位论文、报告、内部资料等, 其格式与专著相似。

（5）电子文献:［序号］主要责任者. 文献题名. 电子文献的出处或可获得的地址。

［4］丁俊发. 中国城乡居民消费需求变化的新趋势. http//www. sina. com.

二、明确论文写作要求

(一)论题富有新意

所选论题应是职业岗位上的热点问题, 只有不断地发现新情况, 解决新问题, 才能不断地前进。

(二)材料真实充分

材料一要真实, 不论是理论材料还是事实材料, 都要真实可靠, 不得弄虚作假;二要充分, 不仅要有正面材料, 有时还要有反面材料, 这样才能论证透彻。

(三)格式完整正确

格式上该写的地方, 都要完整无缺地撰写, 而且要撰写正确。

(四)文面清晰得体

论文结论要清晰, 论述要得体, 文字要简洁, 图表运用要规范。

【知识链接】

一、管理文件阅读

广西政法管理干部学院
司法警察系 2005 级高职毕业论文工作安排

为使毕业论文写作、指导这一重要的实践教学环节有序有效地进行, 根据广西政法管理干部学院《关于 2005 级高职学生毕业实习及毕业设计的安排意见》的通知精神, 结合我系的教学实际情况, 对我系 2005 级高职毕业论文工作做如下安排:

一、写作目的:

毕业论文是教学过程中从理论与实践结合上对学生进行综合训练的一个重要的教学环节。它是在学生基本学完基础课、专业课并完成实习的基础上进行的综合性训练, 其目的是通过毕业论文, 对学生进行一次综合训练, 巩固学生所学的基础知识和专业知识, 培养学生运用基本理论和技能去分析和解决本专业范围内有关问题的能力。

二、写作要求:

1. 明确目的, 端正态度, 严肃认真, 按质、按量、按时完成毕业论文工作。

2. 从选题, 搜集资料, 调查研究, 拟订提纲, 写初稿、修改、定稿全过程, 必须要独立思考, 自己动手, 坚决反对东拼西凑、抄袭。拼凑、抄袭、雷同的论文不能参加成绩评定。

3.毕业论文要理论联系实际。注意论文的思想性、科学性和实用性。专业知识要有一定的高度,剖析水平,论证事理要有一定的深度。

4.毕业论文中心要突出,论点鲜明,论据充分,结构严谨,文理通顺,篇幅在5000字左右。

5.毕业论文写作具有很强的时间性,毕业生必须在指定时间内完成写作任务,没有完成或不按时完成的,没有论文成绩,将不能按期办理毕业证。

三、毕业论文的选题

论文选题可以从附件二中选择,也可以自行选定,选题总的要求是:运用所学的专业理论作指导,选择自己熟悉的、当前实用性较强的内容或其他内容进行写作。内容要与所学专业一致,选题应在指定范围内选。题目大小适中,不可贪大求全,要有一定的深度。

四、时间安排:

(一)完成选题。2008年4月1日至4月10日,辅导员负责收集学生选题,审查后报系部。

(二)确定指导老师。2008年4月10日至4月15日,系部根据学生的选题情况聘请论文指导教师,安排指导教师与学生见面,由指导教师对所指导的学生进行具体的指导。

(三)完成写作提纲、论文初稿。2008年4月10日至6月4日,学生撰写论文提纲、收集文献资料或实地调查必须的材料和数据,写出论文初稿并修改直至最终定稿。指导老师对所指导的学生进行具体的指导。

(四)论文成绩初评。2008年6月14日前,指导老师对定稿的论文写出评语,结合论文情况提出初评成绩,将学生论文上交系部。

(五)论文成绩评定。2008年6月20日前,系部对学生论文进行审核后,统计论文成绩上报教务处。

五、论文的结构与要求

毕业论文包括以下内容(按顺序):

论文包括封面、目录、标题、内容摘要、关键词、正文、注释、参考文献等部分。如果需要,可以在正文前加"引言",在参考文献后加"后记"。论文一律要求打印,不得手写。

(一)目录。目录应独立成页,包括论文中全部章、节和主要级次的标题和所在页码。

(二)论文标题。论文标题应当简短、明确,有概括性。论文标题应能体现论文的核心内容、法学专业的特点。论文标题不得超过25个汉字,不得设置副标题,不得使用标点符号,可以分二行书写。论文标题用词必须规范,不得使用缩略语或外文缩写词(通用缩写除外,比如WTO等)。

(三)内容摘要。内容摘要应扼要叙述论文的主要内容、特点,文字精练,是一篇具有独立性和完整性的短文,包括主要成果和结论性意见。摘要中不应使用公式、图表,不标注引用文献编号,并应避免将摘要撰写成目录式的内容介绍。内容摘要一般为200个汉字左右。

(四)关键词。关键词是供检索用的主题词条,应采用能够覆盖论文主要内容的通用专业术语(参照相应的专业术语标准),一般列举3～5个,按照词条的外延层次从大到小排列,并应出现在内容摘要中。

(五)正文。正文一般包括绪论(引论)、本论和结论等部分。正文字数一般不少于5000字。绪论(引论)是全文的开始部分,不编写章节号。一般包括对写作目的、意义的说明,对所研究问题的认识并提出问题。本论是全文的核心部分,应结构合理,层次清晰,重点突出,文字通顺简练。结论是对主要成果的归纳,要突出创新点,以简练的文字对所做的主要工作进行评价。结论一般不超过500个汉字。正文一级及以下子标题格式如下:一、;(一);1. ;(1);①。

(六)注释 。注释是对所创造的名词术语的解释或对引文出处的说明。注释采用脚注形式,用带圈数字表示序号,如注①、注②等。

(七)参考文献。参考文献是论文的不可缺少的组成部分,是作者在写作过程中使用过的文章、著作名录。参考文献应以近期发表或出版的与法学专业密切相关的学术著作和学术期刊文献为主,数量不少于6篇。

六、打印装订要求

论文必须使用标准A4打印纸打印,一律左侧装订,并至少印制2份。页面上、下边距各2.5厘米,左右边距各2.2厘米,并按论文装订顺序要求如下:

(一)封面 。封面包括《广西政法管理干部学院学生毕业设计(论文)表》(封面)、《学生毕业设计(论文)评审表》(底封)(封面由学院同一印制、发放)。

(二)目录。目录列至论文正文的三级及以上标题所在页码,内容打印要求与正文相同。目录页不设页码。

(三)内容摘要。摘要标题按照正文一级子标题要求处理,摘要内容按照正文要求处理。

(四)关键词。索引关键词与内容摘要同处一页,位于内容摘要之后,另起一行并以"关键词:"开头,后跟3～5个关键词(采用宋体),词间空1字,即两个字节,其他要求同正文。

(五)正文。正文必须从内容摘要页开始,并设置为第1页。页码在页末居中打印,其他要求同正文(如正文第5页格式为"— 5 —")。

论文标题为标准三号宋体字,居中,加粗,单倍行间距;论文一级子标题为标准四号宋体字,加粗,25磅行间距;正文一律使用标准小四号宋体字,段落开头空两个字,行间距为固定值25磅;

(六)参考文献。按照GB/T 7714—2005《文后参考文献著录规则》规定的格式打印,内容打印要求与论文正文相同。参考文献从页首开始,格式如下:

1. 著作图书文献

序号 作者书名[文献类型标志].出版地:出版者,出版年.

如:[4]劳凯声.教育法论[M].南京:江苏教育出版社,2001.

2. 译著图书文献

序号 作者.书名［文献类型标志］.出版地:出版者,出版年

3.学术刊物文献

序号 作者.文章名［文献类型标志］.《学术刊物名》,年卷(期)

如:［5］周汉华.《变法模式与中国立法法》［J］.《中国社会科学》,2000(1)

4.学术会议文献

序号 作者.文章名［文献类型标志］.编者名,会议名称,会议地址,年份,出版地,出版者,出版年

5.学位论文类参考文献

序号 作者.学位论文题目［文献类型标志］.学校和学位论文级别,答辩年份

6.西文文献

著录格式同中文,实词的首字母大写,其余小写。

参考文献作者人数较多者只列前三名,中间用逗号分隔,多于三人的后面加"等"字(西文加"etc.")。

学术会议若出版论文集者,在会议名称后加"论文集"字样;未出版论文集者省去"出版者"、"出版年"项;会议地址与出版地相同的省略"出版地",会议年份与出版年相同的省略"出版年"。

二、案例阅读

浅论秘书与领导的关系

义乌工商职业技术学院文秘专业　赖晶晶

指导老师:胡　艳

摘要:秘书的工作性质决定了其工作必须处理好人际关系,尤其是处理好与领导的关系。这对提高自身工作效率是很重要的。秘书要处理好与领导的关系,在工作中应该遵循敬业、服从、做好请示三大原则,并充分了解领导意图、摆正自己位置、争取领导信任、彼此相互沟通、加强适应领导,达成工作上的默契,从而促进工作上的和谐关系。

关键词:秘书　领导　关系

秘书与领导的关系是秘书工作中的一个关键因素,做好秘书工作首先就要处理好与领导的关系。而处理好秘书与领导的关系,首先要了解秘书与领导之间是一种领导与被领导,主导与辅助的关系,即秘书要为领导服务,做领导工作上的助手和参谋。领导下达工作指令,秘书必须执行领导的指令。秘书是领导机关上情下达、下情上报的枢纽,是领导的左右手。于是一个称职的秘书就要把握与领导相处的原则与方法,懂得领导心意,适应领导的工作方法,摆正自己位置,自觉服务于领导。总之应该体现出一种和谐的关系。

一、秘书处理好与领导关系的重要意义

秘书与领导的关系,这是秘书工作中最重要的一种关系。这一关系不仅仅存在领导与被领导,服务与被服务的工作关系中,同时也交织着人与人之间在思想、知识、情感等方面的交往关系,更是处理好秘书工作中其他各种关系的基础。它贯穿于秘书工作的全部

活动中,处理得当,工作效能就能得到更好地发挥;处理不当就会影响秘书人员工作的积极性,也会直接影响领导的工作。所以学会与领导相处之道,正确把握并处理好与领导的关系,对每个秘书来说都尤其重要。

二、秘书与领导和谐相处应遵守的原则

(一)敬业是基本原则

要与领导建立良好关系,就要爱岗敬业,认真地、积极地、有创造性地去工作。没有一个领导能容忍没有责任心的秘书,也不会有一个领导会对不能完成工作的秘书产生好感。没有自己良好的工作表现,处理好与领导的关系就失去了基础。所以秘书必须努力提高自己的职业素质和工作能力,这也是对秘书的最基本的要求。大体可以从以下两方面体现:

1.工作中全心全意,尽职尽责。秘书,处于承上启下的地位,是领导机关上情下达、下情上报的枢纽,所以应该重视自己的职业,本着认真负责、一丝不苟的工作态度,并对此付出全身心的努力。即使是很枯燥的,周而复始的事,也要仔仔细细、兢兢业业地完成,做到善始善终。

2.工作中不要忽视细微之处。任何单位无论分工多么细致,也总有一些不起眼的地方被大家忽视,有心的秘书往往就会留意这些细微之处,并能很好地完成它,这也体现了你的敬业。在领导眼里,这些做法属于填补空白、弥补疏漏的行为。如果你比别人更细心,心眼更多一点,考虑更周全些,那么也会更被领导所重视,自然能与领导处好关系。

(二)服从是首要原则

下级服从上级,是上下级开展工作,保持正常工作关系的前提,是融洽相处的首要原则,也是领导观察和评价自己下属的一个尺度。所以对待领导的指示,一要态度坚决地执行,即对领导的指示不得以任何借口拒不执行,也不得随心所欲,阳奉阴违,越权越位;二要认真负责地执行,即不能采取敷衍了事的态度,毫无主动性和创造性,仅仅只是按部就班地执行,而是要把对领导的负责和对事业的负责统一起来,从实际出发,创造性地贯彻执行。作为一名秘书,要时刻注意自己的情绪,只要领导说得对,就应该坚决服从,哪怕对领导的指令和意图暂时不理解,但行动上也要服从。

(三)做好请示是重要原则

向领导请示也是一门学问,但凡事无论大小都向领导请示也是不明智的。领导的主要精力是管理大事和把握关键,无关紧要的事会让他产生权威性被降低的感觉。因此,秘书行请示就要把握一个度,请示的问题必须是关键的,有价值的,才能更好地使领导感觉和体会到他的权力的有效性和价值。如何把握请示的关键,一般要注意以下几个方面:

1.抓住关键事情即领导主管领域的事情。如影响面广,牵涉利益方面的,一定要多多请示。

2.找准关键地方。如会议地址的选择,排名或座次安排就应征询领导意见。

3.掌握关键时刻。请示也要把握"火候",该请示时不能懈怠,不该请示时要等待时机。

4.分析关键原因。请示前你应该对请示的原因有个圆满的说法,要让领导感觉到事情很重要,需要慎重考虑,也要让他知道你考虑问题很周到。

5.采取关键方式。方式不同,请示的效果也会大有区别,应该看事情的轻重缓急,酌情选择。

三、秘书与领导和谐相处应把握的方法

(一)了解领导意图,懂得辅助决策

在工作中,秘书要正确处理与领导的关系需要一定的前提条件,即秘书首先必须了解领导的方针政策,并辅助决策。一个单位和部门,日常需要处理或解决的问题涉及方方面面,作为领导,不可能把全部精力和时间投入到每项具体工作中,而是更多地交给秘书人员办理和完成。从而秘书在日常工作中必须具备敏锐的观察能力和较强的思维能力,了解哪些是自己应按常规处理的日常事务;哪些必须请示有关领导后,才能处理的;哪些又属于自己不该知晓的问题,该回避的等等。还有领导没想到的,要替领导想到并做到;领导身份不便出面协调办理的事,要替领导出面协调、办理;领导需出席或参加有关重要会议,秘书应及时主动地为领导收集准备会议相关资料及发言材料。在任何时刻,秘书都应树立乐于奉献的精神,甘心为领导做好幕后工作。一个称职的秘书应时时刻刻替领导着想,做好领导的"二传手",积极辅助领导出谋划策,做到只参谋,不决策,让领导自己拍板决定。

(二)摆正自己的位置,不要越权越位

秘书要处理好与领导的关系,还要不断地提醒自己认清自己的身份,摆正自己的位置,不要越权越位。首先必须认清"我是谁"这个问题。在工作中,秘书永远要遵循规则,为领导搞好服务。其次要知道"我在干什么"。秘书所从事的一般是基础性工作,包括资料收集、文件整理、材料写作、调查研究等,处于从属地位,其价值只有在为整体服务的过程中才能得到认同。所以秘书一定要清楚自己只是领导的助手,只是负责掌管文档、安排事务并协助领导或机构处理日常工作的人,在企业中起着承上启下的作用,是领导与员工之间的纽带。另外,秘书是辅助型角色,而不是决策型角色,所以把握分寸是关键。

(三)自觉服务领导,主动做好工作

一个好的秘书不是等着领导来分配任务,而是应主动并积极地替领导计划好工作任务,所以要具有自觉服务意识。主要体现在:在会议管理方面,应做好会前筹备,主动收集会议信息,整理会议资料,撰写会议演讲稿供领导参考;参加会议时要认真听、记、想,做好会议记录,一般不要发言,但要随时准备发言;会议结束后,做好会议整理,跟踪反馈落实会议精神;跟随领导待人接物时要热情、谦和、礼貌,但为了保证领导的工作和休息,该挡驾的还是要挡驾;参加活动应尽量靠边靠后,找不显眼的地方,但注意力要集中,随时准备应付各种情况。在事务管理方面,把自己当做是领导的管家婆,要创造一个良好、健康的工作环境,妥善安排领导每天要接待的访客和参加的各种活动,最重要的是对领导的日程安排要了如指掌,并不忘提醒。

(四)取得领导信任,彼此相互沟通

以诚相待是人际交往中最重要的砝码,大多数矛盾都是能用诚信来解决,并赢得良好声誉的。任何一个精明能干的秘书,如果没有领导对他的肯定及信任,那么要想在工作中取得突出成绩是不可能的。日本学者土光敏夫在《依赖的基础》一书中提到:要站在对方立场来思考事物;确确实实遵守约定;言行必须一致;彼此要经常沟通;多体谅对方难处;使领导依赖自己的基础,莫过如此。信任分为两种,一种是对人品的信任,一种是对工作能力的信任。可以从四方面来争取领导的信任:

1. 勇于接受任务。如果你对工作推脱扯皮,表现得非常懒散或没有自信,一般都会失去领导的信任;勇于接受任务,这是一种积极、自信、有魅力的表现,那么领导必然对你的人格表示赞赏。

2. 信守承诺。对自己所承诺的话一定要负责,即使不能兑现也要有充分理由。但是,你在接受任务时信誓旦旦,到头来却迟迟不付诸行动,或拖拖拉拉不见成效,那么领导肯定不会信任你。相反,每次你都能保质保量地完成任务,领导就会对你另眼相看。

3. 勤于沟通。即使你工作表现相当出色,但不与领导进行及时沟通,领导也不一定对你产生信任感。比如你把一件事办得很完美时,记得一定要向上级汇报,不要以为领导什么都知道。把事情讲明白,领导才能对你的能力有全面了解,你才能更好地争取领导信任。

4. 告诉领导你的行踪。不要使自己成为不知去向的人,离开办公室一定要有人知道,以便领导可以找到你。

（五）善解人意,达成工作上的默契

从客观上看,每个秘书人员都希望自己的工作得到领导的赏识和重视,领导也希望身边的秘书可以善解人意,办事精干可靠。要创造这样一个良好的合作氛围,秘书人员必须清楚地了解领导的个性、思维方式和工作作风。所以秘书要善解人意,从领导者的角度去考虑问题,善于倾听领导的言论,理解领导意见和意图,从而促进和协助完善领导的意图,达到"心有灵犀一点通"的境地,才能与领导珠联璧合,达成思想上的默契。以起草领导讲话为例,往往领导只给拟写文稿的任务,没有详细的提纲,这任务的难度是可想而知的。如果在接受任务时,秘书能摸清领导思路,领会领导意图,甚至掌握必要的参考线索,那么就完全可以把文稿撰写得符合领导心意了。从心理角度分析,领导常常只过问大事,而不拘泥于小事,所以秘书要替领导办他不愿办的小事,如打扫办公室,接电话,写总结等。另外领导在工作中发生冲突,但不想失面子或得罪人,那秘书就要甘当"挡箭牌",挺身而出;领导在工作中向你发脾气,那秘书就要耐心地听领导发泄,从而理解并谅解,这样领导就会感觉到你是善解人意的,是他的好帮手,从而有助于工作的顺利进行。

（六）适应领导,跟上工作节奏

众所周知,领导人由于年龄、文化程度、成长环境、工作经历、家庭状况的不同,在工作方面、生活习惯、为人处世、兴趣爱好等方面差异较大,各有千秋。所以秘书不仅要清楚了解,更要学会适应领导的这些特征习性。如在作息习惯方面,有的领导喜欢按部就班,把工作放在上班时间完成;而有些领导由于工作繁忙,必须加班加点,作为秘书的你一定不能抱怨,只有去适应。《周恩来和他的秘书们》一书中曾写道:"周总理每天工作到凌晨3~4点钟才睡觉。第二天11点多起来,从上卫生间就开始办公了,在卫生间看报纸、文件、参考资料,白天接见外宾、参加会议,晚上批文件,时间安排得满满的……"。所以秘书的生物钟只有与领导保持一致,才不会误事。又如在交谈习惯方面,对于同一工作,有的领导只要求知道结果,有的领导则要了解全过程。于是秘书必须针对领导交谈习惯有选择地汇报,才能达到目的。反之,既耽误了时间,又没什么效果,领导还不满意。所以,秘书要适应领导,与领导的思想保持一致,迎合领导的工作方法,这样工作起来就能提高效率,相处也就更融洽了。

在新的历史时期,秘书工作的主要服务对象是领导,秘书的主要任务是为领导者提供及时有效的综合性公务和服务。秘书与领导配合的和谐程度和有效程度,决定着秘书工作的价值和效率,也不同程度地影响着领导的工作效率。所以秘书在工作上与领导应相互信任,配合默契,实现辅助性与主动性的统一,充分发挥助手的作用。

参考文献:

[1]刘加福.争取信任赢得人生[M].北京:中国纺织出版社,2007

[2]张　帆.读懂领导[M].北京:中国工人出版社,2002

[3]刘明,张玉琴.现代领导需要什么样的秘书[J].办公室业务,2000,(01)

[4]刘利利.浅论秘书与领导关系[J].四川内江:内江科技,2007,(08)

[5]李通福.秘书如何处理好与领导的关系[J].办公室业务,2004,(03)

[6]罗颂华.浅析秘书与领导相处的艺术[J].办公室业务,2004,(03)

[7]芜　君.成功秘书跟我学[M].呼和浩特:内蒙古人民出版社[M],2004

[评析]

赖晶晶同学的《浅论秘书与领导的关系》,选题具有较强的现实意义,从秘书处理好与领导关系的原则和方法两个角度进行深刻论述,分析全面客观,针对性很强。论文观点鲜明,逻辑清晰,文句通畅。

【自测题】

一、阅读前面的案例分析,回答问题:

1.结合例文,谈谈毕业论文的特点和种类。

2.结合例文,谈谈毕业论文在格式上有哪些要求。

二、情景写作

选择你所熟悉的某个课题进行研究,撰写一篇论文。

第七部分 实物制作

【知识目标】

1. 了解实物制作(媒体作品等)的概念、特点、种类及意义
2. 学习实物制作(媒体作品等)写作基本知识

【能力目标】

1. 认识实物制作(媒体作品等)写作内涵
2. 掌握实物制作(媒体作品等)写作要求

【案例导入】

黑龙江工程学院汽车工程系

举办毕业设计实物制作及优秀毕业设计(论文)展

黑龙江工程学院汽车工程系于2009年7月1日在机电工程楼三楼走廊及308室,7月2日—8日在B区大厅举办了2008届毕业设计实物制作及优秀毕业设计(论文)展。

在2008届毕业设计(论文)中,汽车工程系涌现出了许多围绕汽车与交通,融合机、电、软件、硬件于一体的实物制作作品。这些作品融入了指导老师和学生的智慧和汗水,体现了该系毕业生的动手能力和创新能力。为了展示学生毕业设计成果,展现学生创新意识,进一步培养学生的创新能力,促进毕业设计(论文)质量的提高,汽车工程系特举办此次展览。

展览吸引了该院大批师生前来参观,大家对这些作品给予了极高的评价和由衷的赞叹,有的还拿出手机或相机拍照,师生们一致希望今后多举办这样的活动,为广大师生提供一个学习交流的平台。

武汉科技学院高等职业技术学院

首次举办2009届工科毕业设计作品展示

2009年4月28日,武汉科技学院高职学院在服装艺术楼101室首次举办了工科毕业设计作品展示,这是该校首次工科类实物作品的展览,展现了高职学院培养学生动手能力取得的丰硕成果。

从2008年开始,高职教学推出了"以自己动手为要求,以实物作品为基础,以作品设计说明为论文形式"的毕业设计改革,加大推行"动手能力培养为主线"的创新实验教学力

度。这次毕业作品展示与 2008 年 10 月进行的将课程设计和下厂实习的"两课融合"以及从 08 级开始实行的素质拓展课的全面展开相呼应,力争实现"以市场经济发展为方向,以就业创新为落脚点",全面提高学生的就业素质。

本次展览展示了 06 级数控、机电一体化、应用电子、鞋类设计与工艺专业的 114 件作品,包含了 399 名学生和 42 位老师两个多月的心血。

数控专业周星元等老师指导学生在数控机床上加工出了一批精美的模具。

机电专业吴世林等老师指导的机电 061 班制作出的优秀毕业设计作品,如,许德力等设计、加工制作的"微型数控雕刻机",傅琳、洒西彬等合作制作的"全向型机器人底座及方向轮"等,这些作品很好地体现了高职学生手脑并用、专业上机电一体化的特点。

应电专业李德骏老师指导刘猛德等设计制作的"多功能时钟",刘丰老师指导宋亚礼制作的"温度检测与报警系统",李云侠制作的"液晶显示屏"等作品,涵盖内容广泛、制作工艺复杂,呈现了小作品大制作的特点。

鞋类设计与工艺专业展示的陈婷老师指导制作的专业运动鞋、滑板鞋、休闲鞋和童鞋缤纷多彩,让人目不暇接、爱不释手。

观看作品展示后,许多学生感慨不已,纷纷表示要不断提高自己的技能水平,争取做出更优秀的作品。这次展示对推动学生树立自我设计、自我制作的理念,激发创作热情,实现毕业、就业的"零距离"对接,发挥了积极的作用。

问题:

1. 什么是实物制作?

2. 你认为实物制作这种毕业设计的优点在哪里?

第一单元　认识实物制作(媒体作品等)

一、认识实物制作内涵

(一)实物制作的内涵

1. 理解实物的含义　实物有两种含义:一是指现实的具体的东西,如临摹图画的实物、服装制作;二是指实际应用的东西(一种工具),如文书档案管理软件等。

2. 理解制作的含义　这里的制作有两种含义:一是制造、制作;二是著述、创作。

(二)毕业论文(设计)实物制作的定义

实物制作是毕业论文(设计)中的一种较为年轻的形式,关于对毕业论文(设计)中实物制作的定义,目前学术界还没有一个明确的规定。本书根据多年来高职院校的教学经验认为,实物制作是毕业生根据专业理论和专业知识,在顶岗实习的基础上,利用现代技术设计手段制作的现实具体的作品或实际应用的工具,并附有作品说明方案或论文的一种毕业论文(设计)。

二、了解实物制作特点

(一)科学性

科学性就是要客观地反映事实,忠于事实,不带主观随意性。这就要求毕业生要查阅相关资料、提出制作方案,在充分论证的基础上完成制作。所反映的科研成果是客观存在的自然现象及其规律,是被实践检验的真理,具有较高的实用价值。在制作过程中要有严肃认真的科学态度和一丝不苟的科学精神。

(二)原创性

主要包括作品内容的原创性、创作主题或形式等方面的新颖性和独特性因素等。实物制作应是前人未能解决或尚未解决的问题,是社会生产生活中迫切需要解决的,有新颖性和时代感的作品。比如服装制作就应针对现在的市场需求情况,在服装设计理念上有所创新。从服装的款式、色彩、图案等方面,给人带来耳目一新的感觉,以满足人们的不同生活需求和求新求美求变,追求时尚新鲜的心理需求。

(三)实用性

实物制作这种毕业设计的形式,是为适应高职高专培养人才目标而产生的,因此必须具有实用性。要选择与本行业、本专业实践紧密结合的题目,特别鼓励选择来自实践一线有用户需求的应用性课题。比如并不是最好看的网页就是最好的网页制作,实用性要比艺术性更重要。实用性还表现在实物制作方面要具有市场性,鼓励毕业生直接参与市场项目的毕业设计。

(四)协作性

实物制作这种形式往往需要多个人共同完成。比如创作并制作电视新闻纪录片、电视文艺片(或剧本创作)、系列电视广告片、系列新闻深度报道、媒体内容策划或媒体经营管理策划、新媒体项目设计与开发等形式,常常不是一个人可以单独完成的,需要创意小组共同完成,这就体现出这种毕业设计的协作性。

三、区分实物制作种类

毕业论文(设计)可以按照专业的特点进行分类。

(一)工科类专业实物制作

工科类专业主要是研究工学方面的专业学科。根据专业的特点,实物制作主要有以下两种类型:

1.**实际产品** 工科类专业毕业生根据各自专业的基础理论知识、基本技能,制作与本专业相关的实际产品。如汽车工程系围绕汽车与交通,制作融合机、电、软件、硬件于一体的实际产品;机电专业设计、加工制作的"微型数控雕刻机"、"全向型机器人底座及方向轮"等。

2.**软件** 工科类专业具有职业性、技术应用性、社会实践性的特点。职业教育特征强调现行工科专业学校必须面向企业、面向工程、面向职业岗位,即掌握专业所必需的文化与专业知识、专业技术应用能力和专业技能的有机结合的重实践教学体系,因此计算机辅助教学(CAI)在其中占有重要的地位,要求学生有较强的计算机应用能力。毕业生除了制作实际产品外,还可以进行与本专业对接的软件制作。如电子通信类毕业设计可以进行"RSA 算法的软件制作"、"文件加密软件制作"等。

(二)艺术类专业实物制作

艺术类专业一般有两大类:美术和音乐。其美术方面范围较广,有动画设计、平面艺术设计、服装设计、环境设计(雕塑设计、室内装潢设计、景观设计),油画、国画,书法,陶瓷,模型设计、娱乐软件设计、广告媒体设计、展示设计、招贴设计等。根据其专业的特点,实物制作主要有以下三类:

1. 服装制作 高职高专艺术类服装专业的毕业生,可以利用专业知识和专业技能,与社会接轨,制作服装实物,向社会和学校展示自己的科研成果。

2. 多媒体制作 多媒体就是多重媒体的意思,可以理解为直接作用于人感官的文字、图形、图像、动画、声音和视频等各种媒体的统称,即多种信息载体的表现形式和传递方式。多媒体的涵盖面极广,从广义来讲,数字音频制作、动画视频制作、网站制作甚至游戏开发,都可以归结到多媒体中。多媒体设计与制作专业的毕业生可以运用多媒体制作这种毕业设计形式,如数码 MTV 制作、Flash 多媒体课件制作、网络多媒体电子杂志制作等,以向社会和学校展示自己的科研成果。

3. 手工艺品制作 艺术类专业的手工艺品制作,是指利用各种不同的材料、采用不同的制作方式,设计不同的作品模式,基本上用手工制作的作品。手工艺品的制作材料不限,可以是陶瓷、铁丝、纸、布、线,废旧物品等其他混合材料。手工艺品的制作方式也不限,可以是雕刻、剪、扎、编、织、绣等其他混合方式。通过手工艺品的制作,向社会和学校展示自己的科研成果。

(三)管理、人文、教育类专业的实物制作

管理、人文、教育类专业具有基础性、综合性、科学性的特点,培养人才的目标必须是富有创新精神,具有科学探究习惯的全面发展的厚基础、宽口径、高素质、多功能的新型人才。因此作为培养人才关键环节的毕业论文,就显得非常重要。以往单一的毕业论文形式已经不适应培养目标需要,近几年又将"实物制作"列入毕业论文(设计)中,效果较好。经过尝试的实物制作有以下几种:

1. 媒体作品制作 所谓媒体,是指传播信息的介质,通俗地说就是宣传的载体或平台,能为信息的传播提供平台的可以称为媒体,至于媒体的内容,应该根据国家现行的有关政策,结合广告市场的实际需求不断更新,确保其可行性、适宜性和有效性。传统的媒体分为四大类:电视、广播、报纸、杂志,此外,还有户外媒体,如路牌、灯箱的广告位等。随着科学技术的发展,逐渐衍生出新的媒体,如,IPTV、电子杂志、互联网等。管理、人文、教育类专业具有广泛的社会性,因此媒体作品的制作就非常适应毕业实践检验的方式。如广电专业的毕业生根据相关专业知识进行制作,纪录片、深度报道、报刊编辑、图书策划出版等形式都可以,以验证自己对理论知识的实际运用;汉语言文学专业和文秘专业的毕业

生可以在报纸杂志上发表与专业相关的文章作为毕业论文(设计)等。

2. **多媒体制作** 随着科学技术的发展,电子计算机的广泛应用,大学生大多是在多媒体教学的环境中成长的,管理、人文、教育类专业的学生也不例外,因此毕业生可以在本专业理论知识的基础上,把自己研究的课题用多媒体的形式展示出来。如汉语言文学专业的毕业生,可以把自己有创意的教案设计成多媒体课件;文秘专业的毕业生可以把自己策划和组织的一次较大的现代会议制作成 ppt 或视频等等。

3. **实际物品** 管理、人文、教育类专业以"实际物品"形式的毕业论文(设计),和工科类相比显得不多。但近两年也有尝试这种形式的,非常有创意。如,汉语言文学专业的毕业生设计一种具有创意的教具;文秘专业的学生设计一套秘书礼仪的体操等等。

4. **软件** 相对工科类,管理、人文、教育类专业软件形式的实物制作,也相对较少,难度较大,但也可以鼓励尝试。如文秘专业的学生,可以制作 VB 的办公秘书软件等。

就目前文秘专业学生来说,实际运用的实物制作主要是媒体作品。

四、发挥实物制作作用

(一)实物制作阶段是学生知识系统化地吸收和升华的阶段

我们知道撰写毕业论文(设计),旨在培养、检验毕业生通过调查研究、经验总结、对比分析等实践教学手段,运用本专业相关的知识与技术应用能力,展示所获得成果的能力。作为毕业论文(设计)的一种形式的实物制作,可以引导学生系统整合、灵活运用所学知识和技能,独立思考,发现问题,创造性地解决问题,实现对学生综合素质和专业技能进行"组装"和提升,实现大学与社会的"无缝接轨"。

(二)实物制作阶段是学生实践动手能力和创新能力的阶段

实物制作,可以提高学生的实践动手能力,加强理论知识与实践的联系,培养具有较强的实践动手能力和创新意识的应用性人才。实物制作旨在突出大学与社会结合、理论与实践结合、继承与创新结合、探究与撰写结合,以激发学生的创造性潜质、提高学生专业技能为出发点,将各专业主要教学内容和素质要求,集中整合在制作的内容和组织活动中。如,广电专业的毕业生根据相关专业知识进行制作的纪录片、深度报道、报刊编辑、图书策划出版等作品,必须具有专业性,以考察学生对理论知识的实际运用,突出应用型人才培养的特点。这样既考察了学生的专业实践能力,又考察了专业理论水平,可以较好地完成应用型人才培养的目标。

总之,实物制作的选题具有专业性、针对性、实践性和应用性。紧扣专业培养目标,做到与专业实习、专业课程学习相结合,切实与科学研究、技术开发、生产实践、经济建设及社会发展结合起来。对于提高学生的实践动手能力,加强理论知识与实践的联系,培养具有较强的实践动手能力和创新意识的应用性人才,具有重要的现实意义。

第二单元　学会实物制作(媒体作品等)写作

一、掌握实物制作(媒体作品等)写作方法(或技能)

完成实物制作,一般有以下几个步骤。

(一)确定实物制作选题

实物制作的题目,一般由指导老师按照专业培养目标的要求,结合生产实际、科研现状以及经济、社会发展的需要提出,也可由学生自选课题。论文(设计)题目提出后,经专业教研室组织专家研究、审查,集体讨论确定。要符合以下要求。

(1)选题要有专业性、针对性、价值性。如设计类(工程设计、软件开发等)题目应具有实用意义,切忌脱离实际。工科专业应以设计类题目为主,以强化工程意识,培养工程实践能力;论文类题目应具有一定的现实及理论意义。

(2)选题要有新颖性。选题应是前人未能解决或尚未解决的问题,是生产生活中迫切需要解决的,有新颖性和时代感。

(3)选题要有可行性。题目难度要适当,分量要合理,涉及的知识面、理论深度要符合学生在校所学理论知识和实践技能的实际情况,提倡真题真做,密切联系实际。题量选择要使学生经过努力能够完成,对优秀学生可适当加大分量和难度。

(二)确定实物制作方案

选题确定后要编写实物制作方案。实物制作方案一般包括一下几个部分:制作目标(制作任务);制作材料;制作步骤;制作要求;完成时间;制作者。也可以根据专业特点,编写实物制作方案,灵活操作。

单片机八路抢答器制作方案

一、设计任务

设计一个单片机八路智能抢答器,使其可以完成竞赛时选手抢答功能。

二、制作材料

编　号	名　称	数　量	编　号	名　称	数　量
S0~S8	复位开关	9	LT5547	数码显示管	1
R1~R8	下拉电阻	8	VD1~VD9	二极管	9
R9~R14	电阻	6	C1,C2	极性电容	2
R15,R16	分压电阻	2	C3,C4	非极性电容	2
IC1 74LS2733	锁存编码器	1	VD	单向可控硅	1
IC2 CH233	数显译码器	1	V	二极管	1
IC3 KD	音乐集成电路	1	T1,T2	三极管	2

| 555 | 定时器 | 1 | B1,B2 | 喇叭 | 2 |
| KT | 时间继电器 | | | | |

三、制作步骤(略)

四、制作要求

(一)基本要求:

1.设八个抢答按钮,另设一个按钮用来清零。

2.抢答时能够显示队号,具有报警功能。

3.只要有按钮按下,电路锁存,其他选手按钮功能失效。

(二)发挥部分:

1.电路具有倒计时功能,倒计时时间可调。

2.为抢答器加装一个计分器。

3.其他。

五、制作时间(略)

六、制作者(略)

二、明确实物制作(媒体作品等)写作要求

(一)作品要求

国家标准的按国家标准执行,暂无国家标准的可按行业或专业要求。

1. **主题突出** 好的毕业设计作品中总要有一个主要对象以表现主题,即整个画面的中心事物只能有一个,这样叫做主题明确。如,服装设计专业的作品可以设计以实用装为主题;广电专业的制作的纪录片可以一个人物或一个现象,反映一定的生活;文秘专业的学生设计的秘书礼仪的体操应是主要体现当代秘书的礼仪风采等等。

2. **创意新颖** 创意新颖就是作品一定具有原创性,并且能体现时代的发展潮流,表现新工艺、新材料等,能给人耳目一新的感觉。如,山东德州学院 2009 年服装毕业设计中《生命海洋》《舞动的青春》《梦幻花妖》等作品融入了设计者独特的理念,在创意、造型、结构、色彩、工艺等方面或清雅脱俗、娇俏十足,或狂妄不羁、妩媚妖娆;《净粉思咏》优雅如画,在 T 型台上舒舒缓缓展开,美丽如花,层层叠叠绽放。整体作品体现了 80 后新生代设计师用自己的理解诠释时尚、时代特性以及人群特点。

3. **构图合理** 构图是指作品中艺术形象的结构配置方法。它是造型艺术表达作品思想内容并获得艺术感染力的重要手段。因此要求构图要合理。在毕业设计中并不是所有的设计都需要构图,如纪录片、新闻报道等。有的毕业设计需要构图,如,影视专业的摄影作品的构图,要求需清楚地表明作者的拍摄意图,合理地安排主题外的其他物体,使其成为主题的补充;影视广告专业的平面设计是将不同的基本图形,按照一定的规则在平面上组合成图案的,更加应该强调构图的合理。

4. **图像、色彩清晰分辨率高** 图像、色彩清晰分辨率高也不是针对所有的毕业设计。

主要针对的作品如,照片、纪录片、视频、为××产品做电视广告设计、制作的CCD等。

5. 所选设计作品不可与市场上已有设计雷同　这里主要针对的是作品的原创性,前面已经阐述过,这里就不赘述了。

(二)设计说明书要求

1. 相应的创意来源　创意来源也就是毕业设计的设计目的,如,前面示例二《〈青春〉纪录片2009—2010年拍摄方案》中,其创意来源就是"拍摄目的"。

2. 相应的设计思想、设计体会　设计是不能凭感觉做的,要考虑各种因素,要寻找最佳的表达方法,要把自己的感觉翻译成大众能够理解的有效视觉语言。设计是为了一定的沟通和传达目的而做的,使用的所有元素应该都有实际的根据和充分的理由,有它需要完成的任务。如果它是一张海报,它要明确地告诉你它的内容。如,《〈青春〉纪录片2009—2010年拍摄方案》中"整部片子时长1个半小时左右,基本就是拍摄者对于被拍摄者的跟踪纪录拍摄,完全纯客观的纪录,不设定情节,不设定造型,按照生活本来的样子拍摄,跟踪期一年至一年半(当然不是24小时拍摄,根据双方商量取舍),纪录其找工作及刚参加工作后的种种现实(家庭的、工作上的、经济上的、情感上的等等)",这段文字就是设计思想。设计体会就是体验领会。如,"我通过查阅大量有关资料,与同学交流经验和自学,并向老师请教等方式,使自己学到了不少知识,也经历了不少艰辛,收获巨大。在整个设计中我懂得了许多东西,也培养了我独立工作的能力,增强了对自己工作能力的信心,相信会对今后的学习工作生活有非常重要的影响。而且大大提高了动手的能力,使我充分体会到了在创造过程中探索的艰难和成功时的喜悦。虽然这个设计做的也不太好,但是在设计过程中所学到的东西是这次毕业设计的最大收获和财富,使我终身受益。"之类文字。

3. 可以图文并茂　并不是要求所有设计说明都要求图文并茂,这要根据专业的特点,设计的类别而定,如装潢专业、汽车专业、园林专业等设计,如果能做到图文并茂,效果会更佳。如前面的示例三《学生宿舍管理系统毕业设计说明书》就插入软件的界面图,这样效果较好。

4. 语言应力求做到准确、简洁、质朴、得体　语言准确就是指所选用的词语能如实地反映客观事物,确切地表达作者的意图;语言简洁就是用最经济的词语表达丰富的内容,不重复啰唆;语言质朴就是明白清楚,不晦涩,不追求华丽;语言得体就是合乎特定语境,特定场合,换句话说,就是特定的专业用特定的"行话"。

5. 如果是产品或软件之类的应具有操作说明　如果是产品或软件等,在说明书中应把操作说明介绍清楚,使设计更加具有说服力。

6. 字数不应少于1 500字。

【知识链接】

一、管理文件阅读

世新大学数字多媒体设计学系毕业制作办法
1996 学年度第 1 学期教学协商会议修订通过

一、为评量本系学生之专业学习能力及多元化之就业

专业取向,本办法按照大学课程学分规定之毕业制作课程制订。

二、毕业制作为本系之专业必修课程,以个别指导方式

实施,未通过本学分者不得毕业。

三、毕业制作之指导教师由本系专任老师全权负责。

四、洽请毕业制作指导教师,学生需填写邀请申请书,

并经指导教师签署同意后,于开学后一个月内交至系办登录备查。

五、毕业制作分别于第 3 学年下学期、第 4 学年上学期实施。

六、毕业制作方式及内容悉依专业科目之相关规定办理。

七、本办法如有未尽事宜,需由系务会议修正实施。

世新大学数字多媒体设计学系 94 级毕业制作施行规定
1996 学年度第 1 学期教学协商会议修订通过

一、毕业制作时间:

1996 年 12 月 01 日至 1998 年 1 月 10 日

二、毕业制作地点应于校内、校外进行。

三、毕业制作方式:

1. 学生组队方式,组员编制必须以整合多媒体设计跨专长组队为原则,作品以多媒体平台为呈现,同时有一游戏、动画或互动性元素短片的制作。(唯首届毕业生得以独立或得以整合制作,不一定要有跨专长的整合组队。)

2. 同学得以依意愿组成毕展筹划小组,负责毕展网页设计、策展与系统建立等事宜(附件三)。组成方式亦可由各既成小组指派乙员同学以任务导向组成毕展筹划小组,毕展筹划小组成员得以上述个别负责事务作为毕创作品。

3. 指导老师最多指导学生数为不得多于当年度总毕业师生比。

4. 作品缴交含:

(1) 数字作品:avi、mpeg、游戏执行文件、多媒体播放文件等

(2) 企划书、创作论述:word、pdf

(3) 简报: ppt

四、毕业制作评分标准:

1. 毕制企划书由指导老师评定是否通过,若通过则该组径自继续完成,若不通过,请

指导老师提供具体修改意见,再请系上另外一位老师再审,并以提供具体修改意见为主,供学生改正参考。

2.系会审时间点(附件一),会审委员将依作品质量与工作量(附件二)决定通过与否。若不通过的组别,仍应继续依作品审核意见补强,并允许于下次评审时间点参加审核。

3.各作品经毕业创作评审委员会,公开公正的方式票。选后,决选得以参加校外的展演,唯校内展所有组别均得参展。

4.各组需汇总每一次与指导老师就作品创作相关讨论之会议记录与签到表,并请指导老师当场签名,且于会审时连同作品一同缴交。

5.成绩核定方式为:

上学期:第一阶段审核(完成度50%)　　　　　　占比80%;

上课出缺席与作业　　　　　　　　　　　　占比20%;

(含与指导老师讨论进程签名单及作业缴交情形)

下学期:第二阶段审核(作品完成100%)　　　　占比60%;

参展(含校内展、校外展)　　　　　　　　　占比30%;

上课出缺席与作业　　　　　　　　　　　　占比10%。

(含与指导老师讨论进程签名单及作业缴交情形)

五、评审老师的组成方式:

全系老师组成毕业创作评审委员会,负责拟订题目、评审作品与指导学生创作,并邀请校外专家学者担任作品评审委员。

六、创作书面资料:由指导老师订定。(格式及字体规定须按照系版网站之公告)

1.上学期:提出与各类多媒体设计相关之企划书大纲,经指导老师核可,完成写作至少1 000字之企划书,并以独立制作方式完整呈现,于学期结束前缴交。

2.下学期:完成写作至少4 000之创作论述,于学期初缴交。

二、案例阅读

一份优秀的毕业设计"网站制作"

河北某职业学院学生戴平生、于明强、温小江、陈宇建,其毕业设计,学生结合实习单位提出"河北渣打亿隆资产管理有限责任公司网站设计与开发"课题的设计与制作,使实际项目、专业方向和学生能力相结合,提高学生解决实际问题的能力,培养学生的创新能力。

一、选题与实际相结合、设计内容合理。

根据河北渣打亿隆资产管理有限责任公司网站升级课题,结合毕业设计学生的培养方向和目标,拟订毕业设计课题的主要研究内容;题目本身要有利于培养学生的综合素质,既要保证毕业设计基本的工作量,又要具有一定的可伸缩性,使学生在规定的时间内经努力能按时完成或取得阶段性成果,并在保证课题要求的前提下,理论上又要有所突破或创新,有利于优秀学生的培养。学生选用实际课题做毕业设计,完成规定的实际开发任务很重要,既解决了具体问题,又使学生具有成就感,有利于增强学生的自信心,在将来的工作中能够更好地发挥潜能。

二、探讨和采用科学的指导方法。

毕业设计任务确定后,教师明确每个学生各阶段的任务并按时检查指导。毕业设计初期,主要引导学生查阅相关资料、提出解决方案,指导学生在充分论证课题后确定网站的开发技术方案和技术路线,完成开题报告和英文翻译。在设计期间,要引导学生主动学习和思考,自主进行、完成设计内容,教师不做具体的、细节的指导,激发学生求知上进的潜能,发挥其创新能力,培养其刻苦钻研、顽强进取的精神。在毕业设计的后期,应认真检查学生课题的完成情况,根据课题的完成情况,引导学生进一步完成设计,发现存在的问题,指出改进意见,并组织攻关。对完成较好的学生要引导他们进行更深入的相关理论研究,探索多种实现方案。

三、因材施教,注重能力培养。

毕业设计是完成教学计划、实现职业学院培养目标的一个重要的教学环节。既是培养学生综合运用知识能力、实际工作能力和创新意识的教育过程,又是对学生综合素质的一次全面的检验,对学生的思想品德、工作态度、工作作风和独立工作能力的提高具有深远的影响。因此毕业设计过程中特别注意培养学生的合作精神、敬业精神和严谨的工作态度,重点培养学生独立分析问题和解决问题的能力。选题既要符合培养综合运用知识能力、实际工作能力和创新意识的教育过程,又要结合每个学生的实际能力,做到因材施教。从网站页面的风格设计、网站的排版设计、网站的功能设计、Flash 设计,整个网站的设计与开发都由本组学生根据需求自行设定,最终完成整个网站的设计开发,老师只是在合适的时候给予引导和建议。

通过评审,这个实物制作的毕业设计获院优秀毕业设计。其中戴平生同学在设计中表现出来的实践能力和创新能力得到了课题组和答辩组老师们的一致好评。他在毕业设计期间综合运用所学知识和技能,对河北渣打亿隆资产管理有限责任公司网站,不但在界面风格上,而且在程序上和设计理念上都进行了全面的升级,且全面提高了自身的综合素质,为进一步步入社会、走上工作岗位奠定了坚实的理论和实践基础。

【自测题】

一、阅读案例回答:

1.如何理解实物制作的含义? 这是不是一种毕业设计?

2.实物制作这种毕业设计是否符合高职高专的培养目标?

二、情景写作

根据你所学的专业,联系实际进行一项实物制作。

第八部分 实习报告写作

【知识目标】

1.了解实习报告的内涵、特点、种类及作用

2.学习实习报告写作的基本知识

【能力目标】

1.认识实习报告的内涵

2.掌握实习报告的写作方法

【案例导入】

文秘专业实习报告

为期一个多月的毕业实习已经结束,实习期间,我增长了见识,拓展了视野。通过工作实践,我更深层掌握了本专业知识和技能操作,积累了宝贵的知识和经验。现将我实习的相关情况报告如下:

一、所在实习单位及实习目的:

在县一行政单位办公室,主要负责办公室文秘工作。实习目的:提高办公自动化的实际操作能力,巩固文秘专业知识,丰富实践工作和社会经验,把所学知识运用于实际工作。

二、实习主要内容

公文的撰拟、组织会议;收集、处理信息;接待来访、联络协调等秘书的日常事务与管理。另外,比较注重办公自动化的运用和操作。

1.公文撰拟

公文撰拟是机关沟通信息以实现管理目标的基本活动手段,是文秘工作者最为经常的本职任务,也是秘书人员必有的基本能力之一。秘书的文字表述集中在公文的撰拟方面,要力求篇幅简短,在内容充实的前提下,有话则长,无话则短,意尽言止;要崇尚文笔扎实,力求朴素自然,庄重平易,精当得体;要保证内容明晓,坚持一文一事集中表述;观点与结论鲜明,一针见血,具有说明力;要确保行文通畅,一目了然。如诸葛亮的《出师表》,在不到800字的文章里写出了当时蜀国的处境,自己的身世,同时对后主刘禅的错误进行规谏,并提出了自己的希望,整篇文章思想朴实,富有情感、内容丰富是传颂千古的典范公文。又如魏征的《谏太宗十思疏》,参谋者使用书面文字材料间接向参谋对象进行参谋,规

劝唐太宗"居安思危",文章没有系统阐述,只是用"总此十思,宏兹九德"这样的话来达到最佳效果。

我实习计划的第一步是练习公文写作,强化应用文写作能力。在单位里,主要写一些会议、事项性通知,通报、会议纪要等常用公文。从文书的起草到正式发文,在这段过程中对公文语言进行反复的推敲、修改,力求达到篇幅简短、文笔朴实、内涵明晓、行文通畅的要求。通过一段时间的文笔练习,我能够很熟练地运用公文语言。

2.会议管理

秘书日常工作的重点是办文、办会、办事。据调查,高职高专文科学生毕业后80%以上要接触与会议有关的工作,文科学生很有必要掌握会议管理的知识与技能。

实习阶段我参与的主要会议工作是按照单位的安排,在召开的各种专题和办公会议中,认真做好各项准备工作。做到了合理安排会场、及时通知与会人员、做好会议记录,并按照领导安排对重要会议下达会议纪要,使得会议精神和要领能及时传达到各部门。同时,对下发到各部门的文件进行打印和校对,确保各项工作准确高效进行。

3.信息的收集和处理

当今时代是一个信息时代,增强信息意识是秘书人员提高工作效率的重要保证。秘书人员每天接触的各种公文、请示、报告等材料中含有大量信息,秘书人员应在对这些材料的收集、归类、处理过程中将各种信息进行严格的取舍,把最有用的信息提供给领导。进行信息工作是秘书履行职能任务的普遍手段。秘书辅助领导、处理事务等都是在获取、处理和运用信息。我通过调研、与各部门人员融洽沟通等有效途径,获取对本单位有用的信息为领导工作提供帮助。信息工作要讲求效率,我虚心向老员工学习如何鉴别和取用有价值的信息,以提高运用职能信息的能力。

4.办公自动化的操作

随着网络时代的出现,办公自动化设备的利用率越来越高,网上办公,网上谈判,网上交易等,凡是办公室拥有的器械、设备,如电话机、录音机、扩音机、照相机、录像机、复印机、打字机、传真机、碎纸机、网络通信设备等,秘书人员都应学会使用,甚至是汽车驾驶。尽管部门内可能有专门的操作人员,但秘书人员如具有使用动手能力,可以备工作上的不时之需。因此,秘书人员各种能力水平的高低,在相当程度上左右着参谋辅助效应,这也是衡量一个秘书合格与否的重要标准。

在实习期间,我比较注意自己在自动化方面的锻炼。目前,我能够熟练操作计算机,用以传递信息、检索资料、编辑文稿等。通过实践操作,我已能自如运用 Word、Excel、Outlook、Internet 及 Office 等办公软件,这也进一步提高了工作效率。

三、实习期间对本专业工作的认识

1.要具备必要的基础知识、专业知识和其他知识,当一名合格的秘书

秘书应该是"通用"型人才,其工作的综合性要求秘书人员兼备各方面的能力和知识。秘书除了要具备语言文字表达、信息处理、会务接待等这些基本素质外,还要对工作所涉及的经济、政治、历史等各领域有所了解。

2.讲究工作的艺术性,优化秘书群体

秘书人员要明确自己的位置,忠于职守,善于合作,懂得工作的方法,理顺与领导、同事及群众的关系,做好"三服务"。对领导要尊重爱戴、尽职尽责,对同事也要互相支持配合、团结友爱。只有团结的群体才能提高工作效率。同时,秘书群体的每个成员都应该不断地提高自己的修养和能力,更新自己的知识,使群体在不断实践、不断学习的过程中不断优化。

3.秘书工作的思想修养和工作作风

一名合格的秘书必须有良好的思想修养和工作作风,要对党对人民负责,密切联系群众。要谦虚谨慎、实事求是,工作要踏实细致、敏捷干练,要有创新精神。

四、实习体会

通过实习,我对文秘工作有了更深层的了解。一个多月的实习让我学会了很多知识。在强化了本专业知识和技能的同时,增加了社会实践。作为新时期的秘书人员,要不断提高专业知识和技能,注意各方面能力和素养的培养。认真学习、贯彻党和国家的各项方针政策,了解和掌握领导工作部署,强化表达、办事、应变、社交和办公自动化的操作能力。努力提高自身素质,成为一名合格的文秘人员。

毕业实习这段经历让我受益匪浅。我在实践中了解社会,把平日所学知识很好地运用在工作实践中,锻炼了自己,也为今后的工作打下了坚实的基础。

五、谢辞

非常感谢学校和县行政办公室给了我这次难得的实习机会。这次实习,给了我一个锻炼的机会,让我从中得到了很多宝贵的经验,可以讲是受益良多。所以,今后,我会继续努力,不断丰富知识,不断积累工作经验,不断提高工作能力,争取做一个对社会有贡献的人。

问题:

1.什么是实习报告?

2.通过阅读,你认为该如何写好实习报告呢?

第一单元　认识实习报告

一、认识实习报告内涵

实习报告是指在校学生作为实习生,在企事业单位或者教学实习基地完成实习任务后,所撰写的对实习期间的工作学习经历进行描述的文本。它是应用写作的重要文体之一。

撰写实习报告能够使指导教师较全面、具体地了解学生的实习收获和有关情况,便于检查理论与实践相结合的教学效果;同时,也有利于学生总结实习过程中的经验、教训,加深对理论知识与实践技能相结合的重要性的认识,从而进一步提高思想觉悟,树立起坚定的专业思想和良好的职业道德观念。

职业院校的毕业论文重视实用性和应用性,而实习报告恰好是一种应用性和实用性很强的文种。因此把实习报告作为毕业设计的一种形式来检验学生的学习效果,是水到渠成的结果。

二、了解实习报告特点

实习是教学过程中理论联系实际的重要环节,是培养应用性人才必要的基础训练和从业、创业的适应阶段。实习报告的撰写是知识系统化的吸收和升华过程,要体现学生掌握的必备的专业基础理论和专业知识,以及从事本专业实际工作的基本技能和初步能力的综合运用,受到初步的实际工作技能的训练。实习报告应体现如下特点。

(一)具有客观真实性

客观真实性是实习报告首要的、基本的特点。实习报告必须要尊重客观事实,靠事实说话。实习报告中涉及的人物、事件要真实,事件发生的时间、地点、背景、过程、原因和结果也必须真实。要客观地反映事实,忠于事实,不带实习者的主观随意性。不能对客观事实随意进行引申,或不切实际地渲染。实习报告取材于实习活动的真实过程,写作者必须以客观科学的态度如实地反映实习的真相,用确凿的事实来阐明实习工作的规律,验证和丰富课本所学的理论知识,叙说和概括自己获得的感受体会。对调查情况、实际操作、活动过程、体会感受、经验教训等的记载,来不得虚构、编造、想象、发挥、夸张、隐瞒,哪怕与自己所学的理论知识不吻合、相矛盾的现象,也应如实写出。为此,每位实习者要提前做好思想准备,树立搞好实习、写好报告的意识。在实习过程中,随时进行情况记录,以便积累真实的材料,为最后写出内容丰富、材料翔实、观点鲜明、感受深刻的实习报告创造条件。

(二)具有鲜明的针对性

实习报告必须是针对实习生实习的实际情况,解决实习过程中的实际问题而进行的。在写作上,必须突出重点,明确提出所针对的问题,明确交代这一问题所获得的事实材料,分析问题的症结所在,提出具体可行的建议和对策。

(三)具有突出的典型性

实习报告的典型性是指在实习报告的写作、制作过程中所采用的事实材料要具有代表性,所揭示的问题带有普遍性。

(四)具有一定的理论性

写作实习报告不需要太强的理论性,但也不能没有观点。写作实习报告同样应该阐述作者的观点,诸如对实习作用的评价、实习的意义的说明、实习工作的功能等。实习报告的观点要明确、简洁,并能统帅材料。实习报告的观点不是靠理论去论证,而是靠实践来证实。当然,在陈述材料中,也可作必要的简单的议论。实习报告除了汇报"做了什么"和"做得怎样"之外,还要说出实习的感想和体会。感想和体会篇幅不长,文字不多,但这是体现实习报告者理论水平、智慧才华的地方,因此要认真对待,不可忽视。

(五)具有较强的专业性

实习报告要求就实习中遇到或解决的与所学专业有关的问题进行报告,其内容具有较强的专业特色。

此外,实习报告还具有总结性和报告性。

三、区分实习报告种类

不同专业、不同内容、不同形式的实习报告种类是比较多的,划分的方式也不同。

(一)按照学科性质的不同划分

1. **文科实习报告**　一般来说,高职院校文科专业大体上有文秘类、管理类、教育类、经济类、艺术类、法律类、旅游服务类、财会类等学科。文科专业实习大多是实践性的社会调查,是开阔眼界、见识社会、提高觉悟、进行世界观和价值观教育的社会实践性的实习,是与培养应用性的人才相对应的实习模式。实习的目的是着重强调引导学生运用所学的专业知识和技术、技能认识社会、了解社会、服务社会;更是从巩固学生的专业基础知识的角度,引导学生学习在实践中发现问题、分析问题、解决问题,通过实习的方法强化和提高学生对各种专业基础知识运用和把握的能力。因此,实习报告侧重于在实践中发现问题、分析问题、解决问题。

2. **理科实习报告**　理科实习报告和实验报告很相似,理科的专业特点,要求实习生进行相关的实验,然后把实习成果撰写成实习报告。

3. **工科实习报告**　工科专业的实习报告来自于生产实践。实习目的是使实习生在生产实习中能进行基本操作,在实习中巩固已掌握的实践知识及对学生进行实践考核。实习报告是实习生理论联系实践,解决生产实践中的一些实际问题而进行的一种总结性的报告。

(二)按照内容的不同划分

1. **综合性的实习报告**　根据本专业特点,进行全面地、综合地描述,称之为综合性的实习报告,如文秘工作者应该具有的全面素质,这时,可以将所实习的全部内容,包括政治素质要求、业务素质要求、个人魅力(言行举止语言表达等综合因素)的效果、语言表达能力等,都进行全面的论述。文秘专业作为办公室文员,实习中可能遇到与工作性质内容有关的所学大部分主干课程,如办会工作,就需要掌握会议之前的准备工作、会议过程中服务工作、会后的总结工作,以及整个会议涉及的文书有哪些,领导对这些会议文件的写作有哪些要求,写作者在准备过程中有哪些成功的做法或失败的教训;文秘工作者的仪表礼仪有什么要求等等。

2. **专题性的实习报告**　根据实习的内容确定某一局部的工作、就一个专题作为重点描述对象的实习报告叫做专题性的实习报告。如文秘中的档案管理,单位对档案管理工作人员的要求有什么、自己学的哪些知识在工作中运用上了,所运用的方式方法是否符合工作需要,效果如何;同事是怎么对待档案管理工作的,他们有什么值得你学习的地方等等,都可以在专题性的实习报告中体现出来。

(三)按照实习的性质不同划分

1. 认识性实习报告　实习生通过认识实习,对自己的专业有了深入了解,明确了未来工作的方向和工作任务,在以后的学习中更容易抓住重点,学好专业知识,这叫做认识性实习报告。

2. 专业岗位实习报告　实习生直接参与到行业的运作中,像单位员工一样上下班,完成工作任务。通过顶岗实习,加深对所学理论知识的认识,对实践知识的运用,积累宝贵的实践经验。每个实习生都在实习前制订了一份实习计划,实习期间每天写一份实习日志,实习结束后根据自身的实习情况写一份详细的实习总结,这叫做专业岗位实习报告。

3. 毕业实习报告　毕业实习是高职教育教学过程最后阶段的重要实践性教学环节,也是实现专业人才培养目标的重要环节,是在学校专业知识学习和实操技能锻炼的继续、深化、补充和效果检验过程。实习过程中,所有实习学生应遵守实习工作安排中各项要求和实习单位工作的管理纪律,遵纪守法,最后完成的实习总结报告,本书称之为毕业实习报告。

四、发挥实习报告作用

(一)教育功能

毕业实习报告是高职高专人才培养方案的重要组织部分,是教学过程中最后一个重要的实践性教学环节。目的是培养学生综合运用所学的理论知识、专业知识和职业技能,提高独立分析和解决实际问题的能力;是完成高等技术应用性人才基本训练和培养从事技术应用与技术推广工作的初步能力的一个重要教学环节;也是培养优良的思维品质,进行综合素质教育的重要途径。因此,搞好顶岗实习和毕业实习报告工作,对全面提高教学质量具有重要意义。通过毕业实习报告的教学过程,培养学生综合运用所学的基本理论、专业知识和职业技能解决实际问题的能力;培养学生严肃认真的科学态度和严谨求实的工作作风;培养学生勇于实践、勇于探索和开拓创新精神。

(二)评价功能

撰写实习报告能使指导教师较全面、具体地了解学生的实习收获和有关情况,便于检查理论与实践相结合的教学效果。同时,也有利于实习生(作者)总结实习过程中的经验、教训,加深对理论知识与实践技能相结合的重要性认识,从而进一步提高思想觉悟,树立坚定的专业思想和良好的职业道德观念,实事求是地进行自我评价。

(三)参考功能

实习是学生接触职业实际,提高综合职业素质,增强分析问题和解决问题能力的重要教学环节,也是培养人才的重要途径。做好毕业实习工作有助于培养学生综合运用所学知识和技能进行分析问题、解决问题的能力;有助于学生更全面地了解企业、了解社会,树立理论联系实际、实事求是的工作作风和踏踏实实的工作态度;有助于检验所学理论知识在企业中的实际应用范围及适用程度,巩固和扩大所学专业知识,加强理论与实践结合,培养学生实际操作能力,使学生能较快地适应工作,顺利地走上就业工作岗位。学生的实习报告,对实习生走上工作岗位具有参考作用。

第二单元　学会实习报告写作

一、掌握实习报告写作方法(或技能)

(一)实习报告的写作步骤

毕业实习报告必须以实践和研究为基础,应在指导教师的指导下进行,一般经历搜集、回顾、综合、写作四个步骤,叫"四步曲"。具体如下。

1.**搜集**　从开始实习的第一天起就要注意广泛收集资料,并以各种形式记录下来(如写工作日记等)。丰富的资料是写好实习报告的基础。主要收集这样一些资料:

(1)社会实践工作中党的路线方针政策是如何在工作中贯彻执行的。比如实习单位组织学习,内容是什么、什么学习方式、学习后的效果如何,对自己的思想有否提高。

(2)专业知识在工作中是如何灵活运用的。比如法律文秘专业,注意直接将秘书实务、应用写作等科目中的问题带到实践中去,在实践中寻求理论与实践的结合点等等。

(3)观察周围实习的同学或实习单位的指导人员是如何处理问题、解决矛盾的。实习是观察体验社会生活,将学到的理论知识转化为实践技能的过程,所以既要体验还要观察。从同行、前辈的言行中去学习,观察别人的成绩和缺点,以此作为自己行为的参照。观察别人来启发自己也是实习的一种收获。

(4)实习单位的工作作风如何。单位的工作作风对你将来开展工作、发展自己提高自己有什么启发;某些同事的工作作风、办事效率哪些值得你学习、哪些要引以为戒,对工作对事业会有怎样的影响。

(5)实习单位的部门职能发挥得如何。对不同职能部门的工作作风、履行职能的情况有什么看法和认识。

2.**回顾**　回顾既是搜集报告材料的必由之路,也是对自身实践作出正确评价进而综合上升成为理性认识的基础。实习报告虽以自身实践为内容,但经历过的事情需要回顾,重新进行认识,才能收到四个"有所",即:有所发现、有所发明、有所创造、有所前进。回顾可以根据实习报告写作的需要进行,一般有"四回顾":回顾实习过程、回顾实习范围、回顾实习内容、回顾实习计划。通过回顾,把握实习的时间、空间(地点)、项目、效果,为下一步进行综合准备素材。

3.**综合**　综合是回顾的深化和提高。所谓综合,是指用有关的理论重新观察实践,对实践进行理性认识,并对自身实践作出理性评价。

写实习报告,要做好四个方面的综合:

(1)综合自身实践(即实习活动)材料,进行分类、取舍。在收集完材料后,把这些材料,按照实习报告的大纲,进行分类;为了方便撰文时对材料的安排,还要沙里淘金,筛选出精华材料,同时还要分清主次。

(2)综合同类材料,提炼观点句。材料分类、取舍后,给同类材料提炼出观点句。观点句就是写作者的看法和意见,是议论的语句。

(3)综合成功经验,找出规律性。写作实习报告,最关键也是最难的一点是归纳总结出规律性来。所谓规律性,是指所总结出来的经验具有普遍的适用性和推广价值。这个经验是可以不断重复出现,在一定条件下经常起作用,并且决定着事物向着某种方向驱动、发展。规律性的阐释是体现实习报告价值的关键所在,因此,要下工夫写好。

(4)综合实习全过程,思考得与失,归纳出感想体会。实习体会是精华,着重归纳出对实习内容的总结、体会和感受。

4.写作

(1)构建报告框架。认真推敲材料,决定叙述的顺序和层次,考虑报告的结构和论点,从平易性和可读性考虑,明确报告的用词和语气。对报告全文应有一个明朗的轮廓和清晰的思路,列出大纲和目录。

(2)写作初稿。起草报告应注意的事项:

①题目恰当,论述集中。题目可采用文种式,即直接写成"实习报告",也可以采用实习内容或专业课名称加文种式,如"企业管理实习报告",还可采用正副式,即正题概括全文的主旨、内容,副题交代实习的内容,文种等。论述应围绕一个主题进行。

②广泛参考和运用文献资料,很好地消化和吸收。在实习报告的撰写过程中,写作者要广泛参考和运用文献资料,甚至要引用或借鉴其中某些观点、数据,来集中论述自己的观点。材料要为内容服务,论点和论据要统一。材料是支撑论点的基础,一定要为内容服务,做到材料能证明观点。注意几个问题:一是要根据论点的需要决定材料的数量;二是根据论点的要求决定材料的详略;三是要根据论点的要求决定材料的表现形式。

③组织结构清楚,层次分明,逻辑性强。文章有了严密的结构,才能达到"言之有序",只有层次分明,富有逻辑性,才能把实习的内容有条理地表现出来。

④语气统一,表达明确、平易。根据专业的不同特点,实习报告应选择合适的语气或术语,使表达明确、平易。

⑤标题的引用要醒目和简洁。使题目鲜活别致,抢人眼目,具有很强的吸引力,可以引用名言警句、成语典故、电影片名、歌曲名等拟题。如《救救孩子吧——在××县小学的实习报告》等。要做到典雅大方,简洁醒目,妙趣横生,新颖生动。

⑥利用图表要简明易懂,有效果。文中只附必要的图表,图表中文字应与正文一致。图表插入文中适当位置,要做到简明易懂。

(3)修改定稿。

①反复阅读草稿,认真推敲,最好朗读两遍,删去多余的字句和段落,修改不顺畅的语句。

②调整标题和内容,使之协调一致。若出现材料不能为内容服务,论点和论据不统一

时,要调整一下标题和内容;

③名词术语要统一,图表格式要统一。郭沫若曾经说过,名词术语的统一是"一个独立自主国家在学术工作上所必须具备的条件,也是实现学术中国化的最起码的条件"。如文秘专业的档案管理工作中有"问题分类法"这个术语,而西方一些国家则称之为"事由分类法"。因此,在实习报告中,应该始终统一。"图文并茂"是应用文的表达趋势。实习报告要求图表和文字的比例恰当,互补性强之外,还要求图表公式要统一,如,公式号以章(层)分组编号,如(2-4)表示第 2 章(层)的第 4 个公式;图表也以章(层)分组编号,如图3-5 表示第 3 章(层)的第 5 幅图,图表应有相应的名称,如"实验系统流程示意图"等。

(二)实习报告基本结构

实习报告大致由以下三个部分组成。

1. 前置部分　前置部分包括封面和目录。

(1)封面应主要写明实习报告的题目、作者姓名、专业等信息,见下图。其中题目应该反映出实习的内容或实习单位。如《秘书实习报告》、《办公室文员实习报告》。

秘书实习报告
专　　业:
班　　级:
姓　　名:
实习单位:
实习成绩:
实习日期:　　年　　月　　日始
年　　月　　日止

封面

(2)目录是用以反映实习报告的结构和主要内容,也可以省略。

2. 主体部分　它主要包括三个部分。

(1)引言。主要介绍实习期间的情况,包括本次实习的目的、意义、要求,实习的时间、地点、内容及主要收获;实习表现及对其意义的认识等。语言应当简明扼要。例文中"为期一个多月的毕业实习已经结束,实习期间, 我增长了见识,拓展了视野。通过工作实践,我更深层次地掌握了本专业知识和技能操作,积累了宝贵的认识和经验"。简短的两句话就概括了实习的时间及主要收获。

(2)正文。这是实习报告的核心部分,占主要篇幅,可按实习大纲要求,把掌握的材料分章分节地写出来。

① 实习目的:言简意赅,点明主题。如在引言中已涉及,则可直接进入其他内容。

② 实习单位及岗位介绍:扼要介绍接受实习单位的情况,要求详略得当、重点突出,重点应放在实习岗位的介绍上。

③ 实习内容及过程:这是实习报告的重点,要求内容详实、层次清楚;侧重实际动手能力和技能的培养、锻炼和提高,切忌记账式的简单罗列。例文中选择了"公文的撰拟、组织会议;收集、处理信息;接待来访、联络协调"等秘书的日常事务与管理,进行描述和分析。

④ 实习总结及体会:这部分是实习报告的精华,要求条理清楚、逻辑性强;着重写出对实习内容的总结、体会和感受。

(3)谢辞。谢辞是指对实习和报告写作中给予帮助的人员,例如指导教师、答疑教师及其他人员,公开表示自己的谢意的文字,以示对别人劳动的尊重,也是一种谦逊品质的体现。一般文字较简短,通常位于正文之后。

3.附件部分 附件为实习鉴定,由实习单位盖章,放到正文后面。

二、明确实习报告写作要求

(一)要素要完整

实习时间、实习地点(单位名称)、实习目的和实习内容,其中后两者是实习报告的主要内容。

(二)内容要全面

对实习单位(企业)的生产方法、规模、组织、管理等方面情况进行必要的说明,对它的过去情况、未来计划等也要介绍,材料可能较多,要精心组织,全面系统地给予反映。

(三)重点要突出

对实习大纲要求的主要内容,一定要详细地记述,该列表的列表,该画图的画图,一定要把丰富的、复杂的事物,清楚详尽地表示出来,特别是一些重要数据,要尽量列举齐全。

(四)叙述要客观

叙述要客观,就是指客观地反映事实,忠于事实,不带有调查者的主观随意性。不能对客观事实随意引申,或不切实际地渲染。毕业实习报告写作原则:观点明确、结论科学;具有一定的独创性。在写作过程中,切忌剽窃他人的成果。研究方法:正确、忠实、客观,数据完整可靠;层次分明,推理严谨,立论正确;遵照规范、符合惯例,符合学科及专业的有关要求。

【知识链接】

一、管理文件阅读

案例

黑龙江工商职业技术学院

系　　　别：_____

专　　　业：_____

学　　　号：_____

姓　　　名：_____

指导教师：_____

提交日期：_____年_____月_____日

黑龙江工商职业技术学院 实习实训中心　制

姓名_____　　　实习报告成绩_____

评语：

指导教师(签名) _____

年　　　月　　　日

说明：指导教师评分后，实习报告交系办公室保存。

实习题目：

目 录

实习报告正文格式、内容要求

一、实习报告基本要求

实习是学生接触职业实际,提高综合职业素质,增强分析问题和解决问题能力的重要教学环节,也是培养人才的重要途径。实习报告是学生在某项实习活动中,把实习目的、实习时间、实习地点、实习部门或岗位、实习内容和过程、实习体会和收获等,用简洁的语言写成的书面报告。要求字数不低于5 000字;须完全根据自己的实习历程撰写。

二、实习报告写作要求

实习报告的基本结构一般包括以下内容。(以下内容最好举例说明,这样就可以完整了)

实习题目:应该体现实习的基本内容(用最简练的语言反映实习的内容)。

实习目的:任务明确,抓住重点,点出进行本次实习的目的。

实习时间:时间准确、清晰,符合实习执行计划。

实习地点:实习地点准确。

实习部门或岗位:名称准确无误。

实习内容和过程:实习内容和过程作为实习报告的重点,完整记录实习进行时的程序和步骤,写明实习经历的内容和过程。若需要可画出实习过程示意图,可配以相应的文字说明。

实习体会和收获:实习体会和收获作为实习报告的重点,要写明是否完成实习任务书的要求,是否解决实习前的疑惑;写明实习的真实体会和收获;写明对实习的意见和建议。

实习总结报告的撰写,文字上应力求简明扼要、通顺,语言流畅,基本无错字,不允许请他人代写。若有图表则力求清楚整洁,反映真实状况。实习报告也可以不完全局限于上述内容编写,只要围绕实习的基本内容,抓住实习中的根本环节,写出丰富而生动的、耐人寻味、吸取教益的心得体会,也可算作一篇成功的实习报告。

三、实习报告版面要求

1. 纸张大小:A4打印纸,纵向打印。

2. 标题用四号黑体加粗,正文用四号宋体。行距为固定值20磅。

3. 页面上边距2.54 cm,下边距2 cm,左边距3 cm,右边距2.2 mm。

4. 实习报告页码从正文页面起计算。页码字号,选用小四号粗黑体并居中。

黑龙江工商职业技术学院毕业实习报告表

姓名		性别		专业		班级	
实习 时间				指导 教师			
实习 单位							
实习 内容							
指导 教师 评语	指导教师(签名)＿＿＿＿＿＿＿＿＿＿＿ 年　　　月　　　日						
实习 单位 意见	(盖章) 年　　　月　　　日						
系 意见	(盖章) 年　　　月　　　日						

说明:指导教师评分后,实习报告交实习实训中心存档。

二、案例阅读

文秘毕业实习报告

时间过得真快,不知不觉,大专的学习生活就要结束了,经过两年多专业知识的学习,下个学期我们终于要进行毕业实习了。

2008年2月27日,我被学校安排到东山区税务局征管科实习。到征管科实习,征管科是税务档案的管理部门,里面的档案资料是各部门在税收征管过程中直接形成的有保存价值的各种文字、图表等的历史记录。档案管理,听起来让人觉得很轻松,因为当今社会电脑相当普及,任何资料都智能系统化。我来之前也是这样想的,可当我来到这里真正接触这项工作时才知道,事实并不是那么回事,因为有些东西电脑根本就做不到。

我刚来实习,正好遇到征管科资料倒库。资料倒库这个工作不仅工作量大,因为这个科的资料特别多,有两个资料室,每个资料室都放满了资料,而且很复杂,首先要把资料装箱,然后进行交换,交换完后还要把它们上架,然后还要给资料编新位置码。特别重要的是,因为保存的都是纳税人的档案,是绝对不可以泄漏出去的。因此,这项工作除了要有吃苦耐劳的精神,还要有专心致志的工作态度,更重要的是要有很高的严密性和保密性。

长期以来,资料的分类、装订、归档、查阅、变更、移动、管理等问题一直困扰着管理人员。虽然随着社会的发展,我市国税系统在征管方面进行了改革,很多方面都已跃上了新台阶,走在时代的前沿。去年全市国税系统征管数据大都集中和税库联网,今年的办公自动化的推广运用等等,标志着我市国税系统信息化建设的进步。然而税收征管资料管理模式仍停留在原有的水平上,存在各种问题,处于落后的局面。所以,我认为有许多地方都亟待进行改进。

一、资料管理要科学

资料管理如果不规范、不科学,就会影响工作效率,甚至给工作造成很大的被动。比如说税收征管资料转送到经办人那里后,按要求经办人应及时进行整理、分类、归档、上架的,但由于现在各管理分局特别是规模小的管理分局普遍存在下列现象:

1.管理户多,失踪户多,催报、催缴及看失踪户场地以及各种专项工作又异常繁重,造成工作中顾此失彼的状况;

2.部分经办人不能合理安排工作时间。由于这个原因,导致无暇顾及各类应整理归档的征管资料,造成这些资料很容易遗失。如我所在的征管科就严重存在这种情况:一是资料没有及时整理、归档,有些资料一放就一两个月;二是资料堆放随意性,从桌面到桌底下到处都是。

二、资料管理要规范

1.资料一定要齐全,而且归档一定要符合标准。资料不齐全或归档不符合标准,就会给工作造成很大的被动。如我所在的征管科的资料就有"张冠李戴"的现象,这样一来,不仅增加了工作的难度,更重要的是影响了单位的形象。

2.要有专用、足够的场地。没有专用的场地或场地不足的话,资料就很难整齐存放,这样一来,就势必会出现资料查找不方便、检找速度慢等现象,造成既费时,又费劲。如我所在的征管科,征管资料由于受存放场地及其他因素的限制,需查找资料时,则要翻箱倒柜,不仅容易造成资料破损,而且还严重影响了工作效率。

3.纳税人资格发生变更的,征管资料要及时转移。我所在的征管科就存在这种情况:在接收一般纳税人资料时,发现有10多户纳税人资格发生变化,有个别业户变更时间已经达到半年以上,而税收征管资料尚未移送到接管的管理分局。

4.资料保管要安全。目前,我市有些管理分局的征管资料都是放在办公室的资料柜里的。要知道,办公室这种地方,前来办事的纳税人是可以进进出出的,部分两个管理分局共用的资料库,除了上面这些人可以进出外,各分局的经办人也可自由出入,这对资料的防盗、防泄密、防火等工作都非常不利。去年,我市国税系统征管数据集中后,电脑已联网,日常税收征管资料大部分都可以在电脑上查阅,因此,要使资料保管既妥善又安全,完全可以采用以下的做法:一是设立专用的库房;二是以电脑查阅为主。

三、资料管理要现代化

当今社会,信息发展日新月异,电子数据、图像化、办公无纸化、各相关行业资料共享,将是今后发展的趋势。作为税务行业,如果能从税务登记到申报征收再到各类待批文书、税务稽查系列等所有协税事项都电子数据化的话,那么只作为行政复议及相关法律案件的原始税收征管资料取证,是否也因此而改变方式呢?

总之,我相信在不久的将来,纸质税收征管资料将逐渐被电子数据化、图像化所替代,这是社会发展的必然结果。但实现这个目标必须依靠广大税务干部群策群力,发挥所长,才能共创辉煌的明天。

四、工作体会

在税务局实习的这段时间里,让我体会到做事的艰难。以前什么事都没做过,在家只知道饭来张口衣来伸手,经过这次实习,让我明白了两个道理:一是做任何工作都要积极、认真负责;二是要不怕辛苦、不怕困难。

最后,非常感谢学校和东山税务局给了我这次难得的实习机会和锻炼机会,让我从中得到了很多宝贵的经验,可以讲是受益良多啊!所以,今后,我会继续努力,不断丰富知识,不断积累工作经验,不断提高工作能力,争取做一个对社会有贡献的人。

【自测题】

一、阅读前面的案例分析,回答问题:

1. 用例文的语言概括实习报告的主旨。

2. 例文作者在实习过程中最大的感受和体会是什么?

二、情景写作

请你根据所学的知识,联系近期的实习任务,写一份规范的实习报告。

第九部分 毕业论文答辩

【知识目标】

 1.了解毕业论文答辩概念、特点、种类及意义

 2.学习毕业论文答辩基本知识

【能力目标】

 1.认识毕业论文答辩内涵

 2.掌握毕业论文答辩基本程序

【案例导入】

曾经在某些毕业论文答辩现场发生过的几个小片段

 某学生拿着写了25页的关于usb技术的论文上去答辩,老师开口就问:"请你用一句话介绍一下usb技术",该学生立即发怒:"一句话? 一句话可以说清楚我写25页干嘛? 一句话可以说清楚我站在这里干嘛?"整个答辩场集体沉默了2分钟。

 某学生答辩的时候,在做介绍时,说话嗫嗫嚅嚅,下面的老师有一人听不清楚,于是转头与另一位老师小声交谈,此同学见了,立刻停下来,大声问他的合作者:"老师在说什么?"一时间全场爆笑,老师尴尬无语。

 某校规定答辩时间是20分钟,某同学答辩到了20分钟时老师还在继续问问题,只见她看了下表,说了声时间到了,然后就收拾东西走人。

 问题:

 1.学生应该如何正确对待毕业论文答辩?

 2.学生该如何准备毕业论文答辩?

 3.学生在毕业论文答辩现场应该注意哪些问题?

第一单元　认识毕业论文答辩

一、认识毕业论文答辩内涵

(一)毕业论文答辩的含义

毕业论文答辩是毕业论文工作的重要一环,是一种有组织、有准备、有计划、有鉴定的比较正规的审查论文的重要形式,同时也是由问、答、辩为一体的一种有目的、有计划的教学形式,是教师和学生之间有问有答有辩的双向教学活动。毕业论文答辩是对教、学双方情况的综合检验,是确保毕业论文质量和检验论文真实性的重要手段。

(二)毕业论文答辩的重要性

毕业设计(论文)完成后进行的答辩,是为了检查学生是否达到毕业设计(论文)的基本要求和目的,衡量毕业设计(论文)的质量高低的一种手段。学生口述总结毕业设计(论文)的主要工作和研究成果,并对答辩委员会成员所提问题做出回答,是毕业设计(论文)完成结果的重要环节。毕业论文答辩也是对学生的专业素质和工作能力、口头表达能力及应变能力进行考核;是对学生知识的理解程度做出判断;对该课题的发展前景和学生的努力方向,进行最后一次的直面教育。

毕业论文答辩的成功与否,不仅直接关系到论文的价值和成绩的最后评定,而且是否能通过答辩,还关系到学生能否顺利毕业的问题。因此,大学生在重视毕业论文撰写的同时,还要重视毕业论文的答辩。

二、了解毕业论文答辩特点

毕业论文答辩是答辩委员会成员(或称答辩老师)和撰写毕业论文的学生面对面的,由答辩老师就论文提出有关问题,让学生当面回答。它有"问"有"答",还可以有"辩"。

答辩是辩论的一种形式,辩论按进行形式不同,分为竞赛式辩论,对话式辩论和问答式辩论。答辩就是问答式辩论的简称。与竞赛式辩论相比,论文答辩有以下几个特点。

(一)答辩具有明显的不对等性

首先,人数不对等。毕业论文答辩组成的双方人数是不对等的,参加答辩会的一方是撰写论文的作者,只有一个人。另一方是由教师或有关专家组成的答辩小组或答辩委员会,人数有 3 人或 3 人以上。一般地说,答辩小组或答辩委员会始终是处在主动的、审查的地位上,而论文作者则始终处在被动的、被审查的地位上,而且双方的知识、阅历、资历、经验等方面都相差悬殊。

(二)答辩委员会具有双重身份

竞赛式辩论除了参加辩论的双方外,还设有专门的裁判,即有个"第三者"对辩论双方的高下是非作出评判。而论文答辩虽然也要作出评判,但它不是由特设的裁判员来评判,而是由参加答辩会的一方——答辩小组或答辩委员会对另一方即论文作者的论文和答辩情况作出评价。可见在毕业论文答辩会上,答辩老师是具有双重身份的:既是辩论员,又是裁判员。

(三)毕业论文作者的答辩准备范围广泛

为了顺利通过答辩,毕业论文作者在答辩前,先需要作好充分准备。然而,毕业论文答辩会上的题目是由参加答辩会的一方——答辩老师根据另一方提供的论文拟就的,所要答辩的题目不是一个,而是多个,一般是三个或三个以上,并且答辩小组拟就的题目对另一方——论文的作者事先是保密的,到答辩会上才亮出来。答辩老师提出问题后,一般有两种情况:一种情况是让学生即论文作者独立准备一段时间(一般是半小时以内)后再当场回答;另一种情况是不给学生准备时间,答辩老师提出问题后,学生就要当即作出回答。因此,虽然在举行论文答辩会以前,学生要为参加答辩会作准备,但难以针对答辩会上提出的问题(因为事先不知道)作准备,只能就自己所写的论文及有关的问题作广泛的思考和准备。

(四)表达方式以问答为主,以辩论为辅

论文答辩一般是以问答的形式进行,由答辩委员会成员提出问题,论文作者作出回答。在一问一答的过程中,有时也会出现作者与答辩委员会成员的观点相左的情况,这时会产生辩论,而且也应该辩论。但从总体上说,论文答辩是以问答的形式为主,以不同观点的辩论为辅。

三、毕业论文答辩目的

毕业论文答辩的目的,对于组织者——校方,和答辩者——毕业论文作者是不同的。

校方组织毕业论文答辩的目的,简单地说,是为了进一步审查论文,即进一步考查和验证毕业论文作者对所著论文论述到的论题的认识程度和当场论证论题的能力;进一步考察毕业论文作者对专业知识掌握的深度和广度;审查毕业论文是否学生自己独立完成等情况。

(一)进一步考查和验证毕业论文作者对所著论文的认识程度和当场论证论题的能力

一般说来,从学生所提交的论文中,已能大致反映出各个学生对自己所写论文的认识程度和论证论题的能力。但由于种种原因,有些问题没有充分展开细说,有的可能是限于全局结构不便展开,有的可能是受篇幅所限不能展开,有的可能是作者认为这个问题不重要或者以为没有必要展开详细说明;有的很可能是作者深入不下去或者说不清楚而故意回避了的薄弱环节,有的还可能是作者自己根本就没有认识到的不足之处等等。通过对这些问题的提问和答辩就可以进一步弄清作者是由于哪种情况而没有展开深入分析的,从而了解学员对自己所写的论文的认识程度、理解深度和当场论证论题的能力。

(二)进一步考察毕业论文作者对专业知识掌握的深度和广度

通过论文,虽然也可以看出学员已掌握知识面的深度和广度。但是,撰写毕业论文的

主要目的不是考查学员掌握知识的深广度,而是考查学员综合运用所学知识独立地分析问题和解决问题的能力,培养和锻炼进行科学研究的能力。学员在写作论文中所运用的知识有的已确实掌握,能融会贯通的运用;有的可能是一知半解,并没有转化为自己的知识;还有的可能是从别人的文章中生搬硬套过来,其基本含义都没搞清楚。在答辩会上,答辩小组成员把论文中有阐述不清楚、不详细、不完备、不确切、不完善之处提出来,让作者当场作出回答,从而可以检查出作者对所论述的问题是否有深广的知识基础、创造性见解和充分可靠的理由。

(三)审查毕业论文是否学生独立完成即检验毕业论文的真实性

撰写毕业论文,要求学生在教师的指导下独立完成,但它不像考试、考查那样,在老师严格监视下完成,而是在一个较长的时期(一般为一个学期)内完成,难免会有少数不自觉的学生会投机取巧,采取各种手段作弊。学生面广、量大、人多、素质参差不齐,很难消除捉刀代笔、抄袭剽窃等不正之风的出现。指导教师固然要严格把关,可是在一个教师要指导多个学生的不同题目,不同范围论文的情况下对作假舞弊,很难做到没有疏漏。而答辩小组或答辩委员会有三名以上教师组成,鉴别论文真假的能力会更强些,而且在答辩会上还可通过提问与答辩来暴露作弊者,从而保证毕业论文的质量。

对于答辩者(毕业论文作者)来说,答辩的目的是通过答辩,按时毕业取得毕业证书。学生要顺利通过毕业论文答辩,就必须了解上述学校组织毕业论文答辩的目的,然后有针对性地作好准备,继续对论文中的有关问题作进一步的推敲和研究,把论文中提到的基本材料搞准确,把有关的基本理论和基本观点彻底弄懂弄通。

四、区分毕业论文答辩种类

(一)现场答辩

答辩小组老师与答辩学生在同一个空间进行答辩活动。这是常见的答辩形式。

(二)网上答辩

1. **网上答辩含义** 毕业论文网上答辩是通过学校网络平台的音视频交互远程答辩系统进行,类似于视频会议或网上视频聊天。学生事先将论文寄给相关答辩小组老师进行审阅,答辩点(一般是校外学习中心或教学点)只要一台电脑、一根网线、一个摄像头,通过学校派去的技术人员统一组织,登陆平台,即可进行远程答辩,其过程与全日制本科生答辩毫无差别。网上答辩是不便进行现场答辩时采用的一种特殊答辩形式。

2. **网上答辩作用**

(1)网上答辩节约了大量人力、财力,将是解决网络学院今后学生分散以及偏远地区学生或距离远、学生少地区学生参加毕业论文(设计)答辩的实际困难的一种行之有效的途径,同时也给师生提供了极大的方便。

(2)网上答辩时,教师与学生分处两地,教师提问针对性强,答辩过程全程摄像,也有效地防止了作弊行为的发生。

(3)网上答辩是应对突发事件而能维持正常教学秩序的积极有效的方法,如在2003

年"非典"非常时期,应用它的效果是可想而知的。

(4)网上答辩也是方便学生正常完成学业的好途径。如"5.12"汶川大地震后,有些大学生去支教,不能及时返校参加答辩,有些学校就是采用网上答辩的形式帮助支教的学生顺利完成学业的。

3.网上答辩注意的问题　学校对答辩组织工作要准备充分,网络传输、答辩组织必须要达到现场答辩的同样要求。要密切关注网上答辩的组织过程及各个环节的衔接,在答辩前要安排专人对答辩平台进行测试,针对答辩网络拥堵而造成答辩不畅的问题,要确定切实可行的应急预备措施。在答辩当天对各个答辩室进行巡视,对突发状况要及时给出指导性意见,以确保答辩工作的顺利进行。每个答辩场所要配有一名技术人员协助工作。

五、发挥毕业论文答辩作用

(一)毕业答辩是评价论文真实性的有效手段

通过答辩来考查毕业论文写作的真实性,是论文答辩的最低层次上的意义。毕业论文要求学生独立完成,论文是学生自己写的,还是请人代写或是抄袭别人的,只有通过毕业论文答辩这道关口来辨别真伪,弄清真相。通常,论文不是自己写的,答辩时就会露出马脚,破绽百出。因此,规定答辩来检查论文写作的真实性,保证论文质量,抵制弄虚作假、抄袭剽窃的学术歪风。可见,答辩的意义非同一般。

(二)毕业答辩是考核与评价论文成绩的一种标准

通过答辩来考核论文的成绩,是论文答辩较高层次的意义。论文质量的评判,主要取决于:立论是否客观、公允、恰当,论据是否确凿、充分,论证是否逻辑严密,结构是否完整、紧凑等等。论文质量的考核与评价,以论文——作者的书面表达为基础,也应当重视答辩——作者的口头表达。论文作者的答辩,往往是书面论文的修改、补充和完善。在论文答辩过程中,答辩老师在听取答辩者的自述与答辩的基础上,对论文进行全面的考核,继而集体合议做出对论文成绩及等级的评价。

(三)毕业论文答辩是培养学生的重要教学环节

答辩这种形式本身,对于学生而言,是一个再学习和培养能力的重要环节。毕业论文答辩是众多即将毕业的大学生——包括已走上工作岗位的高职高专大学生——从未经历过的场面。答辩者要面对众多的专家学者,在有限的时间内简明扼要地回答相关问题。这不仅是对作者口头表达能力、演讲能力、思维能力、应变能力的考察,而且也是对答辩者超越怯懦心理、勇于自我挑战的心理素质的考核。所以,答辩可以为将来参与社会竞争提供经验、奠定基础。未来社会竞争需要人才具有的能力是多方面的,表达技巧、思维能力、应变能力无疑是重要的,任何一方面能力的欠缺都会影响自己的发展。

(四)毕业论文答辩是增长知识、交流信息、深化学术见解的良好时机

为了参加答辩,学生在答辩前就要积极准备,对自己所写文章的所有部分,尤其是本论部分和结论部分作进一步的推敲,仔细审查文章对基本观点的论证是否充分、有无疑点、谬误、片面或模糊不清的地方。如果发现一些问题,就要继续收集与此有关的各种资

料,作好弥补和解说的准备。这种准备的过程本身就是积累知识、增长知识的过程。而且,在答辩中,答辩小组成员也会就论文中的某些问题阐述自己的观点,或者提供有价值的信息。这样,学生又可以从答辩教师那里获得新的知识。

交流和深化学术见解是毕业论文答辩最高层次上的意义。毕业论文答辩委员会,一般是由较高专业水平的教师和专家组成,他们在答辩会上提出的问题一般是文章中没有阐述周全、论述清楚、分析到位的问题,是文章的薄弱环节和作者没有认识到的不足之处,通过提问、答辩、指点,可以让学生了解自己毕业论文中存在的问题,进一步加深对所论问题的理解;同时,还可以使学生从答辩问题出发,作进一步深层次的研究,求得纵深发展,取得更大成绩。

第二单元　毕业论文答辩程序

一、答辩准备

为了搞好毕业论文答辩,在举行答辩会前,校方、答辩委员会、答辩者(撰写毕业论文的作者)三方都要作好充分的准备。

(一)校方要做的准备工作

答辩前的准备,对于校方来说,主要是做好答辩前的组织工作。这些组织工作主要有:审定学生参加毕业论文答辩的资格,组织答辩委员会,拟订毕业论文成绩标准,布置答辩会场等。

1.审查学生参加毕业论文答辩的资格　参加毕业论文答辩的学生,要具备一定的条件。这些条件是:

(1)必须是已修完高等学校规定的全部课程的应届毕业生和符合有关规定并经过校方批准同意的上一届学生;

(2)学生所学课程必须是全部考试、考查及格;实行学分制的学校,学员必须获得学校准许毕业的学分;

(3)学生所写的毕业论文必须经过导师指导并有指导老师签署同意参加答辩的意见。

以上三个条件必须同时具备,缺一不可,只有同时具备了上述三个条件的大学生,才有资格参加毕业论文答辩。另一方面,具备了上述三个条件的大学生,只有经过答辩并获得通过才准予毕业。

2.组织答辩委员会或答辩小组　进行毕业论文的答辩,必须成立答辩委员会或答辩小组。答辩委员会是审查和公正评价毕业论文、评定毕业论文成绩的重要组织保证。答辩委员会由学校和学校委托下属有关部门统一组织。答辩委员会一般由三至五人组成,其中应有两人或两人以上具有高级或中级职称,从中确定一位学术水平较高的委员为主任委员,负责答辩委员会会议的召集工作。

3. 拟订毕业论文成绩标准　毕业论文答辩以后,答辩委员会要根据毕业论文以及作者的答辩情况,评定论文成绩。为了使评分宽严适度,大体平衡,学校应事先制订一个共同遵循的评分原则或评分标准。毕业论文的成绩,一般分为优秀(90～100分)、良好(80～89分)、中等(70～79分)、及格(60～69)分、不及格(60分以下)五个档次。

4. 布置答辩会场　毕业论文答辩会场地的布置会影响论文答辩会的气氛和答辩者的情绪,进而影响到答辩会的质量和效果。因此,学校应该重视答辩会场的设计和布置,尽量创造一个良好的答辩环境。一般来说,要注意下面几点:

(1)答辩会场设在学校安排的答辩地点。一般设在校内。答辩会场要整洁、美观,具有热烈、庄重的气氛,体现论文答辩工作是学校全体师生教学工作中一项非常重要的活动。

(2)答辩会场正面的墙上要悬挂写有"××学院(大学)××专业××届毕业设计(论文)答辩"的红色横幅,既显示毕业论文答辩的正规性、严肃性,又可供摄像或照相,用作纪念性背景材料。

(3)准备答辩会场字牌,必须包括答辩人、评委席、秘书席、观摩席四个字牌。以便与会者一目了然,对号入座,制造答辩会场的井然有序的氛围。

(4)答辩会场必须备齐讲演用的全套教学用具,检查多媒体教学设备的完好性,以便学生答辩需要时正常使用,避免因不能正常使用教学设备而影响学生答辩情绪的情况发生。

(5)答辩会场布置应该在答辩时间前一天完成,以便相关管理部门及答辩工作负责人对答辩会场布置情况进行检查,以确保答辩工作的顺利进行。

(二)答辩委员会成员的准备工作

答辩委员会成员确定以后,一般要在答辩会举行半个月前把要答辩的论文分送到答辩委员会成员手里,答辩委员会成员接到论文后,要认真仔细地审读每一篇要进行答辩的论文,找出论文中论述不清楚、不详细、不确切、不周全之处以及自相矛盾和有值得探讨之处,并拟订在论文答辩会上需要论文作者回答或进一步阐述的问题。

(三)答辩者的准备工作

毕业论文的答辩是审查论文的最后一个程序,是一种有组织、有准备、有计划、有鉴定的正规的组织形式。答辩者作为答辩的主体,为了搞好毕业论文的答辩,其答辩的准备活动至关重要,成功的答辩需要答辩者的充分准备。因此,论文作者在递交论文之后不可放松思想,而要抓紧时间积极准备答辩事宜。答辩者应在答辩前从思想上和物质上进行充分准备,树立信心,克服紧张情绪,提高答辩的质量。

1. 思想上的准备

(1)要明确答辩的目的和意义。答辩者首先要明确答辩目的,端正答辩态度,树立成功信心。防止和克服在论文答辩中出现的不正确、不正常的某些心态:一是把答辩看得过重,对答辩没有把握,害怕老师提问难度过大让自己丢人现眼、难以通过,造成自己的紧张恐惧;二是漫不经心,把答辩看成是"小事一桩",认为文章写好就可以高枕无忧,再也不闻不问了;甚至对答辩还有抵触情绪,认为答辩是"多此一举"、"走过场"、"临毕业还不放过我们"等等。毕业论文答辩是对学生几年学习的一次全面综合的检验和总结,是取得学位的最后审查程序,是一件严肃而光荣的事情,因此只有端正答辩的态度,才能在答辩中取得好成绩。

（2）要了解答辩的有关规定和要求。毕业论文答辩,是学生获准毕业的一项重要工作。院(系)毕业设计领导机构成立答辩委员会,指导教师可以加入答辩委员会,但不能担任答辩委员会主席的职务,而且与自己指导的学生答辩时应该回避,不参与意见。答辩委员会在举行答辩半个月前将学生论文分发到答辩委员会成员手中,每位答辩教师应认真负责地对待每篇论文,仔细阅读、准备提问的问题。提问的题目的数量一般是 3 个左右。在答辩过程中,答辩老师会提出多少问题,什么类型的问题,这是每个参加答辩的人都十分关心的问题,同时也是一个复杂、难以把握的问题。因为,每一篇论文各有自己的内容、形式和特点。根据论文的不同情况,答辩老师拟订的问题也必然因文而异。即使是同一篇论文,不同的答辩老师提问的重点也不尽相同。所以,在答辩会上老师会提些什么问题,是很难预测得到的。但这并不是说答辩老师出题是任意的、无规律的。事实上,答辩老师拟订问题是有一定的范围并遵循一定原则的。也就是说,答辩老师在论文答辩会上提出的问题仅仅是论文所涉及的学术范围之内的问题,一般不会也不太可能提出与论文毫无关系的问题,这是答辩老师拟订问题的大范围。在此范围之内,主答辩老师一般是从检验真伪、探测能力、弥补不足三个方面进行提问的。检验真伪题,就是围绕毕业论文的真实性拟订问题。它的目的是要检验论文是否是学生自己完成的。如果论文是抄袭他人的成果,或是别人代笔之作,就难以回答出这类问题。探测水平题,这是与毕业论文的主要内容紧密相关的,用以探测答辩者水平的高低、基础知识是否扎实,知识掌握的深广度,其主要内容是论文中涉及的基本概念、原理以及运用基本原理解决问题的能力等。弥补不足题,这是围绕毕业论文中存在的薄弱环节,如对论文中论述不清楚、不详细、不周全、不确切以及相互矛盾之处拟订问题,让答辩者在答辩过程中将之补充、阐述完整。主答辩老师在具体的出题过程中,是有一定的原则的。通过明确这些原则,对做好答辩的心理准备是有益的。归纳起来有:理论题与应用题相结合的原则。一般而言,在三个问题中,应该有一个是关于基础理论知识的题目,有一个是要求学生运用所学知识分析和解决现实问题的题目;深浅适中,难易搭配的原则。即在三个问题中,既要有比较容易回答的问题,又要有一定深度和难度的问题。对某一篇论文提问的难易程度,是与指导老师对此论文的评价相联系的。如果是指导老师建议成绩为优秀的论文,答辩老师所提出的问题难度就大些;建议成绩为及格的论文,答辩老师提问题难度相对浅些、比较容易回答一些;点面结合,深广相联的原则。答辩老师的提问可以是跟论文相关的比较大的宏观的问题,也可以是论文中的比较小的微观的问题;形式多样,大小搭配的原则。答辩老师不一定只问论文中的相关问题,他甚至可以采用问学生所列举的某本参考书的封面颜色来检查学生是否确实看了该参考资料。明确了答辩的有关规定和答辩老师的出题原则、要求,有助于答辩者做好答辩前的准备工作。

(3)心理准备。答辩是学生获准毕业、取得学位的必经之路,是走出学校、走向社会的最后一次在校学习的机会。答辩时要避免自负与自卑这两个极端的心理表现。以轻视的态度面对答辩,精神松懈、漫不经心、精力分散,势必在答辩中难于集中精力,自述丢三落四,回答问题张冠李戴,精神状态懒散,这种自负会让自己功亏一篑。答辩现场上,这样的学生毕竟是少数。同时,另一种情况是,有的学生存在自卑的心理,甚至由于胆怯而不能正常表达自己的想法,说话颠三倒四,思维停滞,态度唯唯诺诺,同样会使答辩大失水准,无法体现作者的真实的能力和水平。答辩现场上,出现这种现象的学生比较多。对待答辩,尤其要克服怯场心理,消除紧张情绪,保持良好的心理状态。要有自信意识。这是学生应具备的最基本的心理素质。有了自信心,就可以适当放松心情,不会给自己过大的压力,对待答辩,积极热情,泰然处之,以平常心对待。凡是有充分自信意识的学生,在答辩过程中就会精神焕发、心绪镇静、神态自若、思维敏捷、记忆完整。答辩就可以淋漓尽致地得到发挥。要做到自信,需要对自己的论文从内容、范围、材料有充分的理解和多方面的准备,做到烂熟于心。从整体到局部都有了然于胸的感受,这样就能对提出的种种质疑,应付自如,即使不能对答如流,至少也能迎刃而解,问有所答。真正做到"艺高胆大",有了真才实学,就不怕别人提出询问。在答辩之前,学生可以搞一个小型的试讲会,模拟提问,努力适应答辩环境,克服恐惧、紧张的心理。

2. 物质上的准备

(1)准备好论文底稿、参考资料、答辩提纲。答辩不同于一般的口试,准备工作必须是全方位的。进入答辩会场要携带论文底稿、答辩提纲和参考资料,这三种资料的准备工作尤为重要。

首先,论文底稿要保留,答辩之前要熟读其内容。无论是答辩中的自我陈述,还是答辩教师的提问都是以论文内容作为依据,论文中的重点内容必须牢记。作为将要参加论文答辩的同学,必须对自己所写的毕业论文内容有比较深刻的理解和比较全面的掌握,这是为回答毕业论文答辩委员会成员就有关毕业论文的深度及相关知识面而可能提出的论文答辩问题所做的最必要的准备。这些准备大体有:一是要事先写好毕业论文的简介,其主要内容应包括论文的题目、写作该论文的动机、论文的主要论点、论据、写作体会、本议题的理论意义和社会实践意义以及指导老师的姓名。二是要在全面熟悉自己所写的论文全文的基础上,重点把握论文的主体部分和结论部分,明确论文的基本观点和主要论述的问题;弄懂论文中所使用的主要概念的确切内涵,所运用基本原理的主要内容;同时还要仔细审查、反复推敲文章是否存在自相矛盾、片面、错误或模糊的地方。如有上述问题,要及时补正,这样在答辩中才可以做到胸有成竹、临阵不慌、沉着应战。三是要了解和掌握与自己所写论文相关联的知识及材料。如自己所研究的课题在学术界实践中已达到什么程度,存在哪些问题和争议,有几种代表性的观点,有哪些成果以及代表性文章、著作,对论文中重要引文的出版和版本、论证材料的来源渠道等方面,都要有一个全面、清晰地把握。在准备过程中,可以做出相关的资料记录,认真、细致、扎实的记录会在答辩过程中发挥至关重要的提醒作用。四是对于优秀论文的作者来说,还要搞清楚哪些观点是继承或借鉴了他人的研究成果,哪些是自己的创新观点,这些新观点、新见解是怎么形成的等等。对上述内容,作者在答辩前都要很好地准备,经过思考、整理,写成提纲,记在脑中,这样在答辩时就可以做到心中有数,从容作答。

其次,收集与论文相关的参考资料,分类整理,做好索引以便查找。参考资料尽量齐全,仔细阅读并学习研究,开阔视野,储备丰富的知识。

最后,答辩提纲作为答辩中必不可少的物质资料,直接影响答辩的质量。答辩提纲的撰写有其特殊的要求、要领。它是论文底稿和参考资料的融合与提炼。从表面看,一份提纲的篇幅相对于论文来讲,是相当少的,但它的内容和信息量是论文与参考资料的总合。

答辩提纲主要包括以下内容:自己为什么选择这个课题,研究这个课题的意义和目的是什么,全文的基本框架、基本结构是如何安排的,全文的各部分之间逻辑关系如何,在研究本课题的过程中,发现了哪些不同见解,对这些不同的意见,自己是怎样逐步认识的,又是如何处理的,论文虽未论及,但与其较密切相关的问题还有哪些,还有哪些问题自己还没有搞清楚,在论文中论述得不够透彻,写作论文时立论的主要依据是什么等等。

(2)辅助准备。任何毕业论文,无论是文科还是理科都或多或少地涉及用图表表达论文观点的可能。在10分钟的自我陈述过程中,单用"说"这种枯燥的方式,不容易达到好的效果。图表不仅是一种直观的表达观点的方法,更是一种调节答辩会气氛的手段,特别是对答辩委员会成员来说,长时间地听述,听觉难免会有排斥性,不再对你论述的内容接纳吸收,这样,可能会对你的毕业论文答辩成绩有所影响。在答辩过程中应注意吸引答辩教师的注意力,充分调动答辩小组的积极性,使用生动活泼的语言可以收到好的成效;视觉图像往往让人有更加深刻的认知,如果利用视觉反应传达毕业设计论文的内容,再配以语言解释,这二者的巧妙结合将使答辩变得有声有色。因此可以选择图、表、照片、幻灯、投影等作为辅助答辩的物质材料。所以,应该在答辩过程中,适当穿插图表或类似图表的其他媒介以提高答辩成绩。因而,这就需要事先做好这方面的准备。

(3)写好论文自述报告。在掌握答辩教师拟题的一般规律和原则的基础上,学生必须对自己文章的所有部分,特别是主体部分和结论部分反复推敲,要把自己放在"论敌"一边,仔细审查自己的论文,补其所缺、校其谬误,并做好充分准备,写出10分钟左右的论文自述报告。自述论文报告应包括以下内容:一是介绍论文名称,简要介绍课题背景、选择此课题的原因及课题现阶段的发展情况。研究这个题目有何科学价值和理论意义;二是对这个课题,曾有何人做过哪些研究,他们的主要研究成果及观点是什么,各有哪些代表性著作和文章,要详细描述有关课题的具体内容,其中包括答辩人所持的观点看法、研究过程、实验数据、结果。要侧重创新的部分,自己有何新发展,提出和解决了什么新问题等。这部分要作为重中之重,这是答辩教师比较感兴趣的地方;三是论文的基本观点及其发展的过程和立论的主要依据、论证方法,写作中运用了哪些所学知识;四是自我评价。答辩人对自己的研究工作进行评价,要求客观真实,实事求是,态度谦虚。经过参加毕业设计与论文的撰写,专业水平上有哪些提高,取得了哪些进步,研究的局限性,不足之处,心得体会等;五是重要的引文、版本、出处;六是对定稿的补充和说明等等。写作自述报告时,既要做到概括简要,言简意赅,还要突出重点,把自己的最大收获、最深体会、最精华与最富特色的部分表述出来。

二、答辩过程

毕业论文答辩的过程也叫毕业论文答辩的程序,包括毕业答辩的一般过程和成绩评定两个部分。

(一)毕业答辩的一般过程

经过一系列的准备工作后,就要正式进入答辩程序。按照一般的规则,答辩委员会由5~9人组成,下设若干答辩小组,由3~5人组成。答辩的具体步骤如下:

(1)学生必须在论文答辩会举行之前半个月,将经过指导老师审定通过的毕业论文一式三份连同提纲、草稿等交给答辩委员会。答辩委员会的主答辩老师在仔细研读毕业论文的基础上,拟订出要提出的问题。

(2)答辩开始,由答辩委员会主席或答辩小组组长宣读答辩纪律,答辩主持人宣布答辩学生的姓名和论文题目,并检验答辩人的学生证件。

(3)指导老师介绍答辩人的学习态度、科研能力、课程考试成绩以及论文写作等情况。

(4)答辩人先作10分钟左右的论文自述报告,要求简明扼要、重点突出。

(5)主答辩老师将预先准备好的3~5个问题提交答辩人。答辩人必须集中精神,认真听取教师的提问,并可以作简要的笔录。如果对提出的问题没有理解清楚,可以要求重说一遍。

(6)答辩老师提问完毕,答辩人退出答辩席,有约15分钟时间作准备。

(7)15分钟准备时间一到,听到答辩委员会主席点名后,答辩人再回到答辩席开始答辩。答辩可以是对话式的,也可以是主答辩老师一次性提出三个问题,学员在听清楚记下来后,按顺序逐一作出回答。根据学员回答的具体情况,主答辩老师和其他答辩老师随时可以有适当的插问。

(8)答辩委员会主席在各答辩人答辩完成后,宣布答辩会议暂时休会。答辩委员会举行会议,宣读指导老师对论文的评阅意见,然后讨论答辩情况。答辩委员会通过对论文的评语,并以无记名投票方式对论文是否通过和是否建议授予学位进行表决,作出决议。决议须经三分之二的答辩委员通过方可生效。最终成绩确定后,由答辩组长填写在"论文答辩成绩"栏内并签名负责,不得随意更改成绩。

(9)答辩委员会主席宣布答辩会议复会。

(10)答辩委员会主席公布答辩委员会对论文的评语和表决结果。答辩会结束。

(二)成绩评定

答辩结束后,答辩小组根据论文的质量和答辩水平,进行合议来评定成绩,写出评语,包括对论文文字部分和答辩情况进行评价,指出其存在的主要问题。

论文成绩由文字部分成绩和现场答辩成绩组成。文字部分成绩是在答辩前集体研究确定的,占总成绩的70%,要求恰当合理,不以答辩的优劣去决定文字成绩。现场答辩成绩占30%,若答辩不及格,则整个毕业论文成绩不及格。可见,论文答辩和写作一样重要,二者不可偏颇。以下介绍的是论文及答辩成绩评定的标准,供老师和学生参考。

优:相当于百分制90分以上。

(1)论题具有一定的现实意义及学术价值;

(2)对所分析的问题占有丰富的材料,论点鲜明,论证充分,能综合运用所学到的知识和技能,比较全面、深入地进行分析,有一定的独到见解;

(3)观点正确,中心突出,层次明晰,结构严谨,文字流畅;

(4)答辩中能准确地回答问题,思路清晰,具有一定的应变能力。

良:相当于百分制80～89分。

(1)对所分析的问题掌握了比较充分的材料,能运用所学知识和技能进行分析,有较强的解决问题的能力;

(2)观点正确,中心突出,条理分明,逻辑性较强,文字流畅;

(3)答辩中能较好地回答问题,思维比较清楚。

中:相当于百分制中70～79分。

(1)对所分析的问题掌握了一定的材料,基本上能结合所学的知识进行分析,中心明确,主要论据基本可靠;

(2)观点正确,条理清楚,文字流畅;

(3)答辩中回答问题基本清楚。

及格:相当于百分制中60～69分。

(1)能掌握一些材料,基本上说清楚了所写的问题;

(2)观点基本正确,条理清楚,文字通顺;

(3)答辩中经过指示能正确回答问题。

不及格:相当于百分制59分以下。

(1)论文观点有明显错误;

(2)掌握的材料很少,或对所搜集的材料缺乏分析、归纳,不能说明所写的问题,或未经过自己的思考,仅将几篇文章裁剪拼凑而成;

(3)文字不通,条理不清,词不达意,字数大大少于规定;

(4)抄袭或由他人代笔的;

(5)答辩中经过提示仍不能正确回答问题的。

三、答辩要求

学生要顺利通过答辩,并在答辩时真正发挥出自己的水平,除了在答辩前作好充分的准备外,还需要了解和掌握答辩的要领和答辩的艺术。

(一)进入答辩现场的要求

1.携带必要的资料和用品

(1)学生参加答辩会,要携带论文的底稿和主要参考资料。如前所述,有的高等学校规定,在答辩会上,主答辩老师提出问题后,学员可以准备一定时间后再当面回答。在这种情况下,携带论文底稿和主要参考资料的必要性是不言自明的。即使要求立即回答的答辩,在回答过程中,也是允许翻看自己的论文和有关参考资料的,答辩时虽然不能依赖这些资料,但带上这些资料,当遇到一时记不起来时,稍微翻阅一下有关资料,就可以避免出现答不上来的尴尬和慌乱。

(2)学生参加答辩会,还要带上笔和笔记本,以便把主答辩老师所提出的问题和有价值的意见、见解记录下来。通过记录,不仅可以减缓紧张心理,而且还可以更好地吃透老师所提问的要害和实质是什么,同时还可以边记边思考,使思考的过程变得很自然。

(3)学生参加答辩会,还要带上辅助资料,即事先准备的帮助提高答辩效果所需要的图表或类似图表的其他媒介等。

2. 镇定自信,沉着答辩　学生在作了充分准备的基础上,大可不必紧张,要有自信心。树立自信心,对于消除紧张慌乱心理很重要,因为过度的紧张会使本来可以回答出来的问题也答不上来。只有充满自信心,沉着冷静,才会在答辩时有良好的表现。而自信心主要来自事先的充分准备,要坚信自己的论文是经过自己精心准备、认真钻研、反复推敲而成的,要坚信自己是能够顺利通过答辩的。在紧张的时候自己可以作一些深呼吸练习,以此来缓解自己的紧张情绪。同时,还可以进行积极的心理暗示,自己给自己鼓劲加油。

(二)答辩时的要求

1. 听问题时的要求　答辩者要沉着冷静,边听边记,要听准确、听清楚,听明白,听懂。只有听明白题意,抓住问题的主旨,弄清答辩教师出题的目的和意图,充分理解问题的根本所在,才有可能避免答辩时答非所问的现象,才能答到点子上。如果对所提问题没有听清楚,可以请提问老师再说一遍。如果对问题中有些概念不太理解,尽量争取教师的提示,巧妙应对,可以请提问老师作些解释,或者把自己对问题的理解说出来,并问清是不是这个意思,等得到肯定的答复后再作回答,应该用这种积极的态度面对遇到的困难,努力思考做答,不应自暴自弃。

2. 回答问题时的要求

(1)语速适中、吐字清晰。答辩时语速要快慢适中,不能过快或过慢。过快会让答辩小组成员难以听清楚,过慢会让答辩教师感觉答辩人对这个问题不熟悉。进行毕业论文答辩的学生一般都是首次,对大多数答辩的学生来说,说话速度往往是越来越快,导致答辩委员会成员听不清楚,以至于影响答辩成绩。所以,参加答辩的学生一定要注意在答辩过程中的语流速度,要有急有缓,有轻有重,不能像连珠炮似的轰向听众。就汉语的情况来说,正常语速每分钟应在200~220个音节左右,较慢语速在每分钟170个音节左右,较快语速在每分钟500个音节左右。答辩时大多处于平静的语境中,一般应用正常语速来回答问题。此外还要注意讲普通话,用词准确,讲究逻辑,吐词清晰,声音适中,抑扬顿挫等等,力求增强说服力、感染力,给教师和听众留下良好的印象。

(2)简明扼要,层次分明。在弄清了主答辩老师所提问题的确切含义后,要在较短的时间内作出反应,要充满自信地以流畅的语言和肯定的语气把自己的想法讲述出来,不要犹犹豫豫。回答问题,一要抓住要害,简明扼要,不要东拉西扯,使人听后不得要领;二要力求客观、全面、辩证,注意掌握分寸,留有余地,切忌把话说"死";三要条分缕析,层次分明。

(3)紧扣主题,重点突出。学校进行毕业论文答辩,往往辩手较多,因此,学生在整个答辩过程中能否围绕主题进行,能否最后扣题就显得非常重要了。另外,委员们一般也容易就题目所涉及的问题进行提问,如果能自始至终地以论文题目为中心展开论述就会使评委思维明朗化,对你的论文加以首肯。因而,学生答辩时要强调重点,略述枝节,研究深入的地方多讲,研究不够深入的地方最好避开不讲或少讲。

(4)对回答不出的问题,不可强辩。有时答辩委员会的老师对答辩人所作的回答不太满意,还会进一步提出问题,以求了解论文作者是否切实搞清和掌握了这个问题。遇到这种情况,答辩人如果有把握讲清,就可以申明理由进行答辩;如果不太有把握,可以审慎地试着回答,能回答多少就回答多少,即使讲得不很确切也不要紧,只要是同问题有所关联,老师会引导和启发你切入正题;如果确是自己没有搞清的问题,就应该实事求是地讲明自己对这个问题还没有搞清楚,表示今后一定认真研究这个问题,切不可强词夺理,进行狡辩。因为,答辩委员会的老师对这个问题有可能有过专门研究,再高明的狡辩也不可能蒙骗他。学生们应该明白:学生在答辩会上,某个问题被问住是不奇怪的,因为答辩委员会成员一般是本学科的专家。对他们提出来的某个问题答不上来是很自然的。当然,所有问题都答不上来,一问三不知就不正常了。

(5)当论文中的主要观点与主答辩老师的观点相左时,可以与之展开辩论。在答辩中,有答有辩,要有坚持真理、修正错误的勇气。既敢于阐发自己独到的新观点和真知灼见,维护自己的正确观点,反驳错误的观点,又要敢于承认自己的不足,修正失误。答辩中,有时主答辩老师会提出与你的论文中基本观点不同的观点,然后请你谈谈看法,此时就应全力为自己的观点进行辩护,反驳与自己观点相对立的思想。主答辩老师在提问的问题中,有的是基础知识性的问题,有的是学术探讨性的问题,对于前一类问题,是要你作出正确、全面地回答,不具有商讨性。而后一类问题,是非正误并未定论,持有不同观点的人可以互相切磋商讨。如果你所写的论文的基本观点是经过自己深思熟虑,又是言之有理、持之有据,能自圆其说的,就不要因为答辩委员会成员提出不同的见解,就随声附和,放弃自己的观点。否则,就等于是你自己否定了自己辛辛苦苦写成的论文。要知道,有的答辩老师提出的与你论文相左的观点,并不是他本人的观点,他提出来无非是想听听你对这种观点的评价和看法,或者是考考你的答辩能力或你对自己观点的坚定程度。退一步说,即使是提问老师自己的观点,你也应该抱着"吾爱吾师,吾更爱真理"的态度,据理力争,与之展开辩论。不过,与答辩老师展开辩论要注意分寸,运用适当的辩术。一般说,应以维护自己的观点为主,反驳对方的论点要尽可能采用委婉的语言,请教的口气,用旁说、暗说、绕着说的办法,不露痕迹地把自己的观点输入对方,让他们明理而诚服或暗服。让提问老师感受到虽接受你的意见,但自己的自尊并未受到伤害。譬如,在一次答辩会上,一位老师在说明垄断高额利润时,把垄断高额利润说成是高出平均利润以上的那部分利润。答辩的学生听出老师的解释错了。就用平和不解的语气说:"那么,垄断高额利润是垄断价格高于成本价格的话怎么理解呢?"提问的老师听后一怔,隔了一会儿,高声说:"问得好!"从提问老师的喝彩声中,我们知道,他已心悦诚服地同意了你的观点。这样的辩论,答辩老师不仅不会为难你,相反会认为你有水平,基础扎实。

(6)控制答辩时间。一般在比较正规的论文答辩会上,都对辩手有答辩时间要求,因此,毕业论文答辩学生在进行论文答辩时应重视论文答辩时间的掌握。对论文答辩时间的控制要有力度,到该截止的时间应立即结束,这样,显得有准备,对内容的掌握和控制也轻车熟路,容易给毕业论文答辩委员会成员一个良好的印象。所以在毕业论文答辩前应该对将要答辩的内容有时间上的估计。答辩时,除非答辩教师特别强调要求展开论述,一般情况下,答辩人都不必要展开过细,直接回答主要内容和中心思想,去掉旁枝细节,简单干脆,切中要害。当然在毕业论文答辩过程中灵活地减少或增加时间也是对论文答辩时间控制的一种表现,同样应该重视。

3. 提高答辩效果的技巧要求

(1)注意自身修养,有礼有节。在答辩时,学生要注意仪态与风度,这是进入人们感受渠道的第一信号。如果答辩者能在最初的两分钟内以良好的仪态和风度体现出良好的形象,就有了一个良好的开端。论文答辩的过程也是学术思想交流的过程。学生应把它看成是向答辩老师和专家学习,请求指导,讨教问题的好机会。因此,在整个答辩过程中,学生应该尊重答辩委员会的老师,言行举止要讲文明、有礼貌,无论是听答辩教师提出问题,还是回答问题都要做到礼貌应对,尤其是在主答辩老师提出的问题难以回答,或答辩老师的观点与自己的观点相左时,更应该注意。答辩结束,无论答辩情况如何,都要从容、有礼貌地退场。同时,还要注意开场白、结束语的礼仪。

(2)运用目光交流。学生在论文答辩时,一般可脱稿,也可半脱稿,也可完全不脱稿。但不管哪种情况,都应使目光时常地投向答辩委员会成员及会场上的同学们,用目光与听众进行心灵的接触,使听众对你的论题产生兴趣。在毕业论文答辩会上,由于听讲时间过长,委员们难免会有分神现象,这时,你用目光的投射会很礼貌地将他们的神"拉"回来,使委员们的思路跟着你的思路走。

(3)适当运用体态语。虽然毕业论文答辩同其他答辩一样以口语为主,但运用适当的体态语会辅助你的答辩,使答辩效果更好。特别是手势语言的恰当运用会显得自信、有力、不容辩驳。相反,如果你在答辩过程中始终如一地直挺挺地站着,或者始终如一地低头俯视,即使你的论文结构再合理,主题再新颖,结论再正确,答辩效果也会大受影响。所以在毕业论文答辩时,一定要注意适当使用体态语,力求深刻生动,有较强的说服力、感染力,给教师和听众留下深刻的印象。

(4)注意使用第一人称。在毕业论文答辩过程中,必然涉及人称使用问题,要尽量多地使用第一人称,如"我"、"我们",即使论文中的材料是引用他人的,用"我们引用"了哪儿哪儿的数据或材料,特别是毕业论文大多是你自己写的,所以要更多地使用而且是果断地、大胆地使用第一人称"我"和"我们"。如果是这样,会使答辩委员会成员有这样的印象:东西是你的,工作做了不少!

(三)答辩后的要求

毕业论文答辩之后,答辩的学生应该认真听取答辩委员会的评判,进一步分析、思考答辩老师提出的意见,总结论文写作的经验教训。一方面,要搞清楚通过这次毕业论文写作,自己学习和掌握了哪些科学研究的方法,在提出问题、分析问题、解决问题以及科研能力上得到了哪些提高。还存在哪些不足,作为今后研究其他课题时的借鉴。另一方面,要认真思索论文答辩会上答辩老师提出的问题和意见,精心修改自己的论文,以便求得纵深发展,取得更大的成果。使自己在知识上、能力上有所提高。

要想取得良好的答辩成绩,需要的是平时一点一滴知识的积累,素质、能力的培养。只有扎扎实实地做好每一个学习环节,才能取得优秀的答辩成绩。

【知识链接】

一、管理文件阅读

案例一

规范检查	毕业综合实践完成情况	完成		未完成		论文字数	
	开题报告	有		无		字数	
	文献参考情况	有		无		字数	
	参考文献(5 篇以上)	篇数					
指导教师意见(综合实践说明书及相关材料完成情况,是否可进行答辩): 　　　　　　　　　　　　　　　　　　　　指导教师签名: 　　　　　　　　　　　　　　　　　　　年　　　月　　　日							

宁波城市职业技术学院毕业综合实践
答辩资格审查表

规范检查	毕业综合实践完成情况	完成		未完成		论文字数	
	开题报告	有		无		字数	
	文献参考情况	有		无		字数	
	参考文献(5 篇以上)	篇数					
指导教师意见(综合实践说明书及相关材料完成情况,是否可进行答辩): 　　　　　　　　　　　　　　　　　　　　指导教师签名: 　　　　　　　　　　　　　　　　　　　年　　　月　　　日							

姓名:　　　　　　　　　　专业:

案例二

江阴职业技术学院公开答辩评价表

系	
专业	
课题	

评价项目	评价要素	评价内涵	分值	评分			
				A	B	C	D
选题质量 20	选题方向和范围	符合本专业的培养目标,能够达到科学研究和实践能力培养和锻炼的目的。	10				
	难易度	满足专业教学计划中对素质、能力和知识结构的要求,难易适中,工作量适当。	5				
	理论意义和实际应用价值	选题符合本专业的发展,符合科技、经济和社会发展的需要,能够理论联系实际,具有一定的科技、应用的参考价值。	5				
能力水平 50	查阅和应用文献资料能力	能独立检索中外文献资料,对资料进行分析、综合、归纳等整理,提出存在的问题或进一步发展的方向。	10				
	综合运用知识能力	能够综合应用所学知识,对课题所研究问题进行分析、论述,研究目标明确,内容具体,且具有一定的深度。	5				
	研究方法与手段	熟练运用本专业的方法、手段和工具开展课题的设计和实施工作。	10				
	实验技能和实践能力	设计或论文能反映出已掌握了较强的专业技能和研究设计方法,实践能力较强。	10				
	答辩展示	能对所研究问题的现状进行综述,能独立操作使用软件或根据课题需要编程并展示。	15				
创新与成果 20	创新意识	能够在前人工作的基础上,进行科学的分析与综合,提出新问题,探索解决问题的方法、手段有一定的特色或新意,结论有新见解。	10				
	成果与成效	设计或论文有一定的学术价值;有实物作品、实际运行的系统或其他展示材料;有已经得到应用或具有应用前景的成果。	10				
综合评价 10	参与态度	投入毕业设计(论文)的态度认真。	2				
	指导到位	毕业设计(论文)是真实课题,且有成果。	3				
	提问及回答	提问目的明确,学生回答准确。	5				

<u>　　　　　　　　　　</u>届毕业设计(论文)答辩教师资格审定表

系名：

姓　　名	性　别	出生年月	从事专业	职称	从事专业工作年限	现在工作单位
毕业生所在校或系领导小组意见	毕业作业领导小组组长签名(或盖)　　　　年　　　月　　　日					
校部毕业作业指导委员会意见	校指导委员会主任签名(或盖章)　　　　年　　　月　　　日					

二、案例阅读

　　美国肯尼迪总统的国防部长 Macnamala 在考哈佛大学的研究生时,他没有答题。却写了一篇文章批评考试题目的迂腐。他的论点是,在第二次世界大战以后,作为美国的名牌大学居然还出这样迂腐的题目,那是不可想象的。他提出了考试题应该是在什么样的水平上的,应该赶上时代。他得了一个零分。可是系主任在审阅考卷时,零分引起了他的注意。读完他的考卷,他画掉了那个零,重新判分,给了他九十几分(我记不清楚是 96 分还是 98 分了）。后来事实证明 Macnamala 确实不是一个一般的人,当肯尼迪邀请他担任国防部长,一年 4 万薪金的时候,福特汽车公司邀请他担任该公司的总裁,年薪 20 万。他选择了国防部长,后来他又是世界银行的行长。那个系主任也高。Macnamala 在考卷里批评的正是他,可是这位系主任站得高,他能赏识一个年轻有为的,有独立思考能力的,而且是批驳他的人,这说明他不愧是一名名牌大学的系主任。给 MacnamalaA 打零分的人是一名助教,可以原谅。护短,那都是最低档的人干的事。他连判断是非的能力都没有,是家庭妇女,老娘们儿干的事。自己的孩子跟别人打架,总是想法子护着自己的孩子,哪怕是她的孩子错了。

【自测题】

一、阅读本节的案例分析和教材内容回答问题:

1. 谈谈论文答辩的意义是什么?

2. 论文答辩的过程是怎样的?

3. 论文答辩前,学生应做哪些准备?

4. 论文答辩的要求有哪些?

二、情景题

某职业技术学院毕业班的学生们正在认真撰写毕业论文,准备毕业答辩,忙得不可开交。请模拟答辩会现场情景,举行一次论文答辩,然后总结经验教训,为今后毕业论文的写作和答辩打下基础。

第十部分 毕业论文(设计)成果评价体系

【知识目标】

1. 了解毕业论文(设计)评价标准及体系
2. 学习毕业论文(设计)评价内容及要求

【能力目标】

1. 认识毕业论文(设计)评价体系
2. 掌握毕业论文(设计)评价标准

【案例导入】

师范学院文秘专业 2009 年毕业论文答辩会上,061 班的孙晓莉同学提交的论文是《民营企业领导与秘书的关系探析——以义乌赵龙集团为例》。同时提交了毕业教学环节课题开题报告、毕业教学环节课题申报表、毕业教学环节课题任务书等材料。

在这篇论文中,孙晓莉同学结合在义乌赵龙集团总裁办公室实习经历,简要分析了秘书与民营企业领导关系的现状,存在的互信度不高、人际关系复杂等问题,同时从领导和秘书两个方面分析了存在问题的原因是由于领导者管理水平较低和秘书领悟力有待提高等,并提出了改进民营企业领导与秘书关系对策和措施:提高秘书自身知识面、提升秘书自身职业素养、提高自身学习处事能力等。

在答辩过程中,答辩小组成员提出了三个问题:一是研究课题的现实意义。孙晓莉同学回答说:秘书与领导的关系是秘书工作的核心问题。而研究民营企业中秘书与领导的关系,能够帮助即将跨入此岗位的秘书更好的处理相应的问题,同时也能够进一步补充并完善秘书学在此领域的研究。作为一个文秘专业的毕业生跨入社会后首先遇到的人际关系就是秘书与领导的关系。而民营企业在这一个领域又有着特殊性,针对浙江省的民营企业高度发达的特点,所以本课题具有较强的现实意义。答辩小组成员提出的第二个问题是:秘书在企业中的作用有哪些,孙晓莉同学一一做了回答。提出的第三个问题是:既然你认为存在问题的原因来自于企业领导和秘书两个方面,为什么在改进民营企业领导与秘书关系对策和措施方面,没有提到企业领导应该如何做呢? 孙晓莉同学怔了怔没有回答,承认自己对这个问题的忽略。

　　从中可知,毕业论文(设计)评价体系和评价标准,虽然早已发给学生,但有的学生还是未能引起重视,需要予以强调。

　　最后,答辩小组按照评分体系标准给出了良好的成绩。

　　问题:

　　1.学生回校进行毕业论文(设计)答辩时,需向指导教师提交哪些材料?

　　2.学生在答辩过程中,该如何回答才能获最佳答辩效果?

第一单元　毕业论文(设计)课题与任务评价体系

一、毕业论文(设计)课题与任务评价标准

(一)毕业论文(设计)课题与任务评价的含义

　　高等职业教育培养人才要实现学校与用人单位具体岗位或岗位群之间的零距离(或近距离)对接,则毕业综合实践的课题与任务就必须紧密结合企事业单位现实岗位或岗位群的实际要求,紧密结合企业或行业的行规要求以及学校的培养目标和专业知识,因而高职学生的毕业论文与设计课题,必须从用人单位或企业面临的实际问题中筛选。这就要求学校与企事业单位之间必须有非常紧密的合作过程,专业教师和企事业单位各级管理人员之间必须实现业务或工作过程的相互渗透或互动。

　　一般情况下,在实际操作中,首先由专业指导教师通过调研等途径,同时结合现实职业岗位实际填写课题申报表,以供课题审查和学生选择。课题申报表主要介绍课题背景、目的意义、要求完成的主要任务、成果要求、对学生运用知识和综合训练的要求等内容。课题申报表向学生公布并由学生选择,学校可组织指导教师向学生宣讲课题或公布课题申报表,实现师生互选。课题一经确定,不得随意更改,确需变动者,需经主管院长审批。学生选题确定后,由指导教师填写课题任务书,内容包括以下方面。

　　(1)课题的主要内容、任务和目标、基本要求等。实际上是由指导教师布置整体工作内容,提供必要的资料、数据,需要主要训练的技能,提出明确的技术要求和量化的工作要求等,一般不少于300字。

　　(2)实践要求。主要说明学生完成毕业教学环节所需要的毕业实习岗位、时间和技能训练等的总体要求。

　　(3)进度安排。主要说明完成时间段及主要内容,如:1.2009年10月20日至11月5日。查阅文献资料,完成开题报告。2.……。

　　(4)推荐的主要参考资料。一般要求提供10本左右的参考书目。学生在接到指导教师的毕业教学环节课题任务书后,即可开始查阅、收集、整理、归纳文献和资料,制订开题报告。开题报告的内容要涵盖课题背景、目的意义、课题任务的主要内容,即需要解决的问题或研究的主要内容、可行性分析、实施方案或路径以及拟达到的预期成果、进度安排

等内容。开题报告在交付指导教师审查批准后,方可正式开始课题任务的实施工作。

从上述过程可知,课题与任务评价标准主要体现在以下方面:

(1)岗位贴近度。课题任务应与毕业生职业岗位或期望的职业岗位有较强的相关性,能突出相关职业岗位或岗位群中关键能力和基本能力的训练。课题必须紧密结合企事业单位现实岗位或岗位群的实际要求,应从用人单位或企事业单位面临的实际问题中筛选,来自于合作基地或有实际应用意义的不低于80%。

(2)专业贴近度。课题任务应与学生所学专业有较强的相关性,符合本专业的培养目标及基本教学要求,体现本专业的技术应用和核心技能训练需要,有利于学生整合原来所学的知识、能力,培养独立工作能力和创新能力。

(3)训练实效性。毕业生通过课题任务的训练,可以较好地提高职业能力与综合素质,并收到良好的整合效果。

(4)工作量。选题应有明确的对象和任务,工作量要适度。在规定时间内,学生要经过努力才可以完成,避免题目过大、内容空洞,或者题目过小、工作量少。课题原则上要求一人一题,需要多人合作的,应有明确分工,并在课题名称后用括号或副标题体现分工。同组学生数一般不超过3人。

(5)更新率。选题要体现实用性和先进性,要尽量控制与往届重复的课题数量,确保课题更新率达80%以上。严禁将往届毕业教学环节的成果材料借给学生参考,杜绝抄袭现象。

课题任务与毕业生所学专业有很强的相关性,同时,课题任务与毕业生职业岗位或期望的职业岗位的相关性也很高。突出相关职业岗位或岗位群中关键能力和基本能力的训练,将有利于学生整合原来所学的专业知识,提高专业技术应用能力,使专业技术能力更适于职业岗位。毕业生通过综合训练,能较好地提高能力与素质,并收到良好的整合效果。

(二)毕业论文(设计)课题与任务评价标准的特点

1.系统性与重点性相结合　毕业论文(设计)的课题与任务评价标准具有系统性。首先,从培养目标看,高职教育所培养的人才是大专层次的毕业生,同时又属于职业技术教育范畴,这既有别于中等职业教育所培养的人才,也有别于普通本科及其以上高等教育所培养的人才,因此,在课题与任务的评价标准上,必须强调高教性与职业性的特色。其次,从作用看,毕业综合实践重在培养与检验学生的应职应岗能力,因而要求毕业生系统运用知识、素质、技术、技能等,解决针对职业岗位的有关实际问题,从而达到连续、巩固、深化、提高的教学目的,实现人才培养目标。但同时,毕业论文(设计)的课题与任务评价标准又具有重点性。评价的重点应体现应职应岗所需的综合能力,考虑到学生的个体差异,考虑到诸多专业和就业岗位的差异性,因此具体的方案设计、论文、调查报告等任务的重点应当有所差别,以体现"因材施教、因岗施教、材岗结合、重在上岗"的基本思想。例如,有的岗位偏重于实施操作技能,则应提出动作技能的高层次要求;有的岗位偏重于方案设计,则应偏重于智力技能的要求等。毕业论文(设计)的课题与任务评价标准,当体现系统性与重点性相结合的要求。

2. 深度与浅度相结合　事实证明,由于学生的学习能力、原有知识、基本素质等的差异,毕业生实际解决问题的能力水平也必然会有差别,有时这种差别还比较大。因此,毕业论文(设计)的课题与任务的深浅度应坚持一般性与个体发挥性相结合。评价标准既要确保上述设计策划、操作以及分析研究等诸方面的基本训练与考核要求,同时又要有利于学生根据个性特征发挥其创造性。这如同在出试卷时既有基本题又有附加题一样。

3. 独立性与合作性相结合　课题与任务的评价标准还应考虑到学生的独立工作能力,考虑到毕业生的就业岗位本来就有差异,因而课题选择原则上要一人一题。对于有些任务相对较重且毕业生的就业岗位性质又相近的课题,也可考虑多名学生共同完成,但必须界定不同学生各自的任务,以培养毕业生独立思考、独立解决实际问题的能力。毕业实践训练与考核是一项由设计策划能力、操作技能及论文撰写能力等多方面要求相结合的综合考核,因此,多名学生共同完成一项较大的实际问题,任务分解也是可行的。强调学生的独立思考并不等于不强调合作,相反,只有在独立思考的基础上形成的独立见解,才是参与合作讨论的基础。同时,学生还可以在互相讨论交流中进一步获得独立思考的信息,补充自己的不足。

4. 规范性与程序性相结合　毕业论文(设计)的课题是指导教师通过调研等途径获得且紧密结合用人单位或企业面临的实际问题提出的,它经过所在专业主任和学院领导的审批,有规范的内容和具体的要求;而任务书虽然也是由指导教师拟订的,但同样是经过专业主任和系(院)领导审定后下达给学生的,其内容与格式均要求规范完整,程序完备。

(三)毕业论文(设计)课题与任务评价的作用

毕业论文(设计)的课题与任务的评价不单纯是给予毕业生多少分数,更重要的还应当发挥以下三方面的作用。

1. 为用人单位提供真实信息　通过指导教师、评阅教师和答辩委员会共同对学生完成的毕业论文(设计)的课题与任务,以打分、写出评语、签署意见等形式,实事求是地对每个学生的毕业论文(设计)完成的课题与任务给予客观评价,以全面、真实、准确地反映毕业生的学习成绩、分析问题和解决问题的能力以及综合素质,为用人单位提供真实信息,为毕业生提供合适的工作单位与岗位,以更好地施展毕业生的工作能力,发挥毕业生的工作水平,为企事业单位作出更大贡献。

2. 展示指导教师的工作水平和能力　毕业生能否较好地完成毕业论文(设计)选题与任务,除了毕业生本身的学习、实践、思维、技能等自有因素外,指导教师的作用是非常重要的。指导教师不仅应当全面、准确地了解自己学生的特点和能力,而且还应当根据不同学生的特点,进行有针对性的指导,使毕业生在完成毕业论文(设计)选题与任务过程中,克服盲目性,增强针对性;调动、发挥每个毕业生的自身特长和优势,启发和诱导毕业生通过自身的努力提出自己的毕业论文(设计)选题与任务。在这个过程中,一方面能够体现指导教师的工作水平和能力。另一方面,也体现了指导教师是否具有善于发现和掌握毕业生的特点和思维方向的能力、指导毕业生完成毕业论文(设计)选题与任务的能力。

3.对学校教学组织管理工作进行评价 学生完成毕业论文(设计)的课题与任务的过程,既是学生自主实现的过程,也是导师及时指导的过程,同时也是学校教学的组织管理的过程。评价一个学校的质量标准,是一个综合的体系,既包括组织教学,还应当包括各方面工作的管理。从大的方面看,诸如行政管理、教学管理、教师管理、学生管理、后勤管理等。毕业生完成毕业论文(设计)的课题与任务的过程,是与上面所说的各级管理分不开的。通过毕业生完成毕业论文(设计)的课题与任务的评价,也折射出学校教学组织管理工作的能力与水平。聪明的学校管理者应当善于从这个评价中发现问题,及时采取有效措施加以解决,以进一步提高学校的组织管理工作水平。

二、毕业论文(设计)课题与任务评价原则

(一)坚持选题评价与成果评价相结合原则

高职高专毕业生综合实践评价,应该既评价选题与所选任务本身,又评价成果。因为选题带有方向性,方向不明确,就不能准确反映具体职业岗位的职责要求,即使理论成果再好,也不能说明毕业综合实践是有效的,当然根据需要改变岗位方向的例外;反之,选题方向对头了,但如果实践成果水平过低,不能达到具体职业岗位的应职应岗要求,同样也说明毕业综合实践效果不理想。因此选题与所选任务评价和成果评价二者应该有机结合起来。

(二)坚持用人单位、岗位与学校相结合原则

从市场经济的角度看问题,毕业生也是商品,只不过是一种特殊的商品。这种特殊的商品能不能得到市场的承认,取决于这种商品是否符合市场的需求,一句话是否"适销对路"。如果学校培养出来的毕业生,不能适应就业单位的需要,也就是说,不能及时就业,这与企业生产出来的产品无人问津没有什么两样。与综合性大学不同,高职毕业生有着得天独厚的条件和优势,那就是,当他迈进学校大门的那一天起,他就被贴上了"预购"的标签,这是由职业教育的性质决定的。衡量一个毕业生应职应岗能力是否达到要求,是否"适销对路",用人单位最有发言权,行业权威人士也可以作为一个公正地参与评价认定的方面。这就需要在对毕业生完成毕业论文(设计)的课题与任务评价时,不搞一锤定音,而是需用人单位、岗位与学校三者共同参与评价,实行三家相结合原则。

(三)坚持完成成果与学习态度相结合原则

虽然完成毕业论文(设计)成果是毕业论文(设计)的课题与任务的最重要的评价依据,但不是唯一的评价依据,正像对毕业论文(设计)的课题与任务的评价是一个综合的评价体系一样,毕业生在整个综合实践过程的学习态度也是一个重要的评价因素。首先,要考察毕业生的毕业论文(设计)的课题与任务完成成果,是通过自己的勤奋劳动换来的,还是通过诸如抄袭等不劳而获的不正当手段轻而易举获得的;其次,在整个毕业综合实践环节中是否虚心好学,主动认真接受导师的指导,向有经验的师傅求教等。这些都是毕业生就职时不可缺少的应职应岗基本素质,应该在考核评价体系中体现出来。

(四)坚持理论性与实践性相结合原则

毕业论文(设计)的课题与任务,与一般的学生作业是有本质区别的。它或者是对某

一个理论问题进行的具有独到见解的阐述;或者是对一项原有技术工具、工艺、设备的改进;或者是一项前所未有的发明创造;或者是解决了社会实践中的一道难题。不管以什么形式出现,首先毕业论文(设计)的课题与任务具有理论性,要对所选的课题与任务进行系统的理论概括,使其观点、论证和结论成为新的研究成果。但高职毕业生毕业论文(设计)的课题与任务,与其他普通高等院校毕业生的毕业论文(设计)的课题与任务相比较仍然有很大的区别,它更看重理论性与实践性二者的有机结合,也就是说,高职毕业生毕业论文(设计)的课题与任务,既要有理论性又要有实践性。

三、毕业论文(设计)课题与任务评价体系

(一)评价内容

整个评价指标内容如下:

1.课题与任务评价(15%)

(1)岗位贴近度评价(35%)

(2)专业贴近度评价(25%)

(3)训练时效性评价(40%)

2.成果评价(65%)

(1)质量(50%)

①科学性评价(20%)

②创新性评价(20%)

③规范性评价(20%)

④实用性评价(40%)

(2)工作量(20%)

①工作量大小(70%)

②独立完成性情况(30%)

(3)态度(30%)

①钻研与勤奋(70%)

②与导师的配合(30%)

3.答辩评价(20%)

(1)论述思路与表达清晰度(50%)

(2)回答正确、深入与逻辑性(50%)

毕业生完成毕业论文(设计)的课题与任务评价不是单一、孤立的评价系数,而是一个综合的评价体系,一般包括三个部分的内容。

(二)评价指标

1.毕业论文(设计)课题与任务的职业岗位贴近度评价　课题与任务的职业岗位贴近度是指毕业生所选课题与毕业生所期望职业岗位的相关性程度。如果毕业生课题的解决和任务的完成对应职应岗能力的培养相关性大,则得分值就高。也就是说毕业生课题

所训练的能力,应该是相应的职业岗位或岗位群中关键的和基本的能力。如果毕业生课题的解决和任务的完成对应职应岗能力的培养相关性小,则得分值就低。职业岗位贴近度评价一般占课题评价的35%左右。

2. 毕业论文（设计）课题与任务的专业贴近度评价　课题与任务的专业贴近度是指所选课题与毕业生所学专业的相关性程度。一般来说,所选的课题应该与所学的专业有较强的相关性,这将有利于学生整合原来所学的专业知识,有利于学生通过毕业综合实践进一步提高专业技术应用能力,并使其专业技术能力更趋于岗位化。当然,岗位贴近度与专业贴近度有时也会产生一些矛盾,也就是人们常说的毕业生就业的"大门"（企业）与"小门"（岗位）的矛盾。这可能是毕业生后来选定的岗位与所学专业存在不一致,或者所选岗位本身是由多个专业复合而成的。在这种情况下,课题本身的岗位贴近度可能较高,但专业贴近度较低。对此,就需要学生增加额外的知识与能力的学习与训练。一般来说,这种情形应该在学业中期就明确并调整,以便有足够的时间扩充选修知识,满足课题解决的需要。专业贴近度评价一般占课题评价的25%左右。

3. 毕业论文（设计）课题与任务的训练时效性评价　课题与任务的训练时效性评价是指所选课题与任务能够通过综合实践环节取得最佳实践效果的周期。一项优秀的课题与任务,应当在最短的时期内产生最佳的实践训练效果。毕业生通过课题与任务的综合训练,不仅体现了自身的能力与素质,更重要的是能够直接运用于生产领域,获得实际效益。使课题与任务的优秀成绩与实践效益同时收到良好的整合效果。训练时效性评价一般占课题评价的40%左右。

通过对毕业生完成毕业论文(设计)的课题与任务的以上三个方面的综合评价,毕业综合实践课题的选题与任务评价的结果将更趋科学、客观、规范。

第二单元　毕业综合实践成果评价体系

毕业综合实践成果评价包括质量评价、工作量评价、学习态度评价三个方面。

一、毕业综合实践成果质量评价

毕业综合实践成果质量评价是检验毕业生毕业综合实践效果的关键内容,它不但反映了一个毕业生综合实践的成效,也反映了该毕业生理论与实践知识、动手能力与综合素质的整体状况。毕业综合实践成果的质量评价一般占成果评价的50%左右。

一般说,可以通过以下三个方面评价毕业生毕业综合实践的质量与水平。

(一)毕业综合实践成果科学性评价

科学性是毕业综合实践成果评价的第一要素。只有具备科学性的毕业综合实践成果才能谈得上具有实用价值。随着知识经济时代的到来,作为反映教学成果的毕业综合实践成果,在知识经济时代占据越来越重要的地位。在社会主义市场经济体制中,"以质量求生存"，是各行各业普遍遵循的行为准则，毕业综合实践成果也是如此。质量是效益、发展、生存的基础，若没有质量作保证，毕业综合实践成果就没有任何意义。一项优秀的技术应用设计成果，一篇优秀的技术应用论文，或者一项制成的实物性成果，首先应该具有科学性。科学性主要体现在四个方面：一是选题的科学性，即表现为选择的题目具有科学的含量与潜质；二是内容的科学性，即表现为所研究的内容符合客观实际，反映了事物的本质和内在规律，概念、原理正确；三是论证的科学性，即表现为它所基于的实践研究过程、分析推理过程、加工制作过程以及实验材料、实验数据等符合科学的原理、规范；四是结果的科学性，即表现为实验结果以及图表、数据、公式、符号、单位、专业术语和参考文献等都真实可靠，经得起严密的逻辑检验和实践检验。

科学性要求每一个毕业生在毕业综合实践过程中来不得半点虚假与水分。科学性一般占质量与水平评价的20%左右。

（二）毕业综合实践成果创新性评价

教育部有关毕业设计（论文）工作通知指出："毕业设计（论文）是实现培养目标的重要教学环节。毕业设计（论文）在培养大学生探求真理、强化社会意识、进行科学研究基本训练、提高综合实践能力与素质等方面，具有不可替代的作用，是教育与生产劳动和社会实践相结合的重要体现，是培养大学生的创新能力、实践能力和创业精神的重要实践环节。"这里所强调的便是创新能力、实践能力和创业精神，而毕业论文的写作无疑是培养这些能力的重要手段。创新在学术规范中可以分为逻辑、方法、形式三个层面，其中逻辑层面的创新是指对自然或理论提出结论一定要深刻，要有独到的见解，内容激动人心并富有启发性；方法的创新是指在从事某一学科、领域问题研究的过程中，引进了新的、别人没有用过或很少用过的方法；形式的创新是指创新不仅仅表现为文字，对于高等技术应用性人才来说，创新主要是对各种高新技术的创造性应用。创造性应用就是在技术应用中不墨守成规，有自己大胆的设想和创造性的技术应用思路。在毕业综合实践过程中，有些创造性的设想可能还欠成熟，甚至也不一定具有较好的实施价值，但是，对这种创新的思维与闪光点必须珍视。某种创新性的方案和思路当前一届学生由于时间等条件限制没有完成时，应让后一届学生继续完成。

值得指出的是，高新技术创造性的应用要基于一定的科学性和现实性，即要有其创新的价值基础。这一点要与单纯的幻想区别开来。虽然我们不否认幻想有时也有创新的基础，但作为毕业综合实践教学，自然不能离开解决问题的基点，不能忘记我们追求的是一种有实际应用价值的成果，不能有悖于高等职业技术教育的特色。创新性评价一般占质量和水平评价的20%左右。

（三）毕业综合实践成果规范性评价

规范性是指约束、控制毕业综合实践成果写作的规则系统。也是一个内容丰富、严密精细的系统。其内容主要包括写作过程的规范化和成果形式的规范化。具体应有：成果的标题与作者署名规范、摘要编写与关键词标引规范、引文、注释和参考文献著录规范、图表编制规范、计量单位使用规范、各种公式使用规范、数字使用规范、标点符号使用规范，文本主体部分(包括引言、正文与结论)字数足量,必要的外文内容提要正确清楚,参考文献充足,佐证材料齐全。规范性评价占质量评价的20%左右。

(四)毕业综合实践成果实用性评价

随着社会的发展和科技的进步,社会各行各业对人才的衡量标准和人才价值观念无疑也发生着变化。科学技术的进步及其商品生产的现代化,对实用性人才的动手能力和综合素质必然提出更高更新的要求,用人单位对人才的选择将不再仅凭一张文凭,而要看他是否具有实际操作和动手能力。长期以来,由于我国教育重理论,轻实践,导致企业内部技术性岗位人才缺乏,技术创新型人才更为匮乏,工艺、产品的智能成分少和技术含量低,高技术附加值小,在国际市场上竞争力不足。随着我国改革的日益深化和开放的不断扩大,社会急需大批生产、建设、管理和服务等一线的技术应用性人才。高等职业教育正是致力于培养生产、建设、服务、管理第一线适用的实用性人才,这种人才强调的就是实用价值。因此,毕业综合实践成果一定要强调其实用性,即毕业实践课题来源于用人单位实际职业岗位的需要。通过毕业综合实践成果实用性评价,意在培养毕业生的动手能力和创新能力,引导学生进行创业实践。通过具体的实践活动,提高学生实际操作能力和解决问题的能力,其成果可以用于解决现实岗位的实际问题,具有实用价值。

总之,毕业综合实践的成果必须具有实用性,要追求让用人单位拿去就基本可以使用,从而使用人单位真正认识到高等职业教育毕业生已成为合格的可用之才。这正是高等职业教育区别于普通高等教育的关键点之一。

实用性评价一般占质量和水平评价的40%左右。

二、毕业综合实践成果工作量评价

毕业综合实践的工作量通常指毕业生在毕业综合实践过程中扎实地完成了所承担的工作任务。从中也体现了其勤奋踏实、任劳任怨、勇于探索的敬业精神。工作量评价一般占成果评价的20%左右。一般通过以下两个指标来反映。

(一)毕业综合实践成果工作量大小

就毕业综合实践成果来看,一般说来,实际投入工作量与毕业综合实践成果质量大体上成正比。也就是说,实际投入的工作量越大,毕业综合实践的基础成效就越显著,大凡具有创新性的、高质量高水平的成果,往往基于连续不断甚至是长年累月辛勤劳动的结果。因此毕业综合实践过程是应职应岗能力得以形成并提高的基础。反过来,如果实际投入工作量较少,甚至没有保证最低限度的工作量,则毕业综合实践成果是很难取得优异成绩的。就毕业综合实践成果整体而言,其工作量应当包含四个阶段:一是从酝酿到确定毕业论文(设计)的课题与任务的工作量;二是从开始准备(征求指导教师意见、调查研究、查找资料、列出写作提纲)到正式动笔写作的工作量;三是从写出草稿到最终完成定稿正式提交指导教师的工作量;四是从开始准备答辩到正式答辩过程的工作量。在计算毕业论文(设计)课题与任务工作量时,应当考虑上述每个阶段的工作量并不是平分秋色的,要有所区别。

毕业综合实践成果工作量大小评价一般占工作量评价的70%左右。

(二)毕业综合实践成果独立性评价

毕业综合实践成果独立性评价是指对毕业生从酝酿确定毕业论文(设计)的课题与任务开始,经最终正式提交指导教师直到完成正式答辩整个过程中其所占的比重与份额,这是考察毕业生参加毕业实践工作量必不可少的相关性指标。这种评价尤其对于多生合作的课题和导师指导力度较大、难度系数较高的毕业论文(设计)的课题与任务具有重要的意义。它不仅能够计算出毕业论文(设计)的课题与任务整个完成过程中的一般性工作量,还能够明确每一个毕业生实际倾注的工作量情况。同时也能够预测出毕业生就业后的独立工作能力。毕业综合实践成果独立性评价包括以下内容:一是酝酿到确定课题与任务的独立性成分比例;二是准备过程中的开题报告独立性成分比例;三是写出初稿独立性成分比例;四是最终完成正式提交指导教师的成果独立性成分比例;五是答辩独立性成分比例。在计算毕业综合实践成果独立性比例时,应当考虑毕业生个人以及指导教师、多生合作的各自成分比例。

毕业综合实践成果独立性评价一般占工作量评价的30%左右。

三、毕业综合实践学习态度评价

毕业综合实践是在导师指导下,学生发挥较大主观能动性的教学过程。同时也是检验学生毕业综合实践学习态度的过程。这是因为,毕业生完成毕业综合实践任务后,除了产生毕业综合实践成果外,也产生了对关系未来应职应岗和自身发展至关重要的成果——毕业综合实践环节中所表现出来的态度。毕业综合实践学习态度评价一般占成果评价的20%左右。

毕业综合实践学习态度评价,可以从以下两个方面进行。

(一)钻研勤奋态度评价

毕业生经过在校期间三年的理论学习和实践实习,在导师的指导下,结合自己的实际以及平时对实践课题的兴趣,进行毕业论文(设计)课题与任务选择并承担毕业综合实践课题,如同在职员工上岗承接工作任务。能否较好地完成所承担的任务,不仅取决于学生平时的学习和积累,也取决于对课题与任务选择的正确性,还取决于学生对学习和工作的态度。当毕业生接受了课题与任务后,是严肃认真地去完成它,还是投机取巧、蒙混过关,这是两种截然不同的态度。社会需要的是一个对自己、对事业认真负责的敬业爱岗态度,一种为完成任务而勤奋好学、刻苦钻研的学习态度。尽管用量化指标评价毕业生的工作态度是有难度的,但仍然可以有较客观具体的评价内容:一是对毕业论文(设计)课题与任务选择时的态度,这一点可以从毕业生选题时,由指导教师有意识地进行观察和测评并进行记录;二是由指导教师对学生查阅资料情况、对指定参考书目阅读情况进行记录;三是从学生完成成果中体现出来。包括开题报告的拟写、论文中的参考书目、引文、注释和文面的规范,由指导教师来完成评价考核。

钻研与勤奋态度评价一般占毕业综合实践成果态度评价的70%左右。

(二)与导师配合程度评价

毕业综合实践是一种教学双向互动的过程。在这个过程中,导师要指导学生进行实践,就必须全面了解学生毕业综合实践的进展情况。如果毕业生不与导师配合,不主动提供毕业综合实践的进展信息,导师就难以了解真实情况,从而也难以对学生的课题完成进行及时指导和科学评价。因此毕业生要及时与导师沟通信息,讨论问题,以最大程度地取得综合训练的效果。与导师配合的评价一般占态度评价的30%左右。

第三单元　毕业综合实践成果答辩评价体系

一、毕业综合实践成果答辩的组织

(一)毕业综合实践答辩委员会组织办法

毕业综合实践答辩由答辩委员会组织进行。答辩委员会一般由三部分人员组成:一是相关用人单位的专业技术专家,他们比较熟悉相应的技术应用性专业岗位所应具备的应职应岗能力;二是相关行业的技术权威,他们比较熟悉本行业对人才的基本需求,较好地掌握本地区本行业的发展趋势和对人才需求的发展趋势;三是学校专业教师尤其是双师型的专业教师。

答辩委员会一般由最有声望的专家担任答辩委员会主任并主持答辩工作。答辩委员会负责对毕业生的综合实践成果进行鉴定和评分。具体有以下内容。

(1)答辩委员会的组织。各院(校)成立以院(校)长为主任,有分管教学副院(校)长、教务处(教科办)主任、专业带头人或专业负责人、富有教学理论水平和实际经验的教师以及校外专家参加的答辩委员会,指导并开展答辩工作。根据毕业论文(设计)课题与任务的内容、性质和数量,必要时可下设若干答辩小组。答辩委员会应不少于5人,答辩小组应不少于3人。鼓励邀请校外兼职教师和专业人员参加答辩委员会工作。

(2)答辩委员会的职称结构。答辩委员会成员中具有高级职称的教师不得少于3位,初级职称及以下的不能作为答辩成员。

(3)答辩委员会成员的年龄结构。答辩委员会成员的年龄应采取老中青相结合的形式。

(4)委托答辩组织。答辩工作在外单位进行并需要委托外单位人员担任指导的毕业教学环节,可委托外单位组织答辩委员会。但在组织答辩工作时,应有本校专业教师参加,并应按照学校制订的答辩工作制度进行。这就需要事先将院校答辩委员会的考核、评分办法通知委托答辩机构,以便统一标准,恰当地对学生的毕业教学环节成果做出评价,保证答辩工作质量。

(二)答辩委员会工作程序与规范

答辩委员会建立后,在答辩委员会主任的主持下开展答辩工作。其一般程序包括以下内容。

(1)制定答辩评分标准。根据学校教学管理部门有关答辩工作的规范,制定本次答辩评分标准。主要根据不同专业对毕业生就业岗位应职应岗能力的要求、毕业综合实践任务组合情况及任务完成的过程与成果情况,拟定五级计分的具体标准。

(2)熟悉毕业生综合实践情况。答辩工作开始前,每个答辩委员会成员应熟悉毕业生有关毕业综合实践成果材料,必要时可由导师向答辩委员会成员介绍毕业生综合实践情况。

(3)实施答辩工作。一般是先由毕业生用10~15分钟的时间介绍毕业综合实践的过程及成果材料。对于确有创造性的毕业综合实践成果,经答辩委员会主任同意后,可适当延长时间予以介绍。接着是答辩委员会成员对毕业生进行提问,由毕业生给予答辩。答辩情况由教学秘书进行现场记录并存档。

(4)组织评定分数。答辩完毕后,由答辩委员会成员对毕业生综合实践成果进行现场无记名评分。此时指导教师可视情况对毕业生的毕业综合实践的态度、学习情况进行介绍。评分标准可以用百分制,也可以采取优秀、良好、中等、及格、不及格五级计分制。计取答辩委员会全部成员评分的平均值作为评分结果。

(5)综合评价。全部学生答辩工作结束后,答辩委员会对全部学生答辩工作进行合议评价,即对所答辩的全部学生进行综合评分再评议。经过综合比较,确定优秀、良好、及格或不合格的最终认定,以客观、准确、公正地评价每个毕业生的毕业综合实践成果。答辩委员会通过审查材料,询问指导教师,学生答辩等三个环节,对毕业生综合实践进行评分,填写评分表(见 A-6)其中对毕业生综合实践的整体评价(即对教学管理部门,指导教师,毕业生的综合评价)的指标权重,按课题与任务评价占 30%、成果质量评价占 30%、工作量评价占 10%、学生答辩评价占 30% 计分。

(三)答辩工作基本要求

(1)学生应按毕业教学环节成果规范要求整理材料。按正文内容和附件内容加软封面简易装订(一般不胶装,用订书机或多孔装订)。根据实际内容需要,正文和附件也可合订成一本,装入学生档案袋,送交指导教师审阅。

(2)答辩委员会(答辩小组)成员,应在答辩前评阅学生课题成果及相关材料,必要时召开答辩预备会,对答辩进程及评分标准进行研究。

(3)答辩前,答辩委员会对学生进行资格审查,凡不符合资格的学生不能参加答辩,其成绩为不及格。有下列情形的取消答辩资格:

①开题报告没有通过审核的;

②毕业教学环节期间旷课五天(含五天)以上或请假达三分之一以上者;

③没有完成毕业教学环节任务者;

④毕业综合实践成果有严重抄袭,侵犯他人知识产权或由他人代作等行为的;

⑤指导教师评分或评阅教师评分不及格者。

(4)有答辩资格的学生必须参加答辩。每位学生的答辩时间以不超过 30 分钟为宜,其中学生陈述时间一般不超过 10 分钟。参加答辩的学生应回答答辩委员会(小组)成员提问。答辩时必须做好详细的原始记录。

(5)答辩委员会(小组)评定成绩不及格的学生由院答辩委员会(小组)组织第二次答辩。校级优秀毕业综合实践成果需经答辩委员会会议评审复核确认。

(6)答辩委员会(小组)在答辩结束后应对学生答辩情况给予恰当的评价并作出评定成绩。

二、毕业综合实践成果答辩的过程

毕业综合实践答辩是为了对毕业生的毕业综合实践过程及其成果的价值进行综合评判,从而确认毕业生应职应岗能力的实际水平,确定毕业生是否已达到了职业岗位应职应岗能力的相关要求。

(一)答辩陈述评价

指答辩学生用 10～15 分钟时间陈述论文内容。要求准备充分,条理清楚,能完整地陈述课题的主要内容和实施路径。具体看答辩时态度是否大方得体,介绍成果时是否重点突出,口述条理清楚,语言流畅,思路清晰,能将成果主要内容简明扼要地介绍清楚。大致包括以下内容:

(1)自我简介。答辩学生用三言两语,简明扼要地介绍自己的姓名、专业、班级、为答辩做一个礼貌的开篇。作简介时语言应文雅得体、彬彬有礼,不能面无表情。

(2)选题的缘由、动机、目的、依据和意义。以及本课题研究和论文学术价值。

(3)本课题研究的起点和终点。即要说出本课题的前人与今人做了哪些方面的研究,主要观点是什么,取得了哪些进展与成就,更要突出说明自己在本课题的研究上做了哪些方面的探索,解决了哪些问题,自己的新观点、新见解是什么,主要的研究途径与研究的方法是什么。

(4)论文(设计)的主要观点(即中心论点)和立论的依据。即要说出论文的主要理论依据和事实依据,并将其中最确凿可靠、新颖典型的资料、数据及它们的来源、出处予以强调。

(5)课题研究所取得的主要新成果、学术价值和实用效果,研究中还存在的欠缺与问题,以及今后的打算。

(6)研究过程中的意外发现是如何处理的,尚有哪些未写入本论文里。

(7)论文中所涉及的重要理论文献资料还有哪些未交代清楚的。

必须指出,以上七个方面不是对论文内容简单的复述,而是要对论文进行高度的概括、综合、提炼、充实和剖析。其目的是给答辩委员会留下更强烈、更深刻的印象,让他们觉得这是一篇经过高度浓缩的高质量的文萃。由此可见,答辩陈述不是简单地列出几条,写个提纲,而是要认认真真地将它写成言简意赅的短文并清楚流畅地表达出来。

答辩陈述占答辩效果评价的 15%。

(二)回答问题评价

为了能顺利通过论文答辩,答辩者除了必须准备好一份答辩报告进行答辩陈述外,还必须做好回答的充分准备,即要对论文(设计)中所论述的问题作更深入一步的研究和思考。通常答辩学生陈述完论文后,针对论文的内容,主辩教师一般会提出 2～5 个问题,对此学生需集中注意力记录主辩教师提出的问题,以便做出完整的答复。主辩教师提出问题以后,一般让学生退场,并安排 20～30 分钟让学生准备答辩内容。

经过短暂的准备后,答辩学生用 10～15 分钟的时间对专家的提问作出认真回答。也可采用逐一提问、逐一回答的形式。这是因为答辩委员会的成员会针对论文中不清楚、不完善或不详细之处,在答辩会上根据情况提出其中某些关键性的问题,有的问题可能恰恰就是作者回避了的薄弱环节,有的问题可能是作者自己认识上的不足之处,有的问题可能是作者疏忽了或没有考虑到的重点。

答辩学生聆听教师提问时要全神贯注,回答问题时要面对教师。在尽量客观全面地回答问题的同时,要言简意赅,重点突出。要用肯定的语气,是即是,非即非,绝不能含糊其辞,模棱两可;内容上要紧扣主题,要言不烦,言语上要尽量避免不必要的重复,更不能带口头语或说错别字。

总之,言简意赅要求回答问题时语言干净、精当、流畅、肯定,重点突出;要求回答问题时紧扣主题、直截了当、条理分明、层次清楚。

如果没有做好充分的思想准备,在提问中就会被一下子问住了,这将会影响到整个答辩进程与效果。因此,答辩时要求学生能清晰、正确、全面地回答与课题有关的问题。着重可从答辩学生的口语表达能力是否流畅,回答问题是否正确,逻辑思维是否较强,对毕业综合实践成果相关知识面的掌握程度是否全面来进行考察。

当然,主辩教师所提出的问题,不会是对整个学科全面知识的考核,答辩者没有必要太紧张。再则,答辩都是允许带上论文的底稿或副本、主要参考文献和笔记、卡片等的,但无论如何还是大脑储存着为好,这是因为回答时临时翻阅所带文献资料等,总会给答辩委员会留下一个不够熟悉的印象,那将有可能影响到论文成绩的评定。

回答问题占答辩效果评价的 15%。

第四单元　毕业综合实践成果评分体系

一、毕业综合实践成果评价结果与成绩评定

高等职业教育毕业综合实践的评价基点,应该建立在毕业生是否具备了对某种具体职业岗位或岗位群的应职应岗能力。只有这样,才能把其引向"以就业为向导"的教育理念上来,才能打破学科本位的概念,才能避免学非所用现象的蔓延。

(一)指导教师评价

指导教师主要对成果质量、工作量和学习态度进行评价,在整个评价体系中占 30%。

1. 成果质量　这是指学生最终完成并上交指导教师的成果。因为指导教师自始至终

指导学生完成成果过程,学生的论文究竟写得如何,工作量是否饱满,态度是否端正,这一切指导教师最清楚。

(1)成果的科学性与创新性。即对学生选题的认真、写作提纲的制订、是否按时完成每一阶段的工作任务、成果内容在写作中是否抓住重点、难点和创新点,是否具有学术性和专业性来评价,占20%;

(2)成果的规范性。即从成果的篇幅是否合乎要求、结构是否完整、各要素是否齐全等角度进行评价,占10%;

(3)成果的实用性。即从成果来源是否紧密结合顶岗实习单位,对学生所从事的岗位或岗位群是否具有一定的指导意义等进行评价,占20%。

2.工作量　这是指学生为完成成果所付出的辛勤劳动。指导教师从选题起始就严格把关,给出的选题应有明确的对象和任务,在规定时间内,学生要经过努力才可以完成,避免题大、内容空洞,题小、工作量少。课题要求一人一题,需要多生合作的,应有明确分工,并在课题名称后用括号或副标题体现分工。同组学生数一般不超过3人。工作量占30%。

3.学习态度　这是指学生在规定的时间内全面独立完成各项任务的态度。学习态度占20%。

(1)钻研与勤奋。学生对待完成成果具有高度的责任感,按教师下发任务书要求按时独立完成各项任务,包括查阅、收集、整理、归纳文献和资料,制订开题报告,开题报告内容包括课题背景、目的意义、需要解决的问题或研究的主要内容、可行性分析、实施方案或路径,以及拟达到的预期成果、进度安排等内容。钻研与勤奋占10%;

(2)与指导教师的配合。在完成过程中主动接受教师的检查和指导,认真填写过程材料,定期向教师汇报任务进度,听取教师的指导意见。因病、事请假,要事先征得指导教师同意;同时,在撰写时能充分发挥主动性和创造性,树立实事求是的科学态度,遵守顶岗实习单位的规章制度及安全技术规程,爱护企业与学校的仪器设备和文献资料。在毕业教学环节答辩前及时提交毕业成果,按时参加答辩。在毕业教学环节答辩结束后,及时交回毕业教学环节教学的所有材料(包括实物、设计图纸、报告原文、论文、调研资料、调查报告、观测数据原始记录、答辩原始资料、过程材料等),并协助做好材料归档工作,同时上交电子文档。与指导教师的配合占10%。

(二)评阅教师评价

毕业论文(设计)经指导教师审阅后写出详细的评审意见外,还须聘请一位讲师以上(含讲师)教师或相当职称的企事业单位兼职教师为论文评阅人。评阅人收到论文后,要对论文的学术质量进行全面审阅,并写出详细的学术质量评语。评阅教师主要对课题与任务、成果质量和工作量进行评价。在整个评价体系中占20%。

1.课题与任务　从学生选定的课题与完成任务是否和岗位贴近及专业相关考察。课题与任务占30%。其中岗位贴近度指课题任务应与毕业生职业岗位或期望的职业岗位要有较强的相关性,能突出相关职业岗位或岗位群中关键能力和基本能力的训练。能紧密结合企业现实岗位或岗位群的实际要求,能从用人单位或企事业单位面临的实际问题中筛选。岗位贴近度占 10%。

专业贴近度指课题任务应与学生所学专业有很强的相关性,符合本专业的培养目标及基本教学要求,体现本专业的技术应用和核心技能训练需要,有利于学生整合原来所学的知识、能力,培养独立工作能力和创新能力。专业贴近度占 10%。

训练实效性指毕业生通过课题任务的训练,能较好地提高职业能力与综合素质,并收到良好的整合效果。训练实效性占 10%。

2. 成果质量　与学生最终完成并上交指导教师的成果相同。所不同的是比分占 60%。在评阅教师处,成果的科学性与创造性、规范性、实用性各占 20%。

3. 工作量　也指学生为完成成果所付出的辛勤劳动。工作量占 10%。

(三)答辩小组评价

答辩小组主要对课题与任务、成果质量、工作量和答辩效果进行评价。在整个评价体系中占 50%。

(1)课题与任务。30%。包括岗位贴近、专业贴近度、训练实效性,各占 10%。此项评价标准与上面评阅教师的评价标准相同。所不同处在于评阅教师是个人意见,而答辩小组是集体评定,即由学生所在答辩小组 3 位指导教师共同商议评定。

(2)成果质量。30%。包括成果的科学性与创造性、规范性、实用性,各占 10%。由答辩小组集体评定。

(3)工作量。10%。由答辩小组集体评定。

(4)答辩效果。30%。包括答辩陈述和回答问题,各占 15%。

(四)成果评语与成绩评定

(1)毕业教学环节成果成绩由指导教师、评阅教师和毕业答辩小组按照评分标准(附件2)分别进行评阅和打分,填写成绩评定表。

(2)毕业教学环节成果评语要体现每个学生特色,要注意对学生运用知识能力、技能分析能力和解决问题的能力,以及成果的科学性、规范性、实用性、创新性给以适当的评价,评语不少于 150 字。

(3)毕业教学环节成果成绩,按指导教师评分 30%、评阅教师 20%、答辩小组 50% 的权重加权后评定,由毕业答辩委员会全面审查,核准确定后再行公布。

(4)参加第二次答辩的学生最后评定成绩,分为及格和不及格两档,由第二次答辩组评定。

(5)毕业教学环节成绩采用百分制打分,按优、良、中、及格和不及格五级划分。成绩评定按以下比例适当控制:优秀 20% 左右,良好 40% 左右,中等 20% 左右,及格和不及格 20% 左右。

(6)答辩委员会(答辩小组)对成绩发生争议时,一般应充分讨论协商,必要时可以无记名投票方式予以确定。

(7)毕业教学环节的答辩、成绩评定等全部工作必须在规定的时间内完成,并及时将毕业教学环节成绩报教务处,以便进行毕业资格审查等工作。

(8)毕业教学环节成绩不及格要求重新答辩的学生,须事先由学生本人提出申请,经主管院长同意,由×××(谁)安排统一在下一届毕业教学环节中进行。

(五)总结与评优

所有学生在答辩委员会评定成绩后,在获得毕业教学环节成果成绩优秀的毕业生中,评定总人数3%的校级优秀毕业教学环节成果推荐报送教务处,由教务处编印优秀论文集。要求文字或图表不超过5 000字。

毕业教学环节全部结束后,要对毕业教学环节评价认真进行总结,形成总结报告。同时学校组织有关人员按毕业教学环节评价要求进行评估,对工作出色的给予表扬,教务处承担组织进行毕业教学环节评价经验交流和评优推荐工作。

二、毕业综合实践成果评分基本要求

毕业综合实践究竟取得了怎样的绩效,这是一个相当重要而又非常复杂的问题。说其重要,是因为毕业综合实践的质量评价方法直接关系到毕业综合实践教学工作的导向;说其复杂,是因为毕业综合实践涉及教、学与用人单位的方方面面。因此,要正确处理以下关系。

(一)把握课题完成系统整体与部分的关系

毕业综合实践成果评分工作是一个系统工程,既包括毕业综合实践,还包括技术应用设计任务,又有技术应用操作任务,甚至还有技术应用论文撰写任务。因此对毕业综合实践成果评分时,不仅首先应充分考虑毕业综合实践、技术应用设计任务、技术应用操作任务以及技术应用论文相互之间的关系,还要考虑毕业生对职业岗位的胜任度,即着重考核毕业生是否具备解决本岗位工作实际问题的知识、素质与能力(应职应岗能力)。其次要考虑四个一级评价项目及15个二级评价项目之间的相互协调关系,即要在综合考察全面成果的基础上评价每个项目,并在考虑15个指标之间的相关关系的基础上来确定分值。

(二)把握学生集体与个体的关系

毕业综合实践虽然最终表现为每个毕业生的个人成果或者成绩,但是就现实而言,毕业综合实践成果绝对不会是每个毕业生个人独立实现的。他离不开学生集体的力量。从这个意义上看,对学生毕业综合实践评价,既要基于单个学生的实际成果水平,同时也要考虑同一专业全体学生的整体水平,从而使赋分更加科学、合理。

(三)把握教师教学指导作用与学生独立完成成果的关系

毕业综合实践既是学生在导师与师傅(或专业技术人员)指导下自主实践的过程,也是导师与师傅(或专业技术人员)教学指导成果转化为毕业综合实践成果的过程。导师的指导是为了培养学生自主思考的能力,让学生真正做到学有所成或者提高应职应岗能力。因此,要把导师与师傅(或专业技术人员)教学指导评定与对学生在导师与师傅(或专业技术人员)指导下自主实践成果的评定有机结合起来并加以区分,既避免越俎代庖或照搬照抄等现象,又要鼓励学生进行独立思考,勇于创新。

三、毕业论文(设计)的课题与任务的评价

从毕业论文(设计)的课题与任务的评价内容、评价过程和评价结论三方面来看,主要有以下特点。

(一)毕业论文(设计)课题与任务评价内容的综合性

毕业论文(设计)课题与任务评价是综合性的,它包括三项基本内容:一是对毕业生毕业论文(设计)课题与任务本身质量的评价;二是对指导教师在毕业生毕业论文(设计)选题与完成任务过程中所起的指导作用评价;三是对学校教学进行组织管理的综合评价。

(二)毕业论文(设计)课题与任务评价过程的综合性

需要说明的是,如同毕业论文(设计)的课题与任务评价是综合性的一样,对学生毕业论文(设计)的课题与任务评价的具体过程,既不完全是指导教师的评价过程,也不是评阅教师的评价过程,而是由指导教师、评阅教师和答辩委员会共同完成的。这个过程所体现的是公平、公正、公开的民主过程。

(三)毕业论文(设计)课题与任务评价结论的综合性

毕业生毕业论文(设计)课题与任务的完成,是一次毕业综合实践过程。这一过程既不表现为毕业生的完全独立过程,也不表现为导师的包办代替过程,而是在导师的指导下毕业生自主学习、自主实践的过程。它既克服了毕业生毕业综合实践的盲目性,也避免了毕业生毕业综合实践的依赖性。因此,对毕业生毕业论文(设计)课题与任务,即毕业综合实践评价,从评价对象来看,不但要对毕业生毕业论文(设计)课题与任务的完成情况进行评价,同时也对导师指导过程进行评价,对教学管理部门管理过程进行评价;从评价的内容来看,除了主要评价毕业论文(设计)课题与任务完成成果以外,还需要对选题本身和整个课题的执行与管理的全过程进行综合评价。

【知识链接】

一、管理文件阅读

××职业技术学院毕业教学成果评分标准

评价项目		优(100≥x≥90)	良(90>x≥80)	中(80>x≥70)	及格(70>x≥60)	不及<60
课题与任务	岗位贴近度	课题任务与毕业生职业岗位或期望的职业岗位的相关性很高,突出相关职业岗位或岗位群中关键能力和基本能力的训练。	课题任务与毕业生职业岗位的相关性很高,较好地体现了相关职业能力和基本能力的训练。	课题任务与毕业生职业岗位有相关性,基本体现相关职业能力。	课题任务与毕业生职业岗位有一定的相关性和体现相应职业能力。	课题任务与毕业生职业岗位及其基业能力训练基本无关。
	专业贴近度	课题任务与毕业生所学专业有很强的相关性,有利于学生整合原来所学的专业知识,提高专业技术应用能力,使专业技术能力更适于职业岗位。	课题任务与毕业生所学专业相关性、综合性较强,有利于提高专业技术应用能力。	课题任务与毕业相关性有联系,与专业技术应用能力相关。	课题任务与专业相关性有一定联系,一定程度体现专业技术应用能力。	课题任务与专业相关性联系程度不相一致。
	训练实效性	毕业生通过综合训练,能很好地提高能力与素质,并收到良好的整合效果。	毕业生能较好地提高能力与素质,并收到良好的整合效果。	能力与素质通过训练,毕业生取得一定的提高,收到一定的效果。	毕业生通过训练效果一般。	毕业生通过训练基本没有效果。

续表

评价项目		优(100≥x≥90)	良(90>x≥80)	中(80>x≥70)	及格(70>x≥60)	不及<60
成果质量	科学性与创新性	成果符合科学的原理,规范,规程等,创造性应用了高新技术。	成果较好地符合科学要求,其中有创造性技术应用的体现。	成果有一定地科学性,有一定地创新思想。	成果有一定的科学性,基本没有创新性。	成果科学性较差,基本没有创新思想。
	规范性	成果文本格式完全符合规范化要求,文本主体部分(包括引言,正文与结论)字数足量,必要的外文内容提要正确清楚,参考文献充足,佐证材料齐全。	文本格式达到规范化要求,文本主体部分字数足量,外文内容提要要基本正确,参考文献充足,佐证材料齐全。	文本格式基本符合规范化要求,文本主体部分字数基本足量,参考文献足够,佐证材料基本齐全。	文本格式勉强达到规范化要求,文本主体部分字数偏少,其他材料基本齐全。	文本格式达不到规范化要求,文本主体部分字数过少,其他材料不齐全。
	实用性	成果实用性强,可以用于解决现实岗位的实际问题或满足职业岗位的实际需求。	成果实用性较强,能解决一定的实际问题,基本满足岗位实际需求。	成果有实用性,对职业岗位有指导意义。	成果有一定实用性,对职业岗位需求有一定指导意义。	成果基本没有实用性,对职业岗位需求缺乏指导意义。
工作量	工作量	成果体现了毕业生较大的工作量要求,并体现任务的独立完成性。	成果体现了毕业生规定的工作量,并体现任务的独立完成性。	成果体现了毕业生一定的工作量,任务基本上能独立完成。	成果体现了毕业生一定的工作量,任务独立完成性一般。	任务准备工作不充分,独立完成性差。
学习态度	钻研与勤奋	勤奋好学,刻苦钻研,针对论文要求,体现敬业爱岗的职业精神,圆满地完成任务。	虚心好学,有钻研精神,较圆满地完成任务。	态度认真,能根据要求基本完成。	态度一般,能基本完成任务要求。	态度不认真,任务完成较差。
	与指导教师的配合	在毕业统合实践过程中,与指导教师积极保持沟通,主动提供毕业综合实践的进展信息,接受指导教师指导。	在毕业统合实践过程中,与指导教师联系较多,接受指导教师指导。取得较好的训练效果。	在毕业统合实践过程中,与指导教师保持联系点,学生根据指导教师的指导思考并修改正实践方式与思路。	在毕业综合实践过程中,与指导教师保持一定的联系,学生根据指导教师的指导进行修改。	在毕业综合实践过程中,与指导教师联系不畅,指导无法落实,综合效果不佳。

续表

评价项目		优(100≥x≥90)	良(90>x≥80)	中(80>x≥70)	及格(70>x≥60)	不及<60
答辩效果	答辩陈述	答辩陈述准备充分,条理清楚,能完整地陈述课题的主要内容和实施路径。	答辩陈述准备较充分,条理较清楚,能较完整地陈述课题的主要内容和实施路径。	答辩陈述准备基本充分,条理基本清楚,能反映课题的主要内容和实施路径。	答辩陈述有准备,条理性一般,基本能反映课题的主要内容和实施路径。	答辩陈述准备不够,条理不清楚,不能完整地陈述课题的主要内容和实施路径。
	回答问题	答辩时能清晰、正确、全面地回答与课题有关的问题。	答辩时能对与本课题的有关基本概念及主要问题作正确回答。	答辩中能表达自己的设计思路和要说明的问题,在教师启发下,对所提问题能比较正确地回答。	答辩中基本能够表达自己的设计思路和要说明的问题,但回答不全面,有次要性错误。	答辩时对本课题中最基本的内容不掌握,对有关专业及基础知识的掌握多处有原则错误,表明对课题的最低要求未达到。

说明:

1. 指导教师主要对成果质量、工作量和学习态度进行评价。

2. 评阅教师主要对课题与任务、成果质量和工作量进行评价。

3. 答辩小组主要对课题与任务、工作量和答辩效果进行评价。

4. 指导教师评分、评阅教师评分、答辩小组评分分别占30%、20%、50%。

二、案例阅读

××职业技术学院毕业教学环节成果成绩评定表(指导教师)

题　　目	关于廖金泽教授来我校做学术报告接待方案		
学生姓名	许晓霞	学　　号	200632040050159
班　　级	061	单位/职称	师范学院/教授

指导教师评语:

　　本文能紧密结合学校实践和所学专业知识,立论正确,掌握材料丰富,方案设计总体合理,结构完整。设计任务分析能综合运用所学知识。方案初选、方案的详细设计能根据学院和专业的实际情况,并能设计表格加以说明,给人一目了然之感。全文格式规范,要素齐全,对于提高文秘专业学生的职业技能,有一定实用价值。不足之处是方案详细设计中有些内容过于繁杂。

	项　目	分　值	实际得分
成果质量	科学性与创新性	20	18
	规范性	10	9
	实用性	20	18
工作量	工作量	30	27
学习态度	钻研与勤奋	10	8
	与指导教师的配合	10	9
合　计		100	89
是否同意答辩	同　意	指导教师签字	陈　新

××职业技术学院毕业教学环节成果成绩评定表(评阅教师)

题　　目	关于廖金泽教授来我校做学术报告接待方案		
学生姓名	许晓霞	专　业	文　秘
班　　级	061	学　号	200632040050159

评阅教师评语:

　　该论文抓住秘书事务接待、沟通能力培养,体现出秘书关键和基本能力训练,有利于毕业生整合与运用专业知识解决实务;成果贴近岗位和专业实际,内容切实具体,可操作性强。对该方案的设计、执行情况体现了一定的专业工作量和独立完成性。不足之处是由于学生对学校各职能部门功用不是很了解,在某种程度上影响方案的可行性。

项　　目		分　　值	实际得分
课题与任务	岗位贴近度	10	10
	专业贴近度	10	9
	训练实效性	10	9
成果质量	科学性与创新性	20	16
	规范性	20	18
	实用性	20	19
工作量	工作量	10	9
合　　计		100	90
是否同意答辩	同　　意	评阅教师签字	方　军

××职业技术学院毕业教学环节成果成绩评定表（答辩小组）

题　　目	关于廖金泽教授来我校做学术报告接待方案		
学生姓名	许晓霞	专　业	文　秘
班　　级	061	学　号	200632040050159

答辩小组评语：

　　本方案设计从专业工作角度出发,以廖金泽教授来校讲座为活动主体,对该活动进行策划安排。方案整体结构合理,各要素齐备,并能根据活动形式的不同确定不同的接待人员。在答辩时,思路清晰,对问题的把握能力较强,回答有针对性,方案更是规范,具备实用性。

	项　　目	分　　值	实际得分
课题与任务	岗位贴近度	10	10
	专业贴近度	10	10
	训练实效性	10	9
成果质量	科学性与创新性	10	8
	规范性	10	9
	实用性	10	9
工作量	工作量	10	9
答辩效果	答辩陈述	15	14
	回答问题	15	14
合　　计		100	92
答辩小组组长签字		张　斌	

总评成绩计算

评价主体	成　绩	权　重	加权成绩	总评成绩
指导教师	89	30%	26.7	90.7
评阅教师	90	20%	18	评定等级
答辩小组	92	50%	46	优
答辩委员会主任签字		盖章		

××职业技术学院毕业教学环节课题答辩记录

学生姓名	许晓霞	学　院	师范学院	专　业	文　秘
班　级	061	学　号	200632040050159	指导教师	施新
课题名称		关于廖金泽教授来我校做学术报告接待方案			

答辩小组成员	姓　名	职称	工作单位
	张斌(组长)	副教授	师范学院
	单南平	副教授	师范学院
	施剑南	讲师	师范学院
	崔怡佳	学生	师范学院
	丁玉洁	学生	师范学院

答辩中提出的主要问题及回答的简要情况:

1. 表述方案1与方案2的区别。

回答要点:认为不同课程的教师对问题的看法不同,在方案1中选择公共关系理论与实务教师负责;方案2是由秘书理论与实务教师负责。主要区别体现在接待方案中方案1所有教师去车站迎接;方案2是由专业主任和文学欣赏任课教师接待。

2. 高规格接待从什么地方体现?

回答要点:因为廖金泽教授是全国知名秘书培训专家,接待由专业主任带队去车站迎接,体现对廖教授的尊重。

3. 日程安排中,地点选择合适吗?

回答要点:因为师范学院校礼堂比实验剧场小,而比一般会议室大。相对于听报告的人数,确定为师范校礼堂。这样也可以容纳更多的其他专业的学生来听报告,过程中也可以有互动活动,使报告更生动、活泼。

【自测题】

一、阅读本节的案例分析和教材内容,回答问题:

1. 学生在进行毕业论文(设计)答辩时,需要做哪些准备?

2. 如何正确理解"毕业教学成果评分标准"?

二、情景题

假设自己即将毕业,谈谈自己如何把握毕业论文(设计)的评价标准及评价体系。

参考文献

［1］陈国海.商科学位论文写作与研究方法［M］.北京：清华大学出版社,2009.

［2］施新.高职写作［M］.北京:高等教育出版社,2009.

［3］吴东泰,张亚.实用公共关系学［M］.北京:北京交通大学出版社,2009.

［4］吴寿林.科技论文与学位论文写作［M］.上海:东华大学出版社,2009.

［5］蓝石,周海涛.国际论文研究与撰写规范［M］.上海:格致出版社,2009.

［6］冯章.商务策划书写作范本［M］.北京:经济管理出版社,2009.

［7］卢卓群,普利华.中文学科论文写作［M］.北京:中国人民大学出版社,2008.

［8］温艳冬,熊耀华.毕业设计(论文)指导手册［M］.北京:清华大学出版社,2008.

［9］王首程.应用文写作［M］.北京:高等教育出版社,2008.

［10］初广志.广告文案写作［M］.北京:高等教育出版社,2007.

［11］朱希祥,王一力.大学生论文写作指导［M］.上海:立新会计出版社,2007.

［12］毕恒达.教授为什么没告诉我［M］.北京:法律出版社,2007.

［13］肖克奇.大学生就业与创业指导案例教程［M］.北京:北京交通大学出版社,2007.

［14］宋有武,边勋.应用文写作教程及其实训［M］.北京:北京交通大学出版社,2007.

［15］黄永泰.大学生语文素质教程［M］.南京:河海大学出版社,2007.

［16］卢卓群.汉语小论文写作初步［M］.武汉:华中师范大学出版社,2007.

［17］梅松华.现代应用文写作［M］.北京:北京交通大学出版社,2006.

［18］娄永毅.经济应用文写作教程［M］.上海:立新会计出版社,2006.

［19］孙莉.实用应用文写作［M］.北京:北京交通大学出版社,2006.

［20］杨文丰.高职应用写作［M］.北京:高等教育出版社,2006.

［21］王玉德.大学文科论文写作［M］.武汉:华中师范大学出版社,2006.

［22］潘桂云.实用文体写作［M］.北京:首都经济贸易大学出版社,2005.

［23］崔文凯.商务文书写作［M］.北京:中国言实出版社,2005.

［24］王嘉陵.毕业论文写作与答辩［M］.成都:四川大学出版社,2004.

［25］祁邦洪.中文专业论文写作教程［M］.广州:广东人民出版社,2004.

［26］陈丽能.毕业综合实践导引［M］.杭州:浙江摄影出版社,2004.

［27］赵军花.应用写作教程［M］.上海:立新会计出版社,2004.

［28］沈自飞,王元恒.理科类学生毕业论文写作指导［M］.杭州:浙江大学出版社,2004.

［29］包锦阳.大专生毕业论文(设计)写作指导［M］.杭州:浙江大学出版社,2004.